建築の電気設備

建築の電気設備 編集委員会　編著

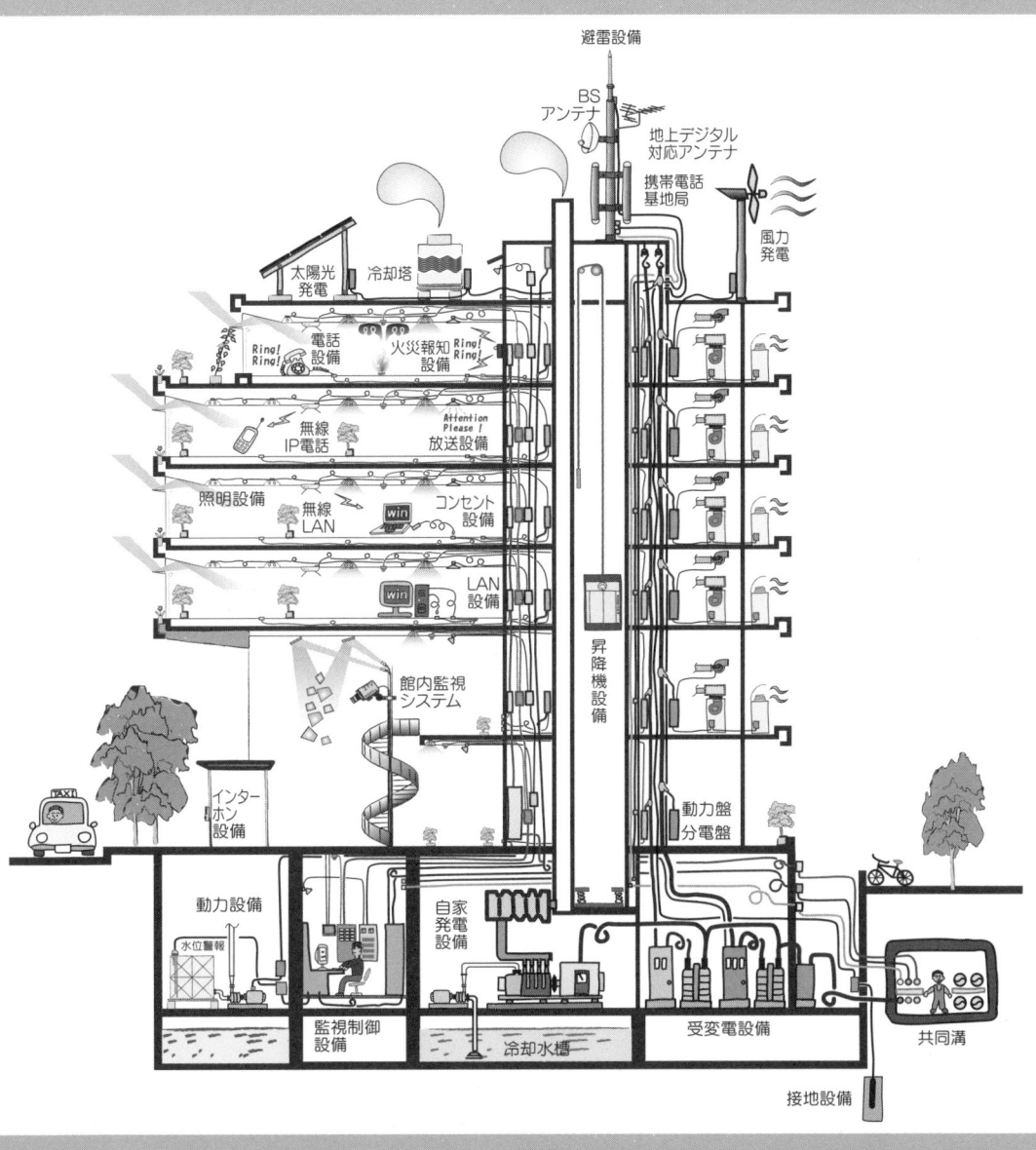

彰国社

建築の電気設備 編集委員会

■ **編者**（五十音順）
川瀬貴晴（千葉大学）
木村博則（石本建築事務所）
畑中　勤（クリマテック、鹿島建設）
菱沼正美（日本設計）
本多　敦（日建設計）

■ **執筆者**（執筆順）
橋浦良介（日建設計）
岸　克己（日建設計）
坪井常世（愛知工業大学）
髙橋健彦（関東学院大学）
中野幸夫（電力中央研究所）
渡邊　忍（日本設計）
小林靖昌（日建設計）
吉田　貢（鹿島建設）
本間睦朗（日建設計）
渡部裕一（鹿島建設）
多田　豊（三菱地所設計）
桑田　誠（三菱地所設計）
七原俊也（電力中央研究所）
髙山　博（清水建設）
杉山幸佑（鹿島建物総合管理）
内村義種（鹿島建物総合管理）
中里眞郎（日本建築設備・昇降機センター）

執筆分担（執筆順）

1章
　1-1-1：橋浦良介
　1-1-2、1-1-3：岸　克己
　1-2-1 (1) ～ (3)、(6)：坪井常世
　1-2-1 (4) (5)：小林靖昌
　1-2-2 ～ 1-2-5：坪井常世
　1-2-6：高橋健彦
　1-3：中野幸夫

2章
　2-1：渡邊　忍
　2-2-1 (1) -1：坪井常世
　2-2-1 (1) -2 ～ 5、2-2-1 (2)：小林靖昌
　2-2-2：吉田　貢
　2-2-3：本間睦朗
　2-2-4：渡部裕一
　2-2-5：多田　豊
　2-2-6：桑田　誠
　2-2-7：高橋健彦
　2-3：七原俊也

3章：髙山　博
4章：杉山幸佑
5章：内村義種
6章：中里眞郎
付録：川瀬貴晴、木村博則、畑中　勤、菱沼正美、
　　　本多　敦

表紙・大扉イラスト：佐藤正章（鹿島建設）

まえがき

　最近の建築は以前に比べて機能性や快適性が格段に高くなっているが、それらの機能性や快適性をつくり出しているのは建築設備である。建築工事費全体に占める建築設備工事費の割合も、オフィスビルなどで30％程度、病院やコンピュータセンターなどでは過半を占めるケースも出てきている。また1級建築士の学科試験においても、「計画」「法規」「構造」「施工」の4つの分野からの出題であったものが、平成21年（2009年）度からは「計画」「環境・設備」「法規」「構造」「施工」の5つの分野になるなど、建築設計における設備分野の比重が高まっている。さらに、平成18年（2006年）の建築士法改正で新たに設備設計1級建築士が設けられ、3階建以上かつ5,000㎡以上の建物の設備設計は、設備設計1級建築士が設計するかもしくは法適合確認を行うことが義務づけられるなど、特定の建築設計には建築設備にかかわる高度の知識が必要とされるようになった。

　建築設備の中でも「建築電気設備」は、情報・通信設備技術（ICT）に関する新しい機能や機器が建築の中に次々と導入され、ますますその重要性が高くなっている。しかし、建築の中で重要性が増している建築電気設備について、その基礎知識や技術内容あるいは計画手法などを、建築を学ぶ学生、建築設計・施工・保守管理を行う人々にわかりやすく解説した入門書は見当たらない。このような現状を踏まえ、大学等の建築学科の学生や建築の意匠設計者に向けた建築電気設備の入門書として、本書は企画された。

　また、建築設備を、電気設備、空調設備、衛生設備、昇降機設備という4つに大分類したとき、空調設備と衛生設備については多くの参考書があるが、昇降機設備については電気設備と同様に適切な入門書が少ないことから、本書では昇降機設備についても簡単に触れている。

　本書の全体構成と編集は、教育、設計、施工分野の専門家による編集委員会が行い、それぞれの分野の先端で活躍している方々に執筆いただいた。巻末には「電気の基礎理論と用語の解説」を付している。

　本書は入門書として企画されたが、あらためて振り返ると、建築電気設備の専門家にとっても、知識の整理という意味で活用いただけると思う。建築学科の学生だけでなく、できるだけ多くの方々が計画・設計・施工・運用の各段階で本書を活用され、建物の価値向上に資されることを願ってやまない。

2009年3月
建築の電気設備 編集委員会

目 次

まえがき

1章　総　論 ………………………………………………………… 7

1-1　建築電気設備概論 …………………………………………… 8
1　建築電気設備とは …………………………………………… 8
2　建築電気設備の歴史 ………………………………………… 9
3　建築電気設備の概要 ………………………………………… 10

1-2　建築と電気設備 ……………………………………………… 14
1　電源システム ………………………………………………… 14
2　照明システム ………………………………………………… 17
3　通信・情報システム ………………………………………… 22
4　監視制御システム …………………………………………… 24
5　防災・防犯システム ………………………………………… 24
6　雷保護・接地システム ……………………………………… 25

1-3　建築電気設備と地球環境問題 ……………………………… 28
1　都市環境 ……………………………………………………… 28
2　地球環境 ……………………………………………………… 30

2章　電気設備 ……………………………………………………… 33

2-1　建築電気設備の基本計画 …………………………………… 34
1　企画・構想 …………………………………………………… 34
2　調査・協議 …………………………………………………… 35
3　建築計画と電気設備の整合 ………………………………… 37
4　建物運用に配慮した計画 …………………………………… 39
5　基本計画における検討内容 ………………………………… 40

2-2　建築電気設備の計画 ………………………………………… 42
1　電源設備 ……………………………………………………… 42
2　配電設備 ……………………………………………………… 52
3　照明設備 ……………………………………………………… 57
4　通信・情報設備 ……………………………………………… 63
5　監視制御設備 ………………………………………………… 68
6　防災・防犯設備 ……………………………………………… 73
7　雷保護・接地設備 …………………………………………… 79

	2-3	自然エネルギー利用技術 ………………………………………… 84
		1　太陽光発電 ………………………………………………… 84
		2　風力発電 …………………………………………………… 87

3章　法規と基準 …………………………………………………………… 91

	3-1	法　規 ……………………………………………………………… 92
		1　法令などの基礎知識 ……………………………………… 93
		2　建築基準法 ………………………………………………… 93
		3　消防法 ……………………………………………………… 95
		4　電気事業法 ………………………………………………… 97
		5　電気用品安全法 …………………………………………… 99
		6　労働安全衛生法 …………………………………………… 100
	3-2	基準・規定および規格 ………………………………………… 101
		1　基準・規定 ………………………………………………… 101
		2　規格類 ……………………………………………………… 102

4章　建築電気設備の維持管理 ……………………………………… 105

	4-1	維持管理 ………………………………………………………… 106
		1　維持管理の必要性 ………………………………………… 106
		2　建物の維持管理に関係する施設計画 …………………… 106
		3　建築企画から設計、工事、管理までの流れ …………… 107
		4　建物引渡し時の関係書類など …………………………… 108
		5　電気設備維持管理 ………………………………………… 108
		6　電気設備に関連する年次停電点検 ……………………… 109
		7　点検通路とメンテナンススペース ……………………… 109
	4-2	行政手続き ……………………………………………………… 109
		1　建物全体に関する法体系 ………………………………… 109
		2　維持管理における行政手続き …………………………… 109
		3　電気設備に関する法定点検と行政手続 ………………… 110

5章　建築電気設備のリニューアル ………………………………… 111

	5-1	リニューアルと長期修繕計画 ………………………………… 112
		1　リニューアルの概念 ……………………………………… 112
		2　長期修繕計画 ……………………………………………… 113
	5-2	リニューアル工事と事前計画 ………………………………… 116
		1　リニューアル工事 ………………………………………… 116

　　　　2　将来のリニューアルを見据えた建築計画………………………… 117

6章　エレベータ・エスカレータ……………………………… 119

6-1　歴　史………………………………………………………… 120
　　　　1　エレベータの歴史………………………………………… 120
　　　　2　日本におけるエレベータの発展………………………… 121

6-2　仕組みと構造………………………………………………… 122
　　　　1　エレベータの全体構造…………………………………… 122
　　　　2　エスカレータの構造概要………………………………… 123

6-3　設置計画……………………………………………………… 124
　　　　1　エレベータの交通計画…………………………………… 124
　　　　2　エレベータの配置計画…………………………………… 125
　　　　3　サービス階の計画………………………………………… 126

付録　電気の基礎理論と用語の解説……………………………… 129
　　　　1　電気の基礎知識…………………………………………… 130
　　　　2　電気の基礎用語…………………………………………… 132
　　　　　　電気の単位表……………………………………………… 142

参考文献……………………………………………………………… 143
図版出典……………………………………………………………… 144

# 1章 総論

1-1　建築電気設備概論

> **学習ポイント**
>
> 　現代の建築では、機能の多くは、建築に組み込まれた各種の建築設備によって維持されている。建築電気設備は、社会の高度情報化の進展に伴い、建築設備の中でますます重要性を増しているが、ここでは、その建築電気設備の、概要、歴史、役割、建物の中で期待される機能などを学ぶ。また、建築電気設備は大きくは電気設備の一部でもあるので、関連して、電気設備についても述べている。

1 建築電気設備とは

(1) 電気設備と建築電気設備

　現代都市は、超高層ビルや全面ガラスカーテンウォールの建築などさまざまな姿かたちの建物がきらびやかに立ち並び、照明設備、空調設備を持たなかった時代には考えられないような複雑な空間を抱えた建築も数多く出現している。建築を取り巻く環境も、周辺地域のみならず都市から国、地球と、そのかかわる事象はますます広範囲に、そして複雑になっている。

　建築は人間が社会生活を営む上で最も身近で重要な施設であるが、社会とのインターフェースとして見ると、その役割は従前以上に重要性を増している。建築が社会とのインターフェースの役割を果たす中で、特に大きな機能を担っているのが建築電気設備である。

　本来、電気設備は人間の社会活動にかかわって人や社会とのインターフェースの役割を担うとともに、明かりが欲しい、テレビを見たいなど、人が必要とするさまざまな便益を提供するために設けられるシステムのことである。自宅で扱うパソコン通信を例にとれば、対象となるシステムは、電気を得るためのコンセントから電力会社の発電設備まで、通信用アウトレットから通信会社が提供する通信網のシステムまでとなり、広義にとらえればそのすべてが電気設備となる。

　この電気設備は、設けられる場所や用途によっていくつかに分類することができる。一般には、建築電気設備の他、鉄道の電気設備、飛行機・船舶・自動車の電気設備、プラントや工場の電気設備および社会インフラである電力会社の電力供給設備や電話会社の通信網設備などである。

　この中で建築電気設備とは、明確な定義はないものの、建築物とその関連の範囲に設けられる電気設備のことを総称して用いられる言葉である。

　たとえば電力の供給設備は、供給者側から見る場合と、需要者側から見る場合の2通りを考えることができるが、ここでは需要者側から見て、敷地内に引き込まれてからの設備を建築電気設備という。

(2) 建築電気設備の貢献

　現代のオフィスビルの中で、自席に座ればスイッチに触れる必要もなく照明は点いており、パソコンはキーを操作すればただちに海外とも連絡ができ、移動中も携帯電話で会話やメール通信が行え、会議室には大型画面の映像装置があり資料やテレビ画像を映し出している。これらはすべて建築電気設備のお陰といっても過言ではない。

　たとえばパソコンを使うための電気は、電力会社の配電網、いわゆる電力インフラと接続することで供給されている。一般には電力会社からの電気（一般には6kV―キロボルト―以上の高電圧）を建物ごとに200Vあるいは100Vに変換して使用している。変換された電気は各階、各所に分配され、照明器具、コン

セントおよび空調、給排水、エレベータなどの各種の動力機器に送られている。

ちなみに、この接続、変換、分配などを行う大本の装置類を納めている部屋が電気室である。建物を人にたとえれば、電気室は心臓部に相当する。そして心臓から出る大切な血管の通る道が、配線シャフト（EPS：Electric Pipe Shaft）である。

上記の電力インフラとの接続が意味していることは、通信インフラを含め建築電気設備は、いわゆる社会インフラとの接続、整合という役割を担っており、建築が社会に対して有効に機能するための重要な要件でもある。さらに、電気設備は種々の便益を享受するユーザーとのインターフェースであるという大切な役割も担っているが、特に建築電気設備は、建物を利用する人々が目にし、耳にし、あるいは触れることの多い設備でもあり、その重要性は大きい。

また、建築が人々の社会活動を行う場として機能するためには、照明設備、各種の動力設備を効率良く、そして省エネルギーに運転管理する必要がある。そのためのシステムがBAS（Building Automation System）と呼ばれる建築電気設備である。少々語弊があるかもしれないが、建物の頭脳である。

同様に、安心、安全な建築のためにも建築電気設備は大いに寄与している。たとえば建物の火災を知らせる自動火災報知設備、不法な侵入を防止するための防犯設備等々である。またこれらに加えて、建築には高度情報化社会を象徴する最新の情報通信システムが多数取り入れられている。たとえば情報通信のネットワーク設備、携帯電話のアンテナ設備など、建物の頭脳と神経を構成するシステムの一つである。

建築を人間にたとえてみたが、人間が社会活動を営むための場として建築が有効に機能し、長く生き続けていくために、建築電気設備には日々進歩発展する諸技術への対応はもちろん、社会変化への柔軟な対応が求められている。そして建築が将来にわたり良好な社会資産であるために、建築電気設備の大いなる貢献が期待されている。

2 建築電気設備の歴史

(1) 電気学の歴史

人が知った最初の電気現象は、雷であるといわれているが、実際には、電気の発見は今から約2,500年前に遡る。紀元前600年頃に、ギリシャのタレスが琥珀（こはく）を擦るとほこりを吸いつけることを観察し、これが歴史上での電気学の初めとされている。エレクトリシティ（electricity＝電気）は、琥珀を意味するギリシャ語の「エレクトロン」に由来している。

近代電気学は、『磁石論』を発表したギルバート（イギリス）の1600年から始まり、以後18世紀までは"静電気"の時代であった。その後、1800年にボルタ（イタリア）が電池を発明したことによって電流を継続的に流せるようになり、多くの研究が始められた。19世紀は"動電気"の時代で、代表的なものにファラデー（イギリス）の電磁誘導の法則や、マクスウェル（イギリス）の電磁界理論などがあげられる。一方、電信については1830年代に実用化され、電気の最初の大規模な応用として電信網がつくられた。白熱電球や直流配電により成功したエジソン（アメリカ）は、電気の汎用における発明家として有名である。

電気の歴史で代表的な事象を、表1（次頁）に示す。

日本における電気学は、1776年に平賀源内がエレキテル（摩擦起電器）を修理して復元したことに始まるといわれている。

(2) 建築における電気設備の歴史

日本においては、1878年に初めてアーク灯による電気の火が灯り、1883年に東京電燈（現在の東京電力）の設立が許可された。続いて、1884年に白熱電灯が上野駅で点灯され、東京電燈が電気事業として、日本郵船、東京郵便局、今村銀行に電灯用電力を配電（火力発電による）した1887年頃が、建築における電気設備の本格的なスタートとみられる。現在多く使用されている蛍光灯は、1940年に製品化され現在に至っている。

情報装置については、1906年に電子管（3極真空管）がつくられ、1948年にトランジスタが開発された。その後、1965年以降IC（集積回路）が使用され、現在の電子計算機、通信装置および制御装置などに至っている。さらに1980年代に入ると、OA化、ニューメディア、電子化、デジタル化などをキーワードとして、高度情報化が社会現象としてクローズアップされ始めた。その中で、1984年にアメリカに完成したシティプレースは「インテリジェントビル」と呼ばれ、その後日本にもインテリジェントビルが出現することとなる。

　日本人が電気の分野で世界初の発明をした代表的なものは、1925年の八木・宇田アンテナである。これは、テレビ受信用アンテナとしてなじみ深く、世界各国で使われている。

　建築における電気設備のあり方という点において、1990年代前半からは「ひと」と「もの」の環境づくりに加え、「地球環境配慮」をより意識した建築へと社会の価値観がシフトしてきている。1990年以降の電気設備学会賞受賞作品の中から、代表的な建物とその電気設備の特徴を表2に示す。

3 建築電気設備の概要

　電気設備を分類すると、一般には各設備に電気エネルギーを供給する電源設備、電気エネルギーを利用して居住環境を形づくる負荷設備（照明・コンセントなど）、情報交換に用いる通信・情報設備、火災や地震などの災害や盗難などから人命および財産を守るための防災・防犯設備、落雷による被害を防ぐ雷保護・接地設備および、これらを制御するための監視制御設備に分けることができる。

表1　電気の歴史年表

国名：（米）アメリカ　（英）イギリス　（伊）イタリア　（ギ）ギリシャ　（日）日本　（仏）フランス　（独）ドイツ　（デ）デンマーク　（オ）オランダ

西暦	電気技術	西暦	電気技術
BC600	タレス（ギ） 　摩擦電気を観察	1873	マクスウェル（英） 　電気および磁気に関する論文を発表
1600	ギルバート（英） 　磁気と静電気を区別	1876	ベル（米）、グレイ（米） 　実用的な電話を発明
1749〜52	フランクリン（米） 　避雷針を発明	1878	スワン（英） 　炭素フィラメント電球製作
1776	平賀源内（日） 　エレキテルを修復	1879	エジソン（米） 　炭素フィラメント電球製作
1785	クーロン（仏） 　電荷間、磁極間の引力と斥力を発表	1888	ヘルツ（独） 　電磁波伝送実験による電磁波の性質を究明
1800	ボルタ（伊） 　ボルタの電堆、電気盆、電池を発明	1897	ブラウン（独） 　ブラウン管を発明
1820	エルステッド（デ） 　電流の磁気作用を発見	1901	マルコーニ（伊） 　大西洋横断無線通信式実験に成功
1827	オーム（独） 　オームの法則を発見	1906	ド・フォレスト（米） 　電子管（3極真空管）を発明
1830	ヘンリー（米） 　自己誘導を発見	1925	八木秀次、宇田新太郎（日） 　八木・宇田空中線（アンテナ）を発明
1831〜45	ファラデー（英） 　電磁誘導の法則を発見	1946	モークリー、エッカート（米） 　デジタル電子計算機ENIACを製作
1837	モールス（米） 　モールス符号を考案し、電信実験に成功	1971	インテル社（米） 　マイクロプロセッサを発表
1841	ジュール（英） 　電流の発熱作用を表すジュールの法則を発見	1972	IBM社（米） 　フロッピーディスクを発表
1867	シーメンス（独） 　自励式発電機を発明	1983	ソニー社（日）、フィリップス社（オ） 　CDを発表

建築電気設備は、建物の空間環境と機能を実現する上で重要な役割を担っている。

建物に要求される機能には、安全性・信頼性・快適性・利便性・管理性・更新性・環境性などの一般的な機能と、建物の用途による特有の機能がある。建築電気設備に要求される機能も、これと同様に一般的な機能と建物に特有の機能がある。以下、建築電気設備に要求される機能について述べる。

(1) 一般的な機能

建物用途にかかわらずすべての建築電気設備には、以下のような機能が求められる。

1. 安全性・信頼性
①自然災害・人的災害・犯罪などによる被害の防止、あるいはそれへの対応
②インフラストラクチャー(電力・通信)との接続
③システムの機能・性能の維持

2. 快適性・利便性
①居住者に優しい快適な居住・執務環境の創造
②高齢者・障害者などに対する配慮
③居住者の要求に対応できるフレキシビリティの確保(スペース・ワイヤリング計画など)

3. 維持管理性・更新性
①維持管理の自動化(BAS)、メンテナンスフリー化
②ビル管理システム(BEMS)の導入
③リニューアルを想定したスペース計画

4. 環境性
①環境負荷の少ない機器の採用
②高効率機器の採用
③昼光などの自然エネルギーの利用

表2 1990年以降の代表的な建物の電気設備

年代	建物名称	電気設備の主な特徴
1990〜1999	東芝ビルディング	日本初のインテリジェントビル、統合OAシステム、フレキシブル配線システム
	ツイン21	環境照明(ライトアップ)、コージェネレーション
	梅田センタービル	インテリジェントビル、フレキシブル配線システム、ロの字照明
	特許庁庁舎	ペーパーレスシステム、超OA化オフィス、プレワイヤリングシステム
	かながわサイエンスパーク	大規模複合施設、ビルマネジメントシステム(BMS)
	幕張テクノガーデン	大型複合インテリジェントビル(テナントビル)、ICカードシステム(入退出管理、キャッシュレス)
	日本電気本社ビル	快適なオフィス環境の創出、ユーザー開放型の統合BAシステム
	聖路加国際病院	全個室病室の先進的な病院、高効率電源設備(コージェネレーション)、患者のためのアメニティ設備
	恵比寿ガーデンプレイス	大規模複合施設、火災情報集約化システム
	RITE(地球環境産業技術研究機構)本部施設	電力系統への逆潮流のある系統連系システム(太陽電池・燃料電池)
	東京電力技術開発センター	地域環境対応、省エネルギー、負荷平準化、昼光利用による照明制御、新エネルギー利用(燃料電池、太陽光発電)
	JTビル	BMSとFMを統合的に構築した施設管理システム、ワイヤレス多機能カードによる入退出管理システム
	大阪ドーム	多目的ドーム空間、空間可変装置
2000〜2008	品川インターシティ	大規模複合施設、統合接地システム、管理形態まで考慮した監視システム、防災システム、コージェネレーション
	JRセントラルタワーズ	大規模複合施設、高信頼電力供給設備、コージェネレーション
	NEC玉川ルネッサンスシティ	省エネルギー、省資源、リサイクル、環境配慮技術
	地球シミュレータ	わが国で初めての高度な電磁環境・接地システムを実現、雷保護対策、電磁環境対策
	晴海アイランドトリトンスクエア	大規模再開発施設、街区管理システムとモニタリングシステム
	丸の内ビルディング	大規模複合施設(テナントビル)、災害対策(地域防災拠点)
	電通本社ビル	地球環境との共生、持続可能な超高層ビル、ベース&ファンクション照明
	松下電工東京本社ビル	「ビルごと省エネルギー」「ビルごと照明器具」「ビルごとショールーム」、照明・空調システムのエリアコントロール
	六本木ヒルズ 森タワー	大規模複合施設(テナントビル)、フォレストシーリングシステム照明
	関電ビルディング	効率経営の推進拠点、環境共生のモデルビル、社会の共生・共感の場、インテリジェント照明システム、エネルギーマネジメントシステム(e-BEMS)
	中部国際空港旅客ターミナル	「やさしいターミナル」(ユニバーサルデザイン)、「環境ターミナル」(省エネルギーと環境に配慮したエコエアポート)、わが国2番目の24時間対応国際空港、高信頼度の電気供給システム、安全性を追求した防災システム

(2) 用途に特有な機能の例

建物用途によって稼動時間帯や使用機器が異なるので、電気設備のシステムや運用にも違いが出る。ここでは、1.オフィスビル、2.データセンタ、3.病院、4.集合住宅を例に、それぞれの電気設備に求められる機能を概説する。

用途にかかわらず建物に求められる機能として近年では、環境に優しく持続可能な建物、防災・防犯面での十分な備えなどが重要なキーワードになっている。

1. オフィスビル

入居者のニーズにフレキシブルに対応できるオフィス空間を提供する必要がある。電気設備においては、間仕切り対応を考慮したモジュール計画や将来の変更に対応可能なEPS（電気シャフト）のスペース・配置計画などに留意する。

照明環境やOA環境という視点から、快適で執務しやすい環境とそれをサポートする設備が求められる。また、オフィスのOA化や情報化の進展に対して、十分な電源容量や電源の信頼性を確保することも重要である。賃貸ビルの場合、テナント用発電機の設置スペース確保や機器増設対応などの予備性能および、受変電設備の無停電保守などにも考慮する。

2. データセンタ（DC）

システム機器に供給する電源システムは、停電はも

図1　オフィスビルにおける電気設備などの例

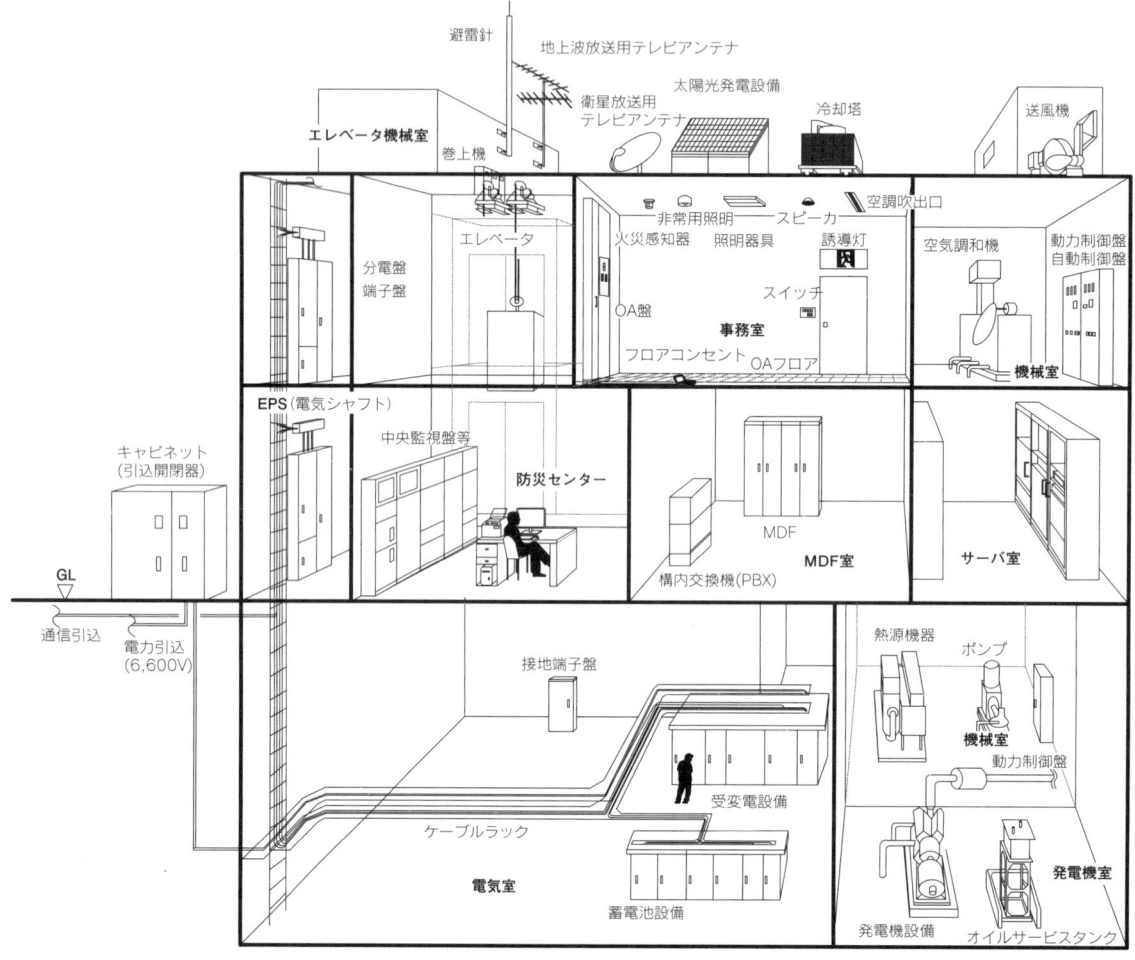

とより、瞬間的な電圧低下さえも許されない。データセンタには特に、高品質で信頼性の高い無停電の電源システムが求められる。

また、サーバの拡張に伴う電源容量の増強対応、さらに電源系・制御系の二重化など、一部の機能が停止しても全体として機能を維持できるシステム（冗長システム）が必要となる。

3. 病院

高度医療に対応するための医療機器への電源供給には、高い信頼性が求められる。さらに、患者の居住環境に配慮したアメニティ対応、医療業務効率化のためのIT技術の導入に対応できる電気設備が求められる。

4. 集合住宅

SI（スケルトン・インフィル）住宅、オール電化住宅に対応したシステムや、増加していく高齢者世帯のための緊急通報システム、さらに加速する情報化社会に対応してより高性能なインターネット接続環境の整備などが必要となる。

（3）建築電気設備の構成

電気設備は、建物の目的・用途に応じた最適な環境をつくるために、その構成が異なる。

ここでは一般的なオフィスビルを対象として、電気設備の例を図1に、電気設備の構成およびその内容を表3に示す。

本書でも、以下、電源設備、配電設備、照明設備、通信・情報設備、監視制御設備、防災・防犯設備、雷保護・接地設備に分類して、たとえば電源設備と配電設備を含めたものを電源システム、照明設備と照明制御設備を含めたものを照明システムというように、それぞれのシステムと構成機器について概説する。なお本書では、国土交通省「建築設備設計基準」による「電灯・コンセント設備」を、照明器具・照明システムという用語にそろえて「照明・コンセント設備」と表記する。

表3　一般的なオフィスビルの建築電気設備の例

1. 電源設備
① 受変電設備（電力引込み、特高変電、高圧変電）
② 発電機設備（非常用、常用）
③ 直流電源設備（非常照明用、制御用）
④ 無停電電源設備（サーバ用、監視システム用）
⑤ 太陽光発電設備、風力発電設備、燃料電池設備
2. 配電設備
① 幹線設備（ケーブルラック、配線）
② 動力設備（動力制御盤）
3. 照明設備
① 照明設備（一般照明器具、非常用照明、誘導灯、照明制御）
② 照明・コンセント設備（分電盤、コンセント、スイッチ）
4. 通信・情報設備
① 電話設備（通信引込み、端子盤、交換機、電話機）
② 拡声設備（非常用／業務用、アンプ、スピーカ）
③ テレビ共聴設備（アンテナ、増幅器、分配器）
④ インターホン設備（保守用、各種連絡用）
⑤ 監視カメラ設備（カメラ、モニター、録画装置）
⑥ 防犯・入退出管理設備（カードリーダー、センサ）
⑦ 駐車場管制設備（発券機、料金精算機、信号灯）
⑧ 映像・音響設備（プロジェクタ、アンプ、スピーカ）
5. 監視制御設備
① 監視制御装置
② リモートステーション
6. 防災・防犯設備
① 自動火災報知設備（受信機、中継器、感知器）
② 防排煙連動制御設備（自動閉鎖装置、感知器）
③ ガス漏れ警報設備（検知器）
④ 非常電話・非常コンセント設備
7. 雷保護・接地設備
① 避雷針
② 接地極

1-2　建築と電気設備

> **学習ポイント**
>
> ここでは、建築電気設備を構成する各システムの概要を知り、それぞれの機能と役割を学ぶ。建物に求められる社会的要求および建築主の要求事項は、地球環境、安全・安心、快適性、生産性、セキュリティなど、近年、ますます高度化、複雑化している。その中で電気設備が果たしている機能と役割をよく理解し、どのように建物の中につくり込まれているかを学習してもらいたい。

1 電源システム

(1) 電力の発生

電力は日常生活のあらゆるところで、熱、光、電気信号あるいは動力などのエネルギー源として使われている。その電力は、図1に示すように、力、熱、化学反応、核エネルギーからエネルギー変換(発電)してつくり出されている。

発電施設には、電力の発生のために使われる資源の種類によって、水力発電、火力発電、原子力発電、新エネルギー発電といわれる太陽光発電・風力発電・潮力発電、地熱発電などがあるが、わが国での発電量は表1のように、水力、火力、原子力が主力である。

(2) 電力会社と周波数

わが国の電気事業は、地域割によって10の電力会社から成り立っている。電源の周波数は、静岡県の富士川と新潟県の糸魚川あたりを結ぶ線を境にして東が50Hz、西が60Hzに分けられている。この周波数の違いは、明治時代に東京電燈(関東)はドイツのAEG社から50Hzの発電機を輸入し、一方、大阪電燈(関西)はアメリカのGE社から60Hzの発電機を輸入し

図1　エネルギー変換(発電)の種類

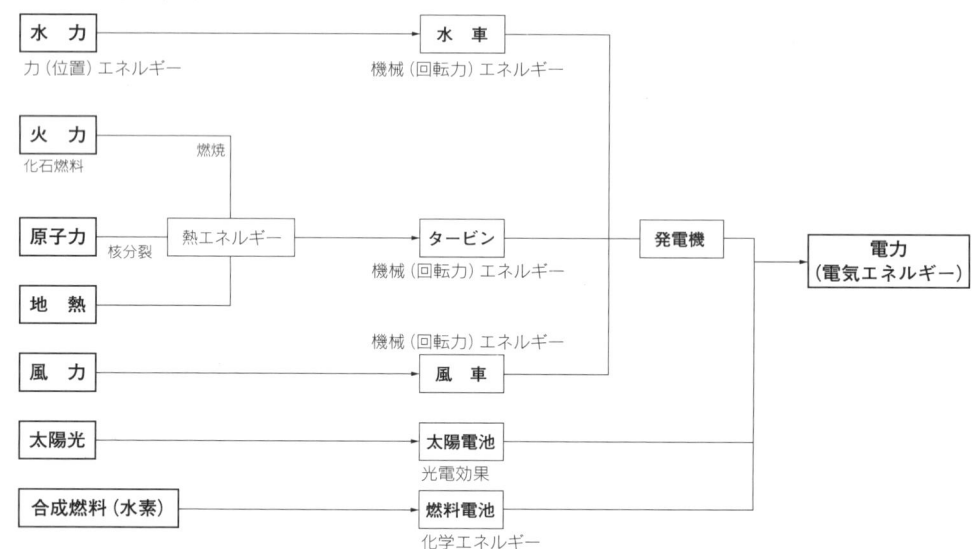

たことから始まっている。

現在では、周波数変換所によって東西間の電力供給も可能になっている他、家庭用電気製品などの電気機器でも両用可能となっているので、周波数を統一する必要性はほとんどなくなっている。

(3) 送電・配電システム

発電所で発電された電力は、送電ロスを少なくするため275～500kVに昇圧され、送電線によって1次変電所へ送られる。ここで60kV（電気事業者：電力会社によって違いがあるが）に降圧され、60kVの電力は市街地の2次変電所に送られるとともに、20～60kVの電圧（特別高圧）で鉄道や大口需要家に送電される。さらに、6.0kV（高圧）に降圧された電力は配電線路を使って、大口需要家に送られる。家庭などの一般需要家には、柱上変圧器を介して100/200V（低圧）で供給される。送・配電系統の構成を図2に示す。

上記のように、供給電圧には低圧、高圧、特別高圧があり、公称電圧と公称電圧に負荷損失分を上乗せしたタップ電圧がある。供給電圧は契約電力の大きさによって、電気事業者（電力会社）の電気供給規程によっ

て決められている。契約電力と供給電圧の関係は、電気事業者により多少の違いがあるが、おおむね表2のようである。

(4) 電源設備

建物の電源設備には、受電・変圧して電力を供給する設備、自ら発電し電力を供給する設備、蓄電（充電）した電力を必要時に供給（放電）する設備がある。電源設備の種類とそれぞれの概要を表3（次頁）に示す。

1. 受変電設備

建物の電気エネルギーの多くは、電気事業者（電力会社）の電力網から受電することによって得られ、照明、空調、給排水、昇降機、情報・通信など、ほとんどすべての設備に利用されている。これらの設備を負荷設備と呼ぶ。電源設備は、負荷設備への電気エネルギーの供給源となるものである。電気エネルギーに依存する機器の増加によって、建物における電源設備の重要性はますます高まっている。建物の電源設備の基本的な構成例を図3（次頁）に示す。

建物では、電気事業者の電力網（商用電源）から受電し、身近で使うことのできる電圧の電力を得るため

表1　日本の発電量　　出典：2008年度実績（経済産業省調べ）

水力		8.5%
火力	石油等	13.2%
	石炭	24.4%
	LNG	26.6%
原子力		26.3%
新エネルギー		0.8%
地熱		0.3%

表2　契約電力容量と供給電圧の関係

電圧種別	契約電力容量	供給電圧（公称）	供給電圧（タップ）
低圧	50kW未満	100V, 200V, 400V	105V, 210V, 415V
高圧	50～2,000kW	6kV	6.6kV
特別高圧	2,000～10,000kW	20kV, 30kV	22kV, 33kV
	10,000kW以上	60kV, 70kV	66kV, 77kV

注　タップ電圧とは変圧器の2次側の電圧

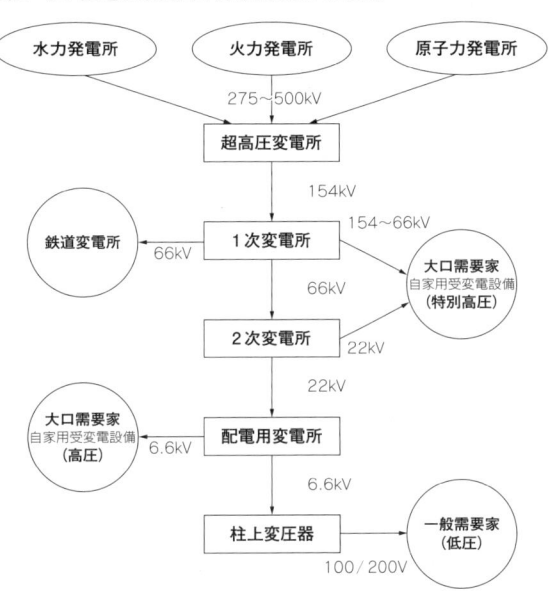

図2　送・配電の系統図の例（東京電力の場合）

に、受変電設備を必要とする。この受変電設備のほとんどは、機器を盤(金属製の函体)に収容した形をしており(この盤全体をキュービクルと呼ぶ)、建物の電気室などに設けられる。受変電設備の例を図4に示す。

表3 電源設備の種類と概要

設備名称	役割	位置づけ	関連法規	分類	主要な構成機器	種類等
受変電設備	電力会社の配電線から電力を受け、建物内で使用する電圧に変換し、建物内に設けられた幹線に電力供給する設備	必要不可欠の設備	電気事業法、電気設備技術基準、内線規程	受変電設備	変圧器、遮断器、保護装置、コンデンサなど	屋外キュービクル、屋内キュービクル、前面保守・薄型キュービクルなど
非常用発電設備	火災時その他の停電時にも機能が求められる負荷に電力供給する設備。内燃機関により交流発電機を駆動させ発電し、受変電設備に電力を受け渡す	法規により設置義務がある設備	上記の電気法規のほか、建築基準法、消防法	発電設備	内燃機関、交流発電機、始動装置、燃料槽・ポンプなど	ディーゼル発電機、ガスタービン発電機など
蓄電池設備	停電時の非常照明用や受変電設備制御用として電力供給するための設備。常時、蓄電池に充電しておく	法規により設置義務がある設備	上記の電気法規のほか、建築基準法、消防法	静止型電源設備	蓄電池、整流器など	鉛蓄電池、アルカリ蓄電池など。直流電源設備ともいわれる
無停電電源設備	コンピュータなど瞬時の停電も避ける必要のある負荷のための設備。停電が起きると瞬時に、蓄電池からの電力供給に切り換え、電力供給を継続させる設備	必要に応じて設ける設備	電気設備技術基準、内線規程	静止型電源設備	コンバータ、蓄電池、インバータ、無瞬断切替器など	単機システム、並列冗長システム、待機冗長システムなど
太陽光発電設備	省エネルギーのためなどに設けられる設備。太陽光により発電する	必要に応じて設ける設備	電気事業法、電気設備技術基準、内線規程	発電設備	太陽電池アレイ、パワーコンディショナ(系統連系インバータ盤)	単結晶シリコン、多結晶シリコン、アモルファスシリコンなど
風力発電設備	省エネルギーのためなどに設けられる設備。風力により発電する	必要に応じて設ける設備	上記の電気法規	発電設備	風車(ロータ系)、発電機、タワー、パワーコンディショナ(系統連系インバータ盤)	プロペラ式、ダリウス式、サボニウス式など
コージェネレーション設備(常用発電設備)	省エネルギーのためなどに設けられる設備。常時、内燃機関による発電を行い、排熱を給湯や空調などに利用することで高効率を得る	必要に応じて設ける設備	上記の電気法規のほか、環境条例	発電設備	内燃機関、交流発電機、始動装置、燃料槽・ポンプなど	ガスエンジン発電機、ディーゼル発電機、ガスタービン発電機、燃料電池など

図3 電源設備機器の基本構成

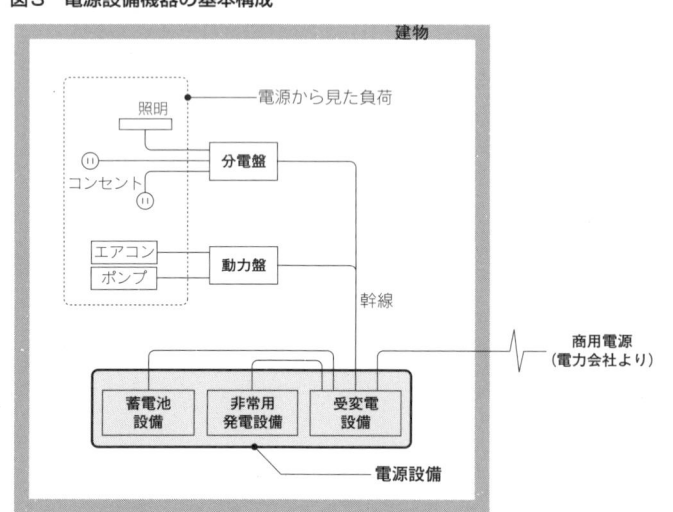

図4 受変電設備の例

図5 予備電源設備の例

16　1章 総論

2. 予備電源設備（非常電源設備）

建物内で火災が発生した場合にはその火災や、地震などによる商用電源の停電があっても、消火ポンプ・排煙機など、消火活動や避難経路確保に必要な防災設備に電力を供給する必要がある。法律で指定された建物では、ポンプやファンへの電力供給用の予備電源設備、非常用の照明装置への電力供給用の蓄電池設備といった予備電源の設置が義務づけられている。なお、「予備電源」は建築基準法における用語で、消防法においては「非常電源」といい、両者はほぼ同意である。

こうした発電設備は法規制以外でも、大地震などによる長時間停電への対応として利用されることもある。

予備電源設備の例を図5に示す。

3. その他の電源設備

このほか建物用途によっては、瞬間的な停電や電圧低下でも機能に支障が出るコンピュータなどの機器に備えて、蓄電池と高速切換スイッチを組み合わせた無停電電源設備（UPS）を設けているものもある。

また、自然エネルギー活用を目的とした太陽光発電設備や風力発電設備、省エネルギー等を目的として発電と排熱利用を行うコージェネレーション設備を設ける場合もある。

(5) 電源設備の省エネルギー

電源設備の省エネルギーには、コージェネレーション設備の採用の他に、変圧器の損失低減とコンデンサによる損失低減が考えられている。

変圧器は静止型の機器であり、回転機のように動力への変換機能は持たないため、もともと効率の高い機器であるが、常時電源に接続されているため連続して損失を生じている。このため、変圧器は「エネルギーの使用の合理化に関する法律（省エネ法）」の特定機器（省エネルギーを推進することを義務づけられた機器）に指定されている。

コンデンサによる損失低減は、電力料金上の力率改善割引制度を活用するためにコンデンサを設け、電源機器と幹線に流れる無効電流を減らして損失を軽減する方法であり、より負荷側に近い位置に設けることで省エネルギー効果が高くなる。

(6) 幹線設備

受変電設備の配電盤から分電盤・動力盤までの配線を幹線といい、照明・コンセント幹線、動力幹線、特殊幹線がある。幹線の主な配線方式には、図6のような種類がある。

幹線は、照明・コンセント、動力などの負荷設備容量のそれぞれの合計に、需要率、将来の負荷増などを考慮して決められる。幹線の配線敷設方式には、電線を電線管に納める方式、ケーブルをケーブルラックに敷設する方式、バスダクト方式があり、負荷容量、負荷の分布状況、経済性などによって選定される。幹線のサイズは、電線・ケーブル等の許容電流、電圧降下、放熱状況から算出される。また、電線・ケーブル等の過熱保護のため、過電流遮断器を設置しなければならない。

2 照明システム

(1) 光の種類

1. 直接光と間接光

室内の光は、光源から作業面に直接到達する直接光

図6　幹線の配線方式

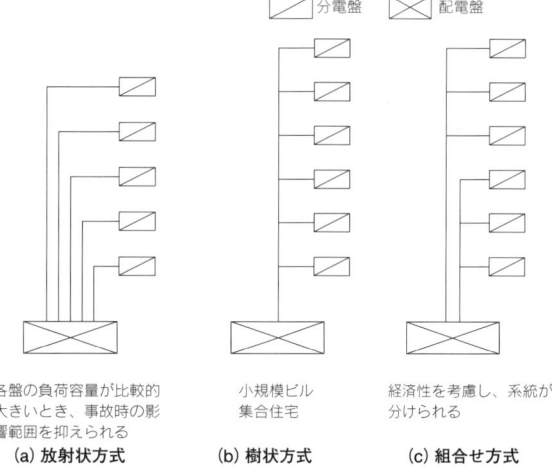

と、室内の天井、壁、床などでの相互反射等による間接光とからなる。直接光を多く使い反射率の良い内装仕上げをすれば、部屋は全体に明るくなる。また間接光による照明を主とすれば、柔らかい明るさが得られ、雰囲気の良い照明空間をつくることができる。

2. 自然光と人工光

室内の光源としては、窓から入ってくる自然光と、照明器具による人工光がある。自然光は季節、時間、場所による変動が大きく、照明には使いづらい。オフィス照明では主として人工光が使われているが、省エネルギーの立場から、最近では自然光の有効利用の工夫がなされている。

(2) 光源

人工照明用の光源としては、白熱電球、蛍光ランプ、HIDランプが主なものである。

照明用の光源として使われている主なものの特徴と用途を表4に示す。

1. 白熱電球

白熱電球は取扱いが簡単で、演色性が良いことから最も普及し、長年多方面でよく使われてきた。しかし放熱損失が大きいため照明効率が悪く、地球温暖化問題を背景に、縮小もしくは製造中止の方向に向かっている。

2. 蛍光ランプ

高効率、低輝度、長寿命、放熱が少ないことなどから、わが国では広く普及している。管内面に塗布する蛍光物質によって、各種光色の蛍光灯が生産されている。最近では、青、緑、赤の波長域の発光特性を良くし、演色性と効率を良くした三波長域発光型蛍光ランプが主流である。また、白熱電球に替わる電球色蛍光灯も普及している。形状としては、直管形、環形、コンパクト形、電球形がある。最近では省エネルギーの面から、効率の良いHf蛍光ランプ（高周波点灯専用）が使われている。

表4 主な光源の特徴と用途

	白熱電球	蛍光ランプ	高圧水銀ランプ	メタルハライドランプ
特徴	高輝度 赤みの多い光色 取扱い容易	輝度が低い 温度上昇小	高輝度、大光束 寿命が長い 維持費が比較的安価	高輝度、大光束 演色性が良い 自然光に近い
効率	7〜22 lm/W	50〜100 lm/W	50〜60 lm/W	80〜90 lm/W
寿命	1,000〜1,500h	3,000〜10,000h	6,000〜12,000h	6,000〜9,000h
用途	照明全般、局部照明、ダウンライト 住宅、ホテル、レストラン	照明全般 オフィス、学校、住宅	高天井照明、 屋外照明、投光照明 工場、競技場、道路、庭園	高天井照明、演色性が必要とされる場所の照明 商店街、公園、広場

表5 屋内照明器具の配光による分類

分類	直接照明型	半直接照明型	全般拡散照明型	半間接照明型	間接照明型
配光曲線	上方光束(%) 0 下方光束 100	10 90	40 60	60 40	90 10	100 0
照明器具	ダウンライト／金属製反射笠／下面開放型	ガラス製（半透明）グローブ／富士型	半透明反射皿／カバー付	金属製反射皿／コーブ照明

3. HIDランプ

高輝度放電ランプの総称で、高圧水銀ランプ、メタルハライドランプ、高圧ナトリウムランプなどがある。高効率、光束が大きいことから、屋外照明だけでなく、屋内でも高天井空間、競技場などの大空間で使われている。

その他、白色LEDランプは、現在では明るさ（光量不足）の点でその用途は限られているが、長寿命、小型、軽量であることから、次世代の有望な照明用光源である。

(3) 照明器具と照明方式

光源は、照明器具と一体化して使われるのが普通である。照明器具は配光によって、直接照明、半直接照明、全般拡散照明、半間接照明、間接照明に分類でき、それぞれに応じた照明器具がある（表5）。

照明方式には次のような種類がある。

1. 全般照明方式

部屋全体を照明する方式で、均斉度の高いことが求められるオフィス、教室などに使われる。

2. 全般局部併用照明方式

作業対象ごとに照明器具を配置し、照明効率を高める。陰やグレア（眩しさ）を防ぐことができるが、全般照明と局部照明の比が大きくなると輝度比が高くなり、眼性疲労の原因となる。

3. タスクアンビエント照明方式

全般照明（アンビエント照明）の照度を低く抑え、作業照明（タスク照明）と併用し、省エネルギー効果を高める照明方式で、在室者が少なく人員密度が低い場合に有効である。オフィスなどでは、机や什器に照明器具を組み込むのが一般的である。

4. 建築化照明

建築の内装仕上げと照明を一体化して、建築物の天井や壁を光らせることによって明かるさを得る。建築物の内部に光源や照明器具が組み込まれることが普通であるから、建築設計と照明設計との連携を取ることが大切である。代表的な建築化照明の例を表6に示す。

(4) 照明の目的

照明の目的は、「物を明瞭に見せ、安全を保ちつつ仕事が快適にでき、しかも、機能よく行わせること…」

表6 建築化照明の例

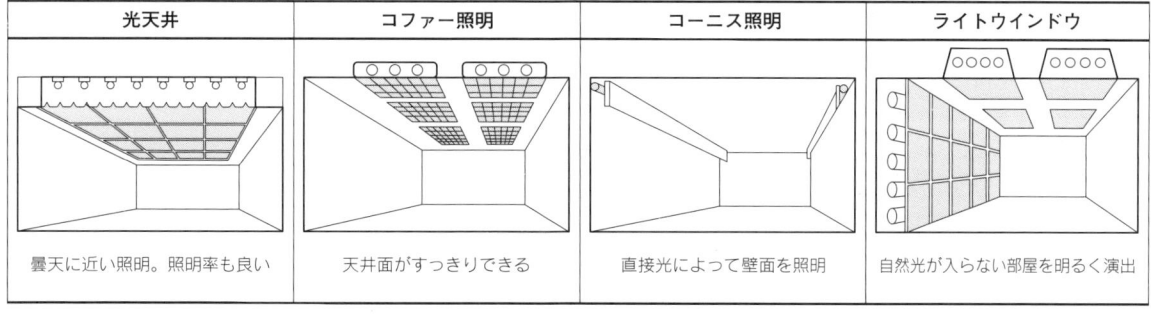

光天井	コファー照明	コーニス照明	ライトウインドウ
曇天に近い照明。照明率も良い	天井面がすっきりできる	直接光によって壁面を照明	自然光が入らない部屋を明るく演出

表7 美術館・博物館の照度基準 (JIS Z 9110より抜粋)   [lx]

5	30	75	150	300	750	1,500
	収納庫				彫刻（石・金属）、造形物、模型	
映像、光利用の展示部		はくせい品、標本、ギャラリー全般、食堂、喫茶室、廊下、階段	絵画（ガラスカバー付）、日本画、工芸品、一般陳列品、洗面所、便所、小集会室、教室	彫刻（プラスタ・木・紙）、洋画、研究室、調査室、売店、入口、ホール		

といわれている。照明は、目的によって以下のように分けられる。

1. 明視照明(作業のための照明)

機能を目的とした照明で、疲れなく、明るく、見やすく、グレアのないことが求められる。

2. 雰囲気照明

快適性を求めた照明で、目的に合った明るさ、照明器具のデザイン、陰影、調光システムが求められる。

3. 防災・防犯照明

災害時の安全確保や犯罪を未然に防ぐ目的で設置される照明(非常用照明、誘導灯、防犯灯)である。

(5) 照明計画の流れ

空間の目的、用途、グレードをよく把握し、建築計画の意図とマッチする照明基本計画を立てる。照明計画の流れを図7に、照明の用途と照度の例として、美術館・博物館の照度基準を表7(前頁)に示す。

(6) 照度計算

照度計算には2つの方法がある。

1. 逐点法

ある部分だけを照明する局部照明などの計算に使われる方法で、光源による直接照度と間接照度に分けて計算し、これを加えて全照度とする。

①点光源による直射照度

図8に示すように、点光源LによるP点の法線照度 E_n は距離の逆2乗の法則により、

$$E_n = \frac{I_\theta}{r^2} = \frac{I_\theta}{h^2} cos^2 \theta \quad [lx]$$

で求められる。

従って、水平面照度 E_h、鉛直面照度 E_v は、

$$E_h = E_n cos \theta = \frac{I_\theta}{h^2} cos^3 \theta \quad [lx]$$

$$E_v = E_n sin \theta = \frac{I_\theta}{h^2} sin \theta cos^2 \theta \quad [lx]$$

である。

②間接照度

簡易的には、作業面切断の公式を使って求められる。図9のように、室を作業面で仮想的にⅠ、Ⅱに切断し、等価な反射面を考えて作業面の間接照度を求めると、

$$E_r = \frac{(F_1 \cdot \rho_1 + F_2) \rho_2}{A \cdot (1 - \rho_1 \cdot \rho_2)} \quad [lx]$$

ここで、F_1、F_2 はそれぞれの面への最初の光束[lm]、A[m²]は切断面(作業面)の面積、ρ_1、ρ_2 は切断面Ⅰ、Ⅱの等価反射率である。ρ_1、ρ_2 は、

図7 照明計画の流れ

- ●建築主・建築デザイナー・照明デザイナーによるライティングコンセプトづくり(建物の用途、作業内容、グレードなど)
- ●部屋の構造、仕上げ、インテリア、色彩などの確認

↓

- ●所要照度(JISの照度基準、オフィス照明基準など参照)、光源、演色性、照明器具(配光、デザイン)を決める
- ●照明方式(全般照明、タスクアンビエント照明、建築化照明など)
- ●経済性、施工性、保守性、ランニングコスト

↓

- ●照度計算
- ●器具台数、照明器具の配置(均斉度、グレア)、非常用照明との関係

↓

- ●点灯区分(省エネルギー対策)、配線設計
- ●照明効果のチェック(CGなどによるプレゼンテーション)
- ●照明設計図の作成

図8 点光源による直射照度

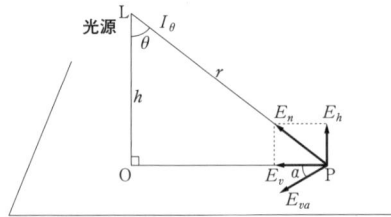

図9 作業面切断の公式

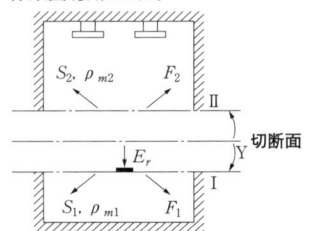

$$\rho_1 = \frac{A \cdot \rho_{m1}}{S_1 - (S_1 - A)\rho_{m1}}$$

$$\rho_2 = \frac{A \cdot \rho_{m2}}{S_2 - (S_2 - A)\rho_{m2}}$$

ここで、S_1、S_2はⅠ、Ⅱ面の室内表面積[m²]、ρ_{m1}、ρ_{m2}はそれぞれの面の平均反射率である。

2. 光束法

オフィスのように照度分布が一様になるような広い部屋の照度計算には、光束法が使われる。

平均照度を設定し、必要な照明器具の台数を求めるには、次式による。

$$N = \frac{E \cdot A}{F \cdot U \cdot M}$$

ここで、N：ランプ個数、E：所要平均照度[lx]、A：部屋の面積[m²]、F：ランプの光束数[lm]、U：照明率、M：保守率（表8から求める）である。

照明率Uは、室指数、照明器具の種類、天井・壁・床の反射率によって決まる値で、表8のような照明率表が照明器具メーカーから提供されている。

表中の室指数Kの求め方は、

$$K = \frac{X \cdot Y}{(X + Y) \cdot H}$$

ここで、X：室の間口[m]、Y：室の奥行き[m]、H：光源から作業面までの距離[m]である。

計算例

間口10m、奥行き8m、天井高3mの事務室で、平均照度が700lxとなるように照明設計をする。

ただし天井・壁・床の反射率は、それぞれ70・50・10％、保守率は良好。照明器具は、Hf32型蛍光灯2灯用、埋込み下面開放型を用いる（光源のランプ光束は3,500[lm]）。

室指数Kは、作業面が床上0.85mのところとして、

$$室指数\ K = \frac{10 \times 8}{(10 + 8) \times (3 - 0.85)} \fallingdotseq 2.0$$

照明率と保守率は表8から、0.63と0.73であるから、

$$N = \frac{E \cdot A}{F \cdot U \cdot M} = \frac{700 \times 80}{3,500 \times 0.63 \times 0.73} \fallingdotseq 34.8\ 本$$

2灯用器具を使うので、34.8/2 ≒ 18台となる。

この計算結果を図化したものが、図10の配灯図である。

図10　照明器具配灯図

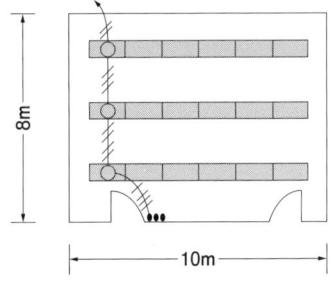

表8　照明率表（メーカーカタログより）

照明器具	反射率	天井	80%				70%				50%			
		壁	70	50	30	10	70	50	30	10	70	50	30	10
		床	10%				10%				10%			
	室指数		照明率(%)											
埋込み下面開放型　最大取付間隔 横1.3H 縦1.2H　配光曲線　BZ分類 BZ4　保守率 良 0.73 中 0.69 否 0.61	0.6		44	35	30	26	43	35	29	26	42	34	29	25
	0.8		52	44	38	34	51	43	38	34	49	42	37	34
	1.0		57	50	44	40	56	49	44	40	54	48	43	40
	1.25		62	55	50	46	61	54	49	46	58	53	49	45
	1.5		65	59	54	50	64	58	53	50	61	56	53	49
	2.0		69	64	60	56	68	63	59	56	65	61	58	55
	2.5		72	67	64	60	70	66	63	60	68	65	62	59
	3.0		73	69	66	63	72	69	66	63	70	67	64	62
	4.0		75	72	70	67	74	72	69	67	72	70	68	66
	5.0		77	74	72	70	76	73	71	69	73	72	70	68

3 通信・情報システム

情報の伝達、案内表示、警報などを目的とした情報サービスのためのシステムで、電話、テレビ受信から監視カメラなどの建物管理まで及ぶ。建物に設けられる主要な情報設備として、次のようなものがある。

① 電話設備
② インターホン設備
③ 構内情報通信網(LAN)設備
④ 時計設備
⑤ 放送設備
⑥ 表示設備
⑦ テレビ共同受信設備
⑧ その他の設備

(1) 電話設備

局線の引込み用管路、構内配線設備、電話交換機、電話機(局線電話、内線電話)を総称して電話設備という。電話設備の構成は、局線の応答方法などによって異なるが、交換機(PBX)方式が主流である。その構成を図11に示す。

構内電話交換機(PBX：private branch exchange)は、大規模の事業所などで、局線と内線電話の接続、内線電話相互間の接続を行い、外部との通話、内部の相互通話を効率良くするための交換システムで、アナログ式とデジタル式(DPBX)とがある。最近ではデジタル電子交換機が使われ、電子交換機は蓄積プログラム方式(SPC)によって回線接続を行っているので、各種のサービス機能が付加できる。また、デジタル電子交換機は通話路装置もデジタル化されているため、デジタル通信網に接続して使うことができる。デジタル機器、コンピュータ、データ回線との接続に融合性が高い。

交換機(PBX)方式以外の方式には、比較的小規模の事務所などで使われるボタン電話方式(最近では少容量のPBXなみの機能を持つ装置がある)、インターネットで利用されている通信プロトコルのIPを使って通話するIP電話方式がある。

内線数や局線数は、建物の面積、あるいは入居する人数から決める方法がある。標準的な建物の用途から割り出した回線数を表9に示す。

(2) インターホン設備

電話回線には接続せずに、構内専用で通話する会話系の通信設備である。住宅用のドアホン、事務用の連絡、病院のナースコール、エレベータ内との連絡、夜間受付などの用途に使われる。

通話できる機器の関係によって、親子式、相互通話式に分けられる(図12)。

図11 電話設備の構成例

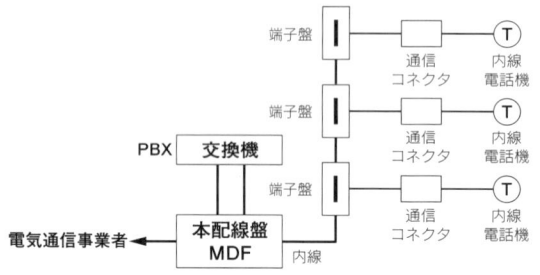

表9 建物用途と電話回線数 (10m²当たり)

業種	局線数	内線数	業種	局線数	内線数
商事会社	0.3	1.2	銀行	0.2	0.5
証券会社	0.4	1.5	新聞社	0.2	0.7
官公庁	0.2	0.5	百貨店	0.1	0.2
一般オフィス	0.15	0.6			

図12 インターホンの通話方式

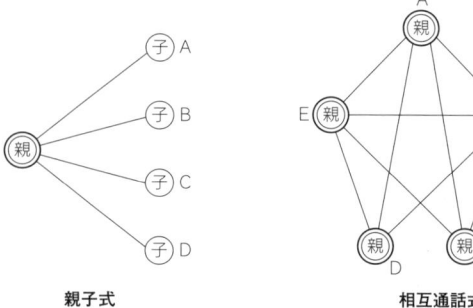

親子式　　　　相互通話式

(3) 構内情報通信網(LAN)設備

情報通信・OA機器の持つ情報の共有や自動化を、情報通信ネットワークで構築したシステムのことを、LAN(Local Area Network)という。建物内でのネットワークをLANが受け持ち、そのLANにパソコンなどの情報関連機器、FAX、プリンタなどが接続されている。基本的な構成例を図13に示す。

ネットワークの形状には、図14のように、バス形、リング形、ループ形、スター形がある。

(4) テレビ共同受信設備

テレビ共同受信設備は、1組の受信アンテナでテレビ電波を受信し、直接あるいは増幅器などを介して多数の受像器に電波を分配する設備である。テレビ電波の種類を表10に示す。

一般ビル、集合住宅などの屋上にアンテナを設置し、各部屋にテレビ電波を分配するものから、電波障害対策用の共同受信設備まである。共同受信システムの構成例を図15に示す。

また、同軸ケーブルを使ってテレビ放送の同時再送信をするCATVがある。CATVは営業を目的とし、自主番組も送信している。

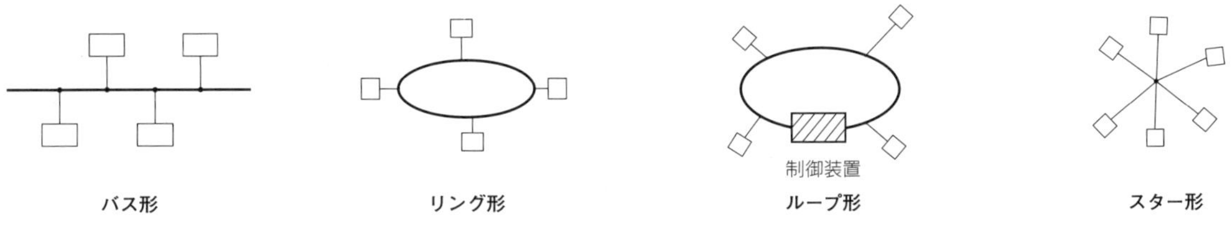

テレビ画像が良好に視聴できるためには、表11に示すような電界強度が必要である。また共同受信設備などでは、ケーブル、機器類の減衰量があるので、増幅器を使う必要がある。

表10 テレビ電波の種類

	VHF	UHF	BS
周波数帯域	90〜108MHz 170〜222MHz	470〜770MHz	11.7〜12GHz
チャンネル数	1〜12	13〜62	BS1〜15

図15 テレビ共同受信設備の構成例

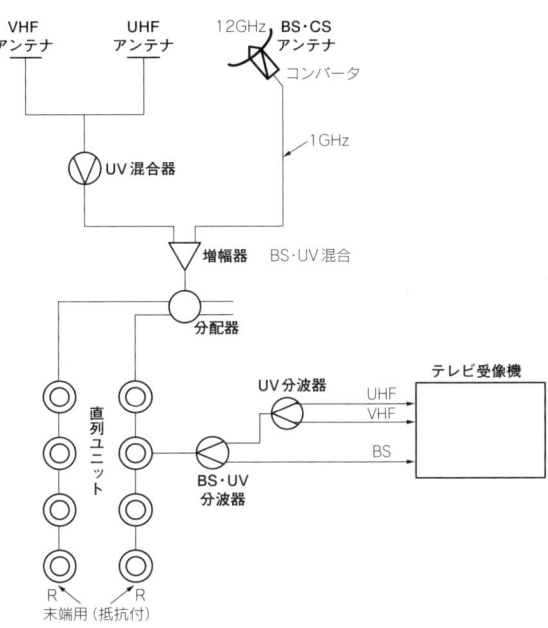

表11 良好な受信のために必要な電界強度

	VHF	UHF	BS	CS
テレビ端子の 必要性能(dB)	64〜85	アナログ：70〜85 デジタル：56〜89	58〜81	61〜81

図13 LANの構成例(スター形)

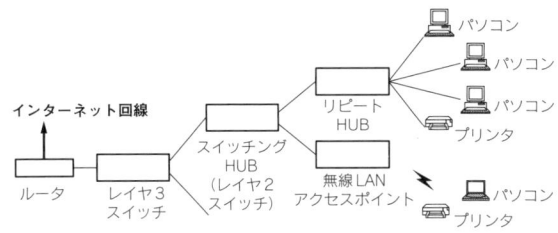

図14 LANネットワークの種類

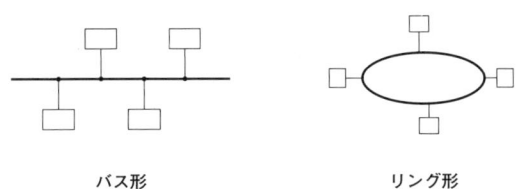

バス形　　　リング形　　　ループ形　　　スター形

4 監視制御システム

監視制御設備とは、建物内の電力設備や空調設備などの建築設備を監視するだけでなく、制御・計測の機能を持つシステムである。この設備はBAS（Building Automation System）と呼ばれ、このBASを使って室内環境とエネルギーを管理するシステムをBEMS（Building Energy Management System）と呼んでいる。

監視制御システムの機能として、次の3つの基本機能がある。

①監視機能

設備の運転状況を監視する状態監視と、設備が正常に運転されているかを監視する警報監視がある。

②制御機能

設備の起動・停止の他、あらかじめ設定された設備の運転条件によって運転・操作する機能がある。

③計測機能

設備で消費されるエネルギーの使用状況を計測する機能で、電圧、電流などがその対象となる。

これら3つの基本機能以外に、記録、表示、データ処理機能などがある。

5 防災・防犯システム

(1) 防災監視システム

防災監視システムは、通常、自動火災報知設備と、防排煙設備の信号を受送信する制御機器を中心に構成される。

自動火災報知設備は、火災発生の初期段階で、ベル・警報装置によって火災発生を報知する設備である。人命の安全、財産の保全のため、消防法で、防火対象物の別、使用する部分の面積の大小、建物の種類によって設置基準が決められている。

防排煙設備は、火災によって発生した煙を屋外に排出する設備で、排煙ファンなどで構成される。これらの機器を起動させる信号として、自動火災報知設備の火災感知器の信号が用いられる。

自動火災報知設備は、火災によって発生する熱、煙などによって反応する感知器、火災を発見した人が通報する発信機、これを受信する受信機や中継器などから成る。受信機にはP型、R型があり、火災発生場所が確認できると同時に、居住者に対して、ベルなどの地区音響装置、表示灯などで知らせる。その基本的な構成を図16に示す。

火災が発生した区域を識別することのできる最小単位の区域を「警戒区域」といい、消防法施行令で定められている。警戒区域は原則として、防火対象物の2つ以上の階にわたらないこと（階段を有し2つの階にわたる警戒区域の面積が500 m²以下の場合は除く）、1つの警戒区域の面積は600 m²以下（主要な出入口からその内部が見通せる場合は1,000 m²以下とすることができる）とし、その1辺の長さは50 m以下と定められている。

(2) 防犯監視システム

監視カメラなどにより、不審者などを早期発見し、犯罪を抑制するためのシステムである。出入管理、侵入管理などの機能を備えている。

建物や部屋などの出入りを管理するシステムとして、出入管理システムがある。出入管理システムには、人を識別する機能が必要で、テンキーやICカード、生体照合（指紋、静脈など）などが用いられる。

建物や部屋などへの不審者の侵入を管理するシステ

図16 自動火災報知設備の基本構成

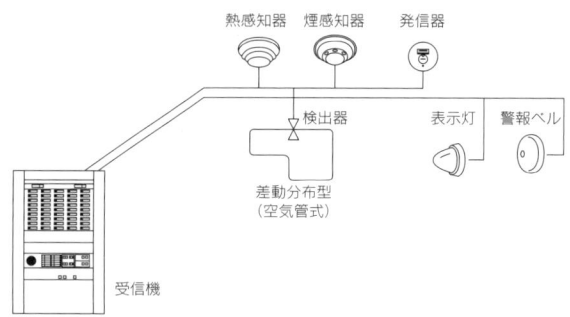

ムとして、侵入管理システムがある。侵入管理システムは、通常、セキュリティシステムとも呼ばれ、侵入者を感知する人感センサや、扉の開閉を検知する扉センサなどで構成される。監視カメラなどの映像監視は、出入管理と侵入管理の両方の機能を持つシステムである。

最近では、この防犯監視システムは設備監視システムと連動し、無人となった部屋の照明や空調を自動的に停止したりすることが可能となっている。

6 雷保護・接地システム

(1) 雷保護システム

直撃雷（建築物等への落雷）のエネルギーは非常に大きく、コンクリート等を容易に破壊する。国会議事堂や東京都庁舎が被害を受けたことがある。また、重要文化財である木造の神社・仏閣が直撃雷を受けて、火災で焼失した例も多い。

一方、建築物内部にあるエレクトロニクス機器が、雷サージ（雷電流によって誘起される異常電圧）で破壊される被害例も多い。雷サージは主に架空線を伝搬して建築物内に侵入し、過電圧耐量の小さいエレクトロニクス機器を容易に破壊してしまう。エレクトロニクス万能の時代である今日、オフィスビルのIT機器はもとより、住宅におけるいわゆる白物家電でさえもエレクトロニクス化（電気製品にマイコン制御などのエレクトロニクス技術が多く用いられてきたこと）されており、たとえばモーター主体の電気洗濯機にもマイコンが内蔵されているので、雷サージによる被害を受けやすくなってきている。

これらの被害を防護するためには、建築物を守る「外部雷保護」と、建築物内部にあるエレクトロニクス機器を守る「内部雷保護」が必要である。なお「雷保護」は主に電気工学分野での用語で、建築基準法では「避雷設備」といわれるが、両者はほぼ同意である。

1. 落雷のメカニズム

夏の暑い日、地上の熱射による上昇気流で積乱雲が発生する。雲の中では水蒸気が急激に冷やされてできる氷の粒が激しくぶつかり合い、そのときの摩擦によってプラスとマイナスに帯電した電荷が雲に蓄積される。これが雷雲である。電荷が大量に蓄積されると、地上面には雲底の電荷と逆極性の電荷が誘起される。落雷の様子は図17に示すように、一条の雷光が走り、予告なしに雷雲と大地間で落雷するように見えるが、落雷（放電）現象は数十ミリ秒の単位で段階を追って接近、結合して発生している。

雷雲からは、大地に向かって空気の絶縁を破って先行放電（ステップトリーダ）し、進行・休止を繰り返しながら地上に近づく。そのとき大地の逆電荷も大きくなり、上向きの先行放電（ストリーマ）が生じる。この両者が結合したとき、雷雲と大地に導電路（雷の道）が形成され、この導電路に雷雲から多量の電荷が注入されて主放電が発生する。この状態が落雷の瞬間であり、雷光として見ることができる。

商用周波数（50 Hz、60 Hz）の周期が秒の単位であるのに対して、雷の電流・電圧波形は、μs（マイクロ秒、100万分の1秒）と非常に速い現象である。

図17 落雷のメカニズム

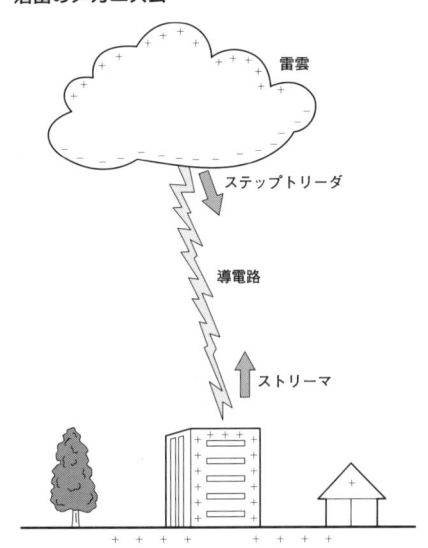

2. IKLマップ（年間雷雨日数分布図）

落雷の頻度を把握するための指標として、IKLマップ(Isokeraunic Level Map)が使われる。緯度および経度を15分間隔（日本では25×27.5km）で区切った地域内における年間雷雨日数をもとに作成したます目図と、それを等日線で結んだ等日線図（図18）がある。同図は10年間の観測結果の平均日数を示し、最大値である35日の地域は多雷地域といわれている。

3. 外部雷保護

直撃雷による建築物の損傷を防ぐための外部雷保護は、図19に示すように、直撃雷を受け止める受雷部、雷電流を接地極に導くための引下げ導体、雷電流を大地に放流するための接地極という3つの要素で構成されている。

引下げ導体には、外部雷保護専用とする場合と、建築物の鉄骨（あるいは主鉄筋）を代用する場合がある。また、接地極も独立した接地極を施工する場合と、建築物構造体基礎を代用する場合がある。

4. 内部雷保護

図20に示すように、建築物内にあるエレクトロニクス化された機器は、架空線に伝搬される雷サージや雷電磁インパルス(LEMP：Lightning Electro Magnetic

図18 日本のIKLマップ

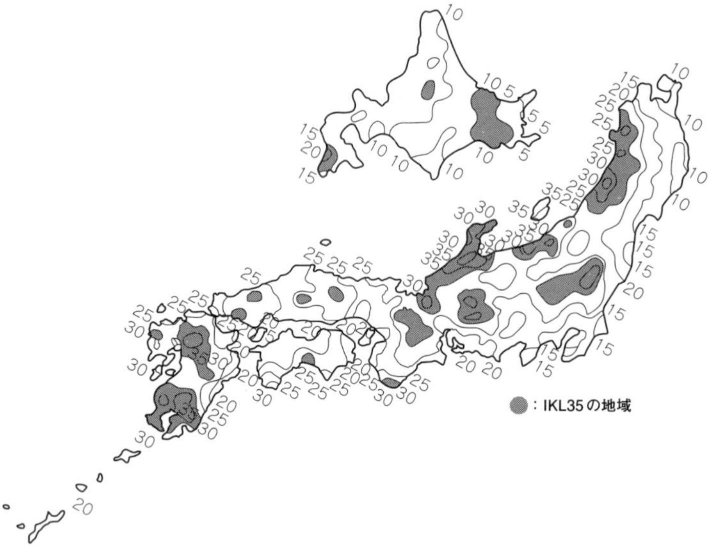

図19 外部雷保護の形態

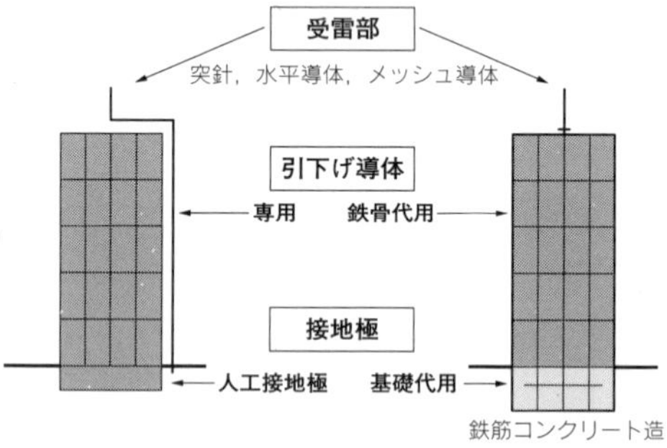

図20 内部雷保護の概念

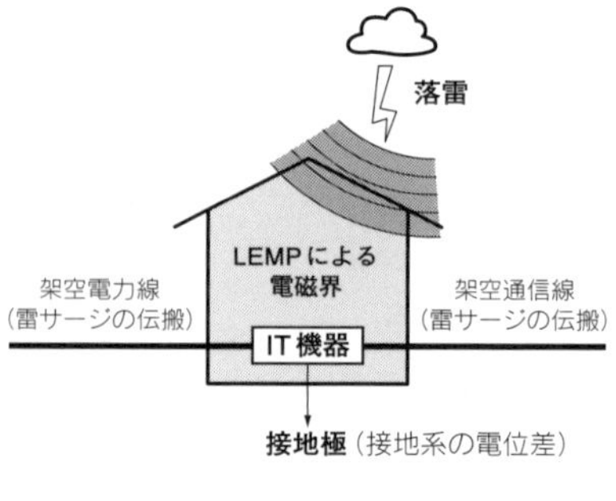

図21 エレクトロニクス化と電磁的障害の発生

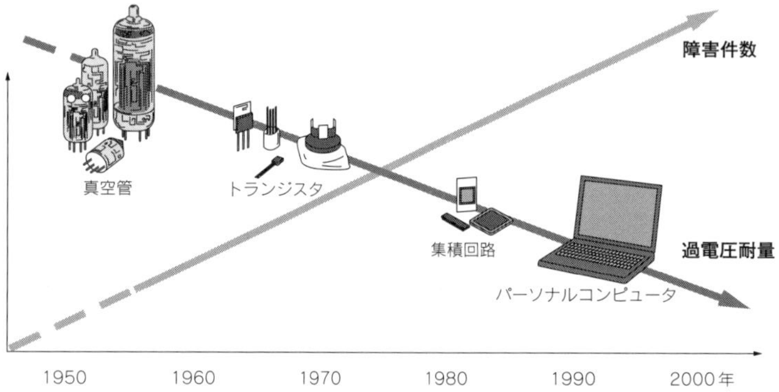

Impulse)によって生じる電磁界（電流によって誘起される磁界）にさらされる。

IT関連機器は、図21に示すように、1950年代は真空管が用いられており、電磁的障害はさほど問題にならなかった。その後、過電圧耐量の小さいトランジスタや集積回路が普及しエレクトロニクス化されたため、電磁的障害が多く発生するようになった。

内部雷保護システムは、電子・情報機器などのいわゆる弱電機器が受ける過電圧による障害を防止するために、建築物内における等電位ボンディング（たとえば電気回路と機器ケースとの間の電位差を抑制するための等電位接続）、電磁界からの遮蔽あるいは離隔、SPD（Surge Protection Device）、接地などで構成される。

(2) 接地システム

建築物には、電源・動力・通信・情報・監視などの設備として、多種多様な機器が導入されている。これらの機器の接地の目的もさまざまで、大別すると保安用接地と機能用接地に分類される。

保安用接地は、地絡電流と接地抵抗によって発生する電位上昇を抑制し、感電事故を保護するものである。このため保安用接地には、絶縁低下に起因して地絡（漏電）が生じたときにのみ接地電流が流れる。これに対して機能用接地は、IT機器やエレクトロニクス回路を安定して正常に動作させる目的のもので、常に接地電流が流れている。これらのまったく目的の異なる接地に対して、良好な共生関係を構築するのが接地システムである。

接地とは種々の電気・電子・通信設備機器を大地と電気的に接続することであり、接続するためのターミナルが接地極である。この接地極が大地との間に電気的抵抗、いわゆる接地抵抗を持つため、オームの法則に従い図22に示すような電位上昇が地絡電流によって生じ、いろいろな障害を起こすことになる。理想的には、接地抵抗がゼロであれば何ら障害が生じないが、現実的にはあり得ない。この障害をなくすことが接地の目的の原点である。電位上昇に伴う障害には、最悪の場合には人体の感電があり、機器に対しては損傷、ノイズ発生、誤作動などがある。

一方、特に情報機器などのエレクトロニクス機器に対しては、接地極による電位上昇ばかりでなく、地上空間における接地系の電位の変動がそれらに大きな影響を及ぼすことがあるため、空間内で電位上昇を抑制する接地（SRG：Signal Reference Grid）も必要とされている。

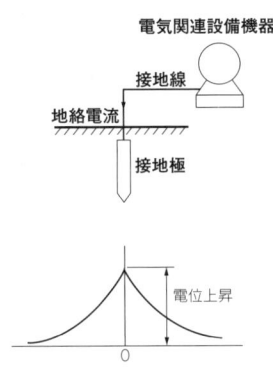

図22　接地設備の構成と電位上昇の概念

1-3　建築電気設備と地球環境問題

> **学習ポイント**
>
> 　ここでは、建築を使うことが都市環境や地球環境へ与える影響と、建築電気設備の技術者が取り組むべき基礎的な事項について学んでもらいたい。地球温暖化の問題は、近年の建築電気設備の進歩によってより顕在化してきたともいえる。これからは、より環境に配慮した省エネルギー技術を具体化することが急務である。たとえば、太陽電池に代表される自然エネルギーの利用において、建築電気設備の技術者の果たす役割は大きい。本書でその重要性を理解し、必要に応じてさらに専門的な知識の習得に向かってほしい。

1 都市環境

(1) 建築電気設備からの排熱と都市のヒートアイランド

　建築設備の使用によって、建築物からは、熱、電磁波、磁界、光、NO_x、CO_2などが屋内あるいは屋外に排出されることになる。都市では建築物の建設密度が高いので、これらが総量として大量に屋外に排出されることになり、熱はヒートアイランド現象に、光は光害に、NO_xは大気汚染に関与することになる（図1）。

　表1は、業種別の単位床面積当たりの年間エネルギー消費量（1次エネルギーベース）である。オフィスビルや商業施設など、業務部門における電化率は約50％である。コンクリートやアスファルトなどで構成

図1　建築物から排出される熱、電磁波、磁界、光、NO_x、CO_2など

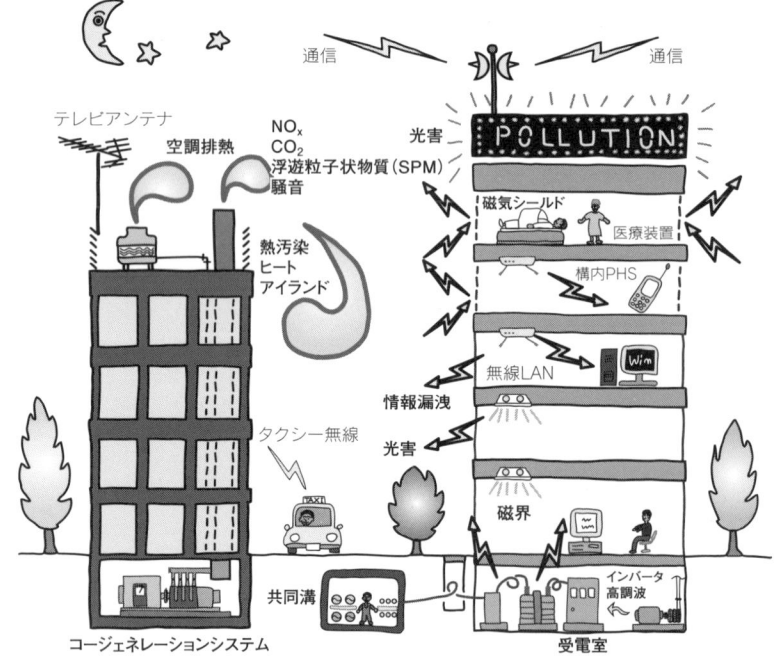

表1　業務用ビルの業種別エネルギー消費原単位
（1次エネルギーベース、平均値、2006年度）
[MJ/m²/年]
（表の括弧内は[Mcal/m²/年]）

オフィスビル	1,880 (449)
百貨店スーパー	2,995 (716)
店舗飲食店	2,875 (687)
ホテル	3,079 (736)
病　　院	2,544 (608)
学　　校	1,598 (382)

（電力の1次エネルギーへの換算値は
9.83MJ/kWh、2,350kcal/kWhを使用）

された都市は熱容量が大きく、水分の蒸散による冷却効果が見込める緑地が少ないこと、建築物自体が都市の通風を妨げる場合があることなどから、熱が溜まるとなかなか冷めにくい。都市周辺部の温度と比較すると都市全体が暑い島のようになっているので、ヒートアイランド現象と呼ばれている。

事実東京では、過去100年間に年平均気温が2.2℃上昇している。地球全体では0.6℃、日本全体では0.9℃の上昇にとどまっているので、東京の温度上昇がいかに大きいかがわかる。今後、都市でのエネルギー消費はさらに増えると見込まれており、ヒートアイランド現象はさらに進むものと予測されている。これによって、夏期の冷房エネルギー、睡眠障害、人に対する熱ストレスの増加が予測されている。

(2) 光害

照明設備から漏れる光のうち、量や方向によって、人の活動（天体観測、安眠、安全な歩行、交通機関の安全な運行等）や生物（動物の生息環境や植物生理など）に悪影響を及ぼすものを、光害と呼んでいる。これらは交通関連法規、景観条例、自然公園法などで規制されているが、省エネルギーの観点からも光害防止は重要である。わが国の屋外照明器具から空に漏れる光を適切に抑制した場合、夜間屋外照明に使われる電力量の約18％、国内の年間総消費電力量の約0.2％が削減されると試算されている。これは約73万トンのCO_2の削減に相当する。

(3) コージェネレーション普及時の都市の大気環境影響評価

コージェネレーションシステムとしては、ガスエンジン、ガスタービン、ディーゼルエンジン等の化石燃料投入型が普及しており、東京23区内には24万kW程度（2004年度）が導入されていると推計されている。このシステムは発電時に発生する排熱を、冷暖房や給湯に利用する省エネルギー技術であるが、これらから排出されるNO_xは大気環境濃度の数％を占めている。

2020年度までに、30万kW前後まで普及が進むと見積もられており、大気環境への影響も増大すると思われる。

(4) 電磁シールド

建物の受変電設備や屋内配線に電流が流れることによって、交流磁界が発生する。磁界の大きさは電流の大きさに比例するので、電気機器の増設などによって電気の消費量が増えると、磁界も大きくなる。また、電気機器自身も磁界を発生させる。

病院におけるMRI（核磁気共鳴診断装置）や脳波測定を行う検査室では、人体が発生する微弱な電流や電磁界を計測するため、検査室に侵入する放送波や携帯電話などの電波を防ぐ必要がある。このような目的のため、電磁シールドが施される。また、無線LANや構内PHSの干渉防止や漏洩防止のために電磁シールドが施される例も増えている。

(5) 電磁波と健康問題

電磁界の生体への影響を防護するための指針として、ICNIRP（国際非電離放射線防護委員会）のガイドライン（図2）が定められており、広く受け入れられている。一方、電気学会では電磁界が人の健康に影響するかどうかについて、これまでの研究状況を調査し、

図2 磁界暴露ガイドラインの比較

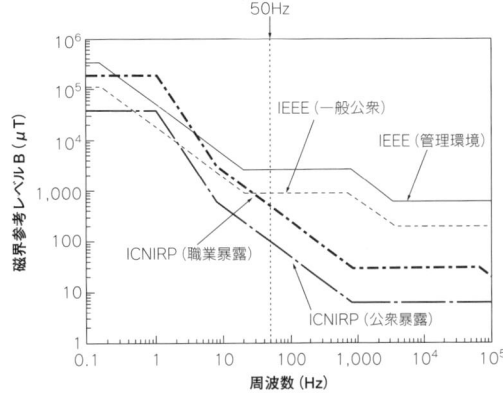

（通常に存在する交流磁界の周波数範囲ではICNIRPのガイドラインが最も厳しい）

総合的に評価を行った。その結論は「電磁界の実態と実験研究で得られた成果をもとに評価をすれば、通常の居住環境における電磁界が人の健康に影響するとはいえない」というものであった。

(6) 建築物による通信障害とその予測

建築物にテレビ放送波や通信波が入射すると、遮蔽されたり反射されたりする。遮蔽されると、受信感度が落ちることがある。また反射されると、到達に遅れを生じ、遅れた反射波と直達波を同時に受信して、ゴーストが生じたりする。このため、高層建築物の新築に際しては、これらの受信障害の範囲や程度の予測計算が行われている。なお、2011年7月にアナログ放送は地上デジタル放送に全面的に移行し、ゴースト等の受信障害は軽減されると見込まれている。

2 地球環境

(1) 建築物・都市の電気使用によるCO₂発生量

発電のために必要なエネルギー資源は、石炭、石油、天然ガス、ウランなどの枯渇性エネルギーと、太陽光、水力、風力、地熱、バイオマス、海洋などの再生可能エネルギー（地球環境に負荷をかけることが極めて少ないので「自然エネルギー」ともいわれる）に分類される。

産業革命以降、枯渇性エネルギーである化石燃料の利用が始まり、その燃焼によって大量のCO₂が大気中に排出されてきた。地球の表面には大気層が存在し、その温室効果（Greenhouse effect）により、地表面は地球平均で15℃程度に保たれてきた。CO₂などの温室効果ガスの排出によって必要以上に温室効果が高くなり、地表面温度15℃という奇跡的ともいえるバランスが、危ぶまれている。現在では、地球温暖化問題が国際的な緊急の課題になっている。

オフィスビル、商業店舗、学校、ホテル、病院など、業務部門の最終エネルギー消費量はわが国全体の13％を占め、CO₂排出量は15％を占める。図3は、業務部門の最終エネルギー消費量の業種別ならびに用途別割合である。業務用建物の26％（延べ床面積ベース）を占めるオフィスビルの場合、使用先別のエネルギー消費比率（1次エネルギーベース）はおおむね図4のようになっている。

建物や設備機器の使用によって排出されるCO₂の量は、最終エネルギー消費量に表2の排出原単位を乗じることによって求めることができる。業務部門の電化の割合は53％で、ガスと石油はそれぞれ22％であるが、表2の排出原単位を用いて換算すると、業務部門における電気設備や電気機器からのCO₂排出量は、全体の70％程度となっていることがわかる。

(2) 電化による省エネルギーとCO₂排出量の抑制

建築電気設備や建物を対象にした、種々の省エネル

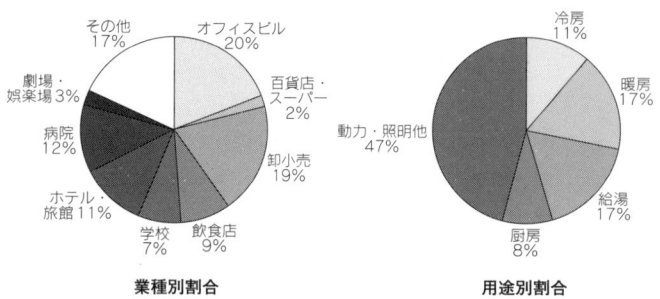

図3 業務部門の業種別ならびに用途別の最終エネルギー消費量の割合
(2006年度、100％：471Pcal/年)

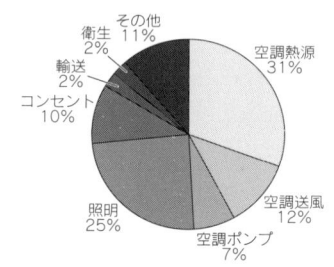

図4 オフィスビルにおける使用先別エネルギー消費比率
(1次エネルギーベース100％：418Mcal/m²/年)

ギー技術が開発されている。図3や図4からも示唆されるように、冷暖房空調、照明、給湯に関する分野のエネルギー消費比率が高く、この分野の省エネルギー余地（CO_2排出量の削減余地）は大きい。代表的な省エネルギー技術としては、電気式ヒートポンプ（空調熱源や給湯設備）、冷温水の大温度差利用、VAV（変風量）、VWV（変水量）、高効率照明器具（Hf（高周波点灯）蛍光灯）等がある。

電気式のヒートポンプでは、使用した電気のエネルギー量を大きく超えた熱を、圧縮式冷凍サイクルの原理により冷媒を用いて屋外から建物の中に汲み入れたり（暖房）、建物の中から汲み出したり（冷房）できる。冷暖房に利用できた熱量と消費した電気のエネルギー量の比をCOP（Coefficient of Performance：成績係数）といい、ヒートポンプのエネルギー効率（熱効率）を表している。表3は、冷暖房や給湯に用いられる機器のCOPである。

火力発電所で発電される電気の場合、消費された化石燃料のエネルギー（1次エネルギー）のうち、発電機によって電気に変換され、送電線や配電線を経由して一般の需要家に届けられる割合は37%程度である。従って、この電気を電気ヒーター（COP＝1）で直接熱に変換して使ったのでは、発電に使った1次エネルギーの3分の1程度しか有効に使ったことにならない。しかし、COPが2.7以上の電気式ヒートポンプを用いれば、発電に使用した化石燃料のエネルギー以上の仕事をすることができる。また、表2に示した

CO_2排出原単位と表3に示したCOPからわかるように、電気式のヒートポンプを使った冷暖房や給湯では、都市ガスや灯油を使ったものよりもCO_2の排出量を少なくすることができる。

図5 電気のCO_2排出原単位の推移

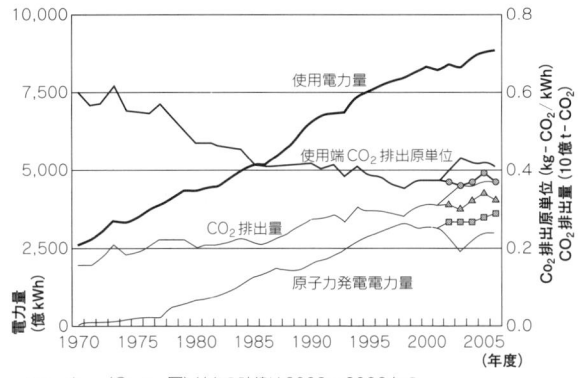

＊マーカー（○・△・□）付きの破線は2002〜2006年の原子力発電所の長期停止等の影響がない場合の試算値

図6 各国の電気のCO_2排出原単位

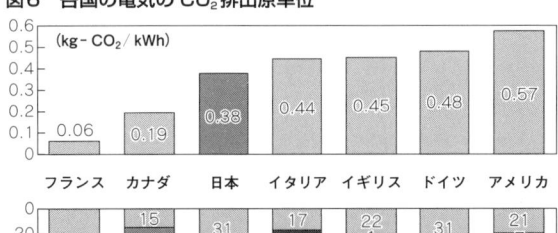

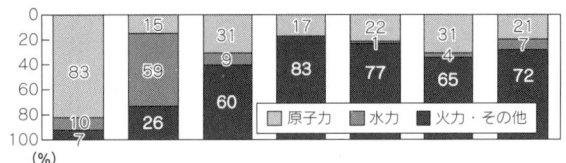

表2 エネルギー源別のCO_2排出原単位

	発熱量	CO_2排出原単位
電気	3.6MJ/kWh （1次エネルギー消費原単位＝9.76MJ/kWh：全日平均）	410g-CO_2/kWh （電事連 2006年度）
都市ガス	45.0MJ/m³ （13A：東京ガス）	50.6g-CO_2/MJ （2005年度）
灯油	36.7MJ/ℓ	2,510g-CO_2/ℓ 68g-CO_2/MJ

表3 冷暖房・給湯機器のCOP

用途（エネルギー源）	機器名	COP（エネルギー効率）
冷暖房（電気）	ビル用マルチエアコン	3〜4
暖房（ガス）	吸収式冷温水発生機	0.85
暖房（ガス、石油）	ボイラ	0.85
冷房（電気）	ターボ冷凍機	5.5〜6.5
冷房（ガス）	吸収式冷凍機（二重効用）	1.0〜1.3
給湯（電気）	ヒートポンプ給湯器	3〜4
給湯（ガス）	ガス給湯器	0.8〜0.95

(3) 原単位(海外の情報)

図5(前頁)は、わが国の電気のCO_2排出原単位の推移である。使用電力量は一貫して増え続けており、それに伴ってCO_2排出量も増えているが、CO_2を排出しない原子力発電や燃料的にCO_2排出量の少ない天然ガス火力発電へのシフト、火力発電所の発電効率の向上などが進んで、CO_2排出原単位は低下を続けてきた。しかし、ここ数年は原子力発電所の長期的な停止が続いて原子力発電の発電量が減っており、不足した電気を、比較的効率が低く、燃料的にもCO_2排出量の多い石油火力発電で補っているため、CO_2排出原単位の改善は足踏み状態となっている。

図6(前頁)は、電気のCO_2排出原単位の国際比較である。CO_2を排出しない原子力発電や水力発電の割合が格段に大きいフランスとカナダのCO_2排出原単位は、すこぶる小さい。一方、燃料的にCO_2排出量の多い石炭火力発電が主流のアメリカは、先進国の中でも排出原単位が大きい。

(4) 系統電源による電力供給と分散型電源による電力供給

現在、最新鋭の火力発電所には熱効率が50％を超えるものが出現している。このような発電所は高い効率を維持するために、一定出力で運転するように設計されている。一方、CO_2排出抑制の観点から、太陽電池等の分散型電源を大量に導入することが国の目標として掲げられている。太陽光発電や風力発電は、出力がお天気まかせで不安定である。

このように、高効率ではあるが硬直した出力の大型電源に加えて、CO_2は排出しないものの出力の不安定な分散型電源が多く導入されるようになると、1日の電気需要の変化に合わせて発電所や送配電線を運用することが難しくなってくる。このため、今後は、太陽光発電や風力発電で発電した電気を一時的に蓄えたり、電気を送配電網の中でうまく融通したりする技術の開発が重要である。

(5) グリーン電力

自然エネルギーである太陽や風からつくられた電気を、グリーン電力という。グリーン電力を普及させるための制度には、一般消費者向けのグリーン電力基金と、企業向けのグリーン電力証書システムがある。

グリーン電力基金は、参加者が寄付金を電気料金に上乗せして電力会社に支払い、電力会社は預かった寄付金にさらに自社からの寄付金を上乗せして、公益的な第三者機関に寄付する。第三者機関ではその寄付金を使って、太陽光発電設備、風力発電設備、これらを利用した防犯灯の設置に対して助成を行う。

一方グリーン電力証書システムは、自然エネルギーで発電した電力に対して、電気そのものの価値の他に化石燃料やCO_2の排出削減の価値(環境付加価値)を認めるものである。環境付加価値に対して、グリーン電力証書が発行される。これを購入した企業において は、使用する電気のうち証書に記載された分量だけは自然エネルギーによって発電されたものとみなされる。これによって、企業は自社の環境目標(CO_2排出量削減)の達成や企業イメージの向上に利用できる。一方、自然エネルギーの発電会社は、売電収入の他に証書販売による収入を得ることができ、これを事業展開に利用できる。

2章 電気設備

2-1 建築電気設備の基本計画

学習ポイント

ここでは、建築電気設備計画の初期段階において、企画および基本計画を進める場合のポイントを学ぶ。この段階はプロジェクトや建物の基本構想をつくり、建築主（発注者）の要求事項を具体化するための重要なステージである。これらをもとに、建築電気設備計画を進めるための法的な協議や建築計画との整合などを行い、電気設備の基本計画を作成する。

1 企画・構想

従来は、敷地の使い方や建築計画の概要が提示された後、電気設備設計者が基本計画に参加する進め方が大勢を占めていたが、最近では建築における建築電気設備計画の役割が増大してきており、プロジェクトの立上り当初から電気設備設計者が参画することが重要になってきている。

特に、環境配慮型施設や高度情報化施設計画を行う場合などは、電気設備計画が、敷地の配置計画や建築本体の企画・構想にも大きな影響を与えるようになってきた。

（1）基本性能の整理

建築電気設備の計画を行う上で、建築主＝施主（発注者）の要求事項などを明らかにするために、建築主の希望を聞くという曖昧な表現ではなく、的確なブリーフ（要領書）を作成するプロセスをブリーフィングという（図1）。用語としては、ブリーフィングとプログラミングは同意として使われている。

たとえば住宅設計の場合では、家族構成や暮らし方のヒアリングなどが最も重要な意味を持つ。竣工した建物が建築主の期待に沿わないとか、運用してからの水道光熱費の増大に不満が出るのは、的確なブリーフィングがなされなかったためである。

図1 ブリーフィングの目的

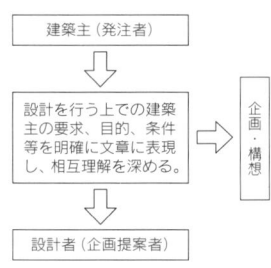

表1 基本性能に関する整理

大項目		中項目
環境配慮に関する性能	社会性に関する性能	地域性をよく理解し調和を図る
		自然景観、都市景観に配慮する
	環境保全に関する性能	環境負荷低減に関するシステムを導入する
		周辺環境保全に関する調査を行い対策を行う
建築単体に関する性能	安全に関する性能	防災システムを法規に準拠して実施する
		災害時の機能維持に必要な電源、情報通信設備を確保する
		セキュリティグレードの設定と防犯システムを選定する
	機能性に関する性能	使いやすさ、暮らしやすさを探求する
		バリアフリーに配慮した設備計画を行う
		室内環境（明るさ等）の快適性を確保する
		情報化に対応した建物内インフラを構築する
	経済性に関する性能	耐久性とコストバランスを検討した上でシステムを採用する
		保全に必要なコストを配慮してシステムを選定する

建築主は、自らの責任のもとで要求事項を明文化することが必要であるという認識を持つことが大切であり、第三者としてのコンサルタントに依頼してでも、プロジェクトの根幹となるブリーフを作成すべきである。

基本計画における建築主の確認事項と、実施設計において建築主が行う詳細確認事項ではかなり異なる場合があることを、設計者は認識しておく必要がある。通常、設計が具体的な形にならないと建築主の意見が出てこない傾向にあり、それを補う方法として、ヒアリングシート等を作成し建築主との意見交換を行う場合もあるが、本来この段階では、建築電気設備の役割や将来計画を整理することが重要である（表1）。

(2) コンセプトの確立

建築主の目的が明確になり企画案が整理された段階で、建築電気設備計画構想を練り、設計コンセプトを作成する。

コンセプトの要素例
・安全性、信頼性を重視した計画
・将来の変化に対応できるフレキシブルな計画
・環境に配慮したシステム計画
・管理運営の効率化に対応できる計画

表2　計画・設計の主眼と内容

主眼	内容
利便性	目的に適応した、使いやすく便利な施設
安全性	危険がなく安心して使用できる施設
信頼性	故障がなく、適正な状態で使用できる施設
経済性	適正な価格で、省資源的な施設
機能性	建物としての機能を発揮し、生産性を高める施設
環境性	地域、周囲に調和した和やかな施設
意匠性	美観的で、周囲に適合した感じの良い施設
快適性	住環境として、適正な設備による施設
効率性	活動が容易で、高生産性の施設
運転性	各設備、装置を効率良く運転し、経済性、省エネルギー性を考慮した施設
省エネルギー	エネルギーの高効率利用による機能向上
省力化	自動化ならびに効率的運転、保全業務の労働力削減
省資源化	資材、機器、施工材など物品の製作材の省資源を図る

・ライフサイクルコスト（LCC）に配慮したシステムと資材の選定

それぞれの要素は、研究施設、ホテル、オフィス、病院などの建物用途に合った内容にする必要がある。

このようなコンセプトにもとづき、計画の主眼を明確にし、建築電気設備計画を具体化する（表2）。

最近の社会状況を反映した傾向として、
・省エネルギー対応
・周辺環境への配慮
・自然災害への対応
・信頼性、安全性への要求性能

などが重要視され、経済性から環境性へとコンセプトの切り口も変化している。

2 調査・協議

基本計画段階において敷地調査、周辺環境調査、諸官庁協議、インフラ（電力・情報通信）協議をしておく必要がある。実施設計まで事前協議なしで進めて、基本事項の変更があった場合は、設計作業の大きな手戻りとなる。

(1) 事前協議に必要な基本事項

通常、計画初期の時点では具体的な計画案は提示できないが、打合せ相手先に対して最低限知らせるべき項目を整理して協議しなければ、正確な情報も得られない。事前協議に必要な建築計画の基本事項をあげる。
・建設場所（用途地域指定、隣接建物状況等）
・建物の用途（建設建物主用途、使用時間帯等）
・敷地面積、建築面積、建築延べ床面積
・階数、軒高さ、外装仕上げ
・構造種別（木造、鉄筋コンクリート造、鉄骨造、鉄骨鉄筋コンクリート造）
・工期（着工予定日、竣工予定日）

以下に、建築電気設備計画の基本事項をあげる。
・統計的な電気設備の各種原単位表から想定された負

荷容量、契約電力予測値の算出
・情報通信の引込み容量(回線数)
・消防法に準拠した適用防火対象物による防災設備のシステム設定
・電気室、発電機室、蓄電池室、防災センター、中央監視室、警備室、MDF室等の主要室の配置計画
・非常用発電機などの防災電源計画

(2) 敷地調査事項

建築電気設備にかかわる敷地調査事項には、以下のようなものがあげられる。

・ハザードマップ等による水害履歴調査
　電気室関連諸室などの設置場所を決定する重要な要素となる。非常時の浸水ルートなども検討し、電気室、監視室、蓄電池室、発電機室などの水没防止対策を検討する。
・地震や雷による被害履歴調査
　過去に地震によるインフラ停止や、落雷による機器破壊を受けた履歴を調査し、引込み方法や雷保護システム導入を検討する。
・屋外灯等による光害の可能性の確認
　稲作に対する影響、その他近隣生態系への影響を検討する。
・騒音、振動の周辺状況と規制
　自家発電機や変圧器などから発生する騒音や振動の、周辺への影響と対策を検討する。
・近隣の電波環境
　テレビ受信障害、電波法に定められた重要電波伝搬路の調査、都市型CATVの整備状況、地中障害物、地上障害物(高圧電力線など)などを検討する。
・その他、自然条件(気象、災害、塩害)など

(3) インフラ調査

1. 電気事業者関係

原単位などのデータにより総負荷設備容量を算出し、年間最大需用電力(kW)により契約種別を想定する。契約種別によって、電力会社窓口が異なる場合がある。
・低圧引込み(100V、200V)
・高圧引込み(6.0kV)
・特別高圧引込み(20kV、30kV、60kV、70kV)
以下に協議事項の代表的項目をあげる。
・受電開始予定年月
・引込みに必要な需要家側の負担金
・2回線受電の場合は、同一地域変電所からの予備線受電と、別変電所からの予備電源受電がある。それぞれ需要家側の引込み負担金は異なる。
・引込みケーブルサイズ
・短絡電流
・避雷器の有無
・塩害対策の必要性
・需給電力量計(WHM)の取付け位置の確認
・引込み方式(図2)
　○架空引込み(図中②)により、敷地内に構内柱(図中⑤)を設置して引き込む。
　○地中引込み(図中①)の場合は、敷地内に引込み用開閉器盤(図中⑥)を設置して引き込む(信頼性を確保するために引込みを二重化し、図中③のように、敷地内に別ルートを計画する場合もある)。
・電柱(図中④)支障移転の有無
　既設電柱が玄関や通路にとって障害となり、移設する必要性(公道に設置されている電力会社開閉器盤の支障移転も同様)

図2　インフラ事前協議(引込み方式)

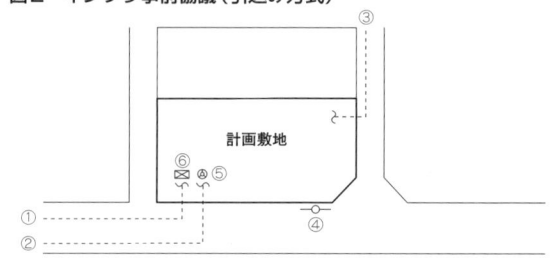

① 地中引込み(電力・通信)
② 架空引込み(電力・通信)
③ 別ルート引込み(電力)
④ 障害柱(既存電柱)
⑤ 引込み柱(電力)
⑥ 引込み開閉器盤(電力)、MDF盤(通信)

2. 通信事業者関係

通信といえば、以前は電話の引込みを意味していたが、近年は情報通信事業者も多様化し、技術革新によってメタルケーブルから光ケーブルの併設へと変化している。通信にかかわる事前協議事項は、以下のようなものがあげられる。

- 引込み回線数（メタル回線、光回線）
- NTTなどの複数通信事業者、CATV事業者との協議による利便性や経済性の比較検討
- 使用開始予定年月
- 引込み方式（図2）
  ○ 架空引込み（図中②）により、敷地内に構内柱（図中⑤）を設置して引き込む。
  ○ 地中引込み（図中①）により、敷地内に引き込み、建物内MDF（図中⑥）まで引き込む。
- 電柱（図中④）支障移転の有無

（4）諸官庁事前協議

計画に当たっては、県や区または市町村の建築指導課や所轄消防署との協議を事前に行わなければならない。法規に明文化されていれば協議の必要はないと思われがちであるが、申請建物の特殊性や各地方の行政指導、地方条例など現地担当者に確認しなければならない事項がある（表3）。

3 建築計画と電気設備の整合

（1）電源供給設備の配置計画

1. 集中配置計画

中小規模の建物の場合は、電気室などを集中させる。設置場所については、地下階、屋上などとし、建築計画との整合を図る。

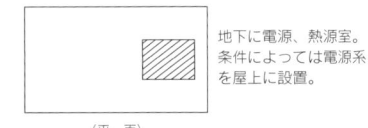

地下に電源、熱源室。
条件によっては電源系を屋上に設置。
（平面）

2. 複数配置計画（超高層ビル等）

比較的大規模な建物で、1カ所からの供給では電気配線を収納するEPSを確保できなかったり、幹線ケーブルが長くなり電圧降下が大きくなるなどの場合には、サブ電気室を設ける。

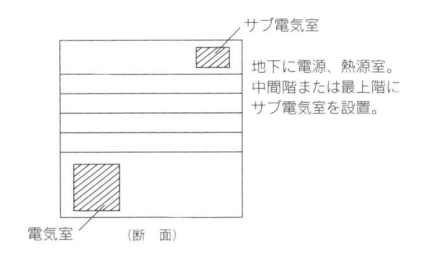

サブ電気室
地下に電源、熱源室。
中間階または最上階にサブ電気室を設置。
電気室　（断面）

3. 別棟エネルギーセンター配置計画（病院等）

比較的大規模な計画で、敷地に余裕があり、将来同一敷地内に増築などの計画がある場合には、エネルギーセンターを別棟とし、エネルギーセンターの中に電気室を設ける。

表3　法令の適用にかかわる主な確認事項

項　目	適用法令	確認事項
非常用の照明装置	・建築基準法	・建築用途、階数 ・延べ床面積 ・無窓居室の有無
避雷（雷保護）設備	・建築基準法 ・JIS規格	・建築物の高さ ・建物用途
航空障害灯	・航空法	・建築物の高さ
自動火災報知設備	・消防法 ・消防法施行令 ・火災予防条例	・防火対象物の区分 ・延べ床面積 ・階数 ・地階、無窓階または3階以上の階の床面積 ・指定危険物の貯蔵または取扱いの有無
ガス漏れ火災警報設備	・消防法 ・消防法施行令	・防火対象物の区分 ・延べ床面積 ・地階の床面積
非常警報設備（非常放送設備）	・消防法 ・消防法施行令	・防火対象物の区分 ・階数 ・地階、無窓階の有無 ・地階の階数 ・収容人員
誘導灯	・消防法 ・消防法施行令	・防火対象物の区分 ・階数 ・地階、無窓階の有無
非常コンセント設備	・消防法 ・消防法施行令	・防火対象物の区分 ・階数 ・延べ床面積

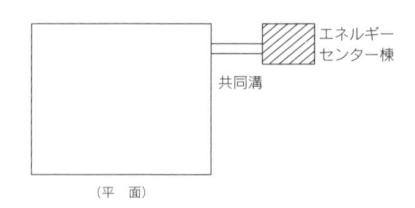

4. 本館エネルギーセンター配置計画(工場、学校等)

同一敷地内に複数の建物があり、本館にエネルギーセンターを構築し管理の一元化を図る。この場合は共同溝の検討も重要な要件となる。

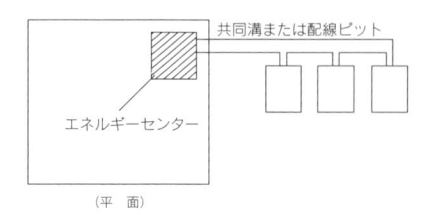

5. 本館エネルギーセンター＋各棟サブセンター配置計画(大規模再開発地区計画等)

同一敷地内に複数の建物があり、その建物群がそれぞれ大規模な建物である場合に採用される。

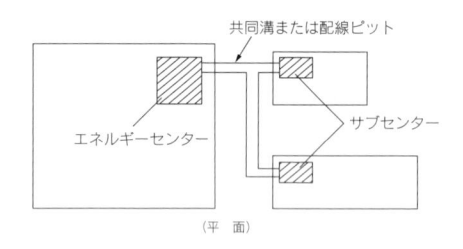

図3　電気設備計画と階高設定

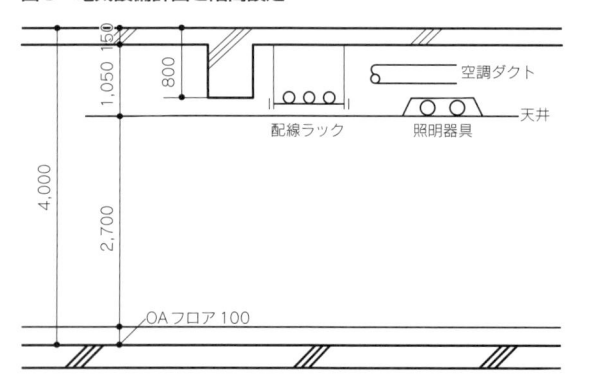

(2) 階高設定と電気設備

電気設備を納める諸室は、必要面積の確保と、設置場所をどこに設定するかが重要な事項となる。
・電気室：地下階設置、屋上設置、屋外設置
・サブ電気室：高層部の中間階、最上階設置
・自家発電機室：地下階設置、屋上設置、屋外設置

その他の計画上の重要事項としては、電力系を供給する横引き階と情報通信系を横引きする階を同じ階とするか天井ふところ内の納まりに配慮して別の階にするかの計画、他の空調ダクトや給排水配管との納まりの検討(ここでいう横引き階とは、電気室から各EPSへ幹線を水平展開することを意味する)などである。また、階高の設定もこの時点での重要な検討内容である。例として、4,000mmの階高の設定根拠を示す(図3)。スラブ厚＝150mm、OAフロア高さ＝100mm、天井高さ＝2,700mm、天井ふところ＝1,050mm。この天井ふところの中で、埋込み照明器具、空調ダクト、消火配管、配線ラック等が取り合うことになる。

(3) 建築コア計画と電気幹線計画

電気設備を人体にたとえると、電力系幹線は血管であり、情報通信系は神経細胞の機能に似ている。毛細管に当たる分電盤や端子盤の2次側配線は実施設計の段階で詳細検討を行うことになるが、幹線計画については、建築のコア計画等に合わせて基本計画時に検討する必要がある。

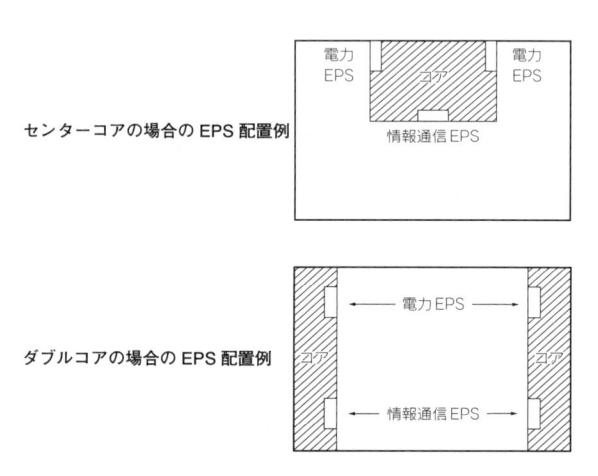

(4) 将来に向けたスペース検討

建築本体の寿命に比較して電気設備の寿命は短いため、機器更新を考慮した計画が必須である。また、更新だけでなく負荷の増加に伴う増設対応も必要である。図4に地下1階に設けた電気室の例を示す。

(5) 工事費概算と工事区分の確認の重要性

基本計画を経て基本設計から実施設計に移行する段階で、設備内容の他に確認すべき重要事項として、工事費概算や工事区分などを建築主に提示し、了解を得る必要がある。

建築、電気、空調、衛生、昇降機それぞれの工事区分の中での見積り落ちや重複などの他、建築電気設備において、情報システム、電話交換機、特殊AV設備、支給品となる器具、備品購入など、本工事と別途工事の内容を整理しておくことも重要である。

4 建物運用に配慮した計画

建築電気設備は、建物竣工後にどのように運用されるかを理解した上でシステムを構築しなければならない。基本計画時点では使われ方などについてあまり検討しないケースが多く見受けられるが、建物運用後に大きな問題が生じるため、十分な検討が必要である。

(1) 計量計画

テナントの専有部と共用部は、それぞれ別に電気使用量を把握できるシステムとする。また省エネルギー運転のためにはできるだけ、負荷を種別し、変圧器を別系統にして、中央監視で計測データ管理を行う。

(2) 監視・制御・警備計画

設備監視室、防災センター、警備室を別々に設置する場合や、人件費削減などを目的に、防災センターに設備監視、防災監視、警備監視を集約する事例(図5)などがある。

24時間人が常駐する場合には休憩室が求められるし、日常の監視業務の他、火災時には消防隊の活動スペースになるなどさまざまな対応が考えられるので、

図4 将来を見越した機器レイアウトがされた電気室の例

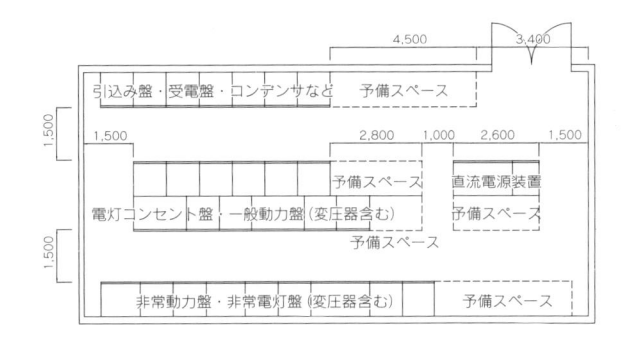

図5 監視設備を防災センターに集約させた例

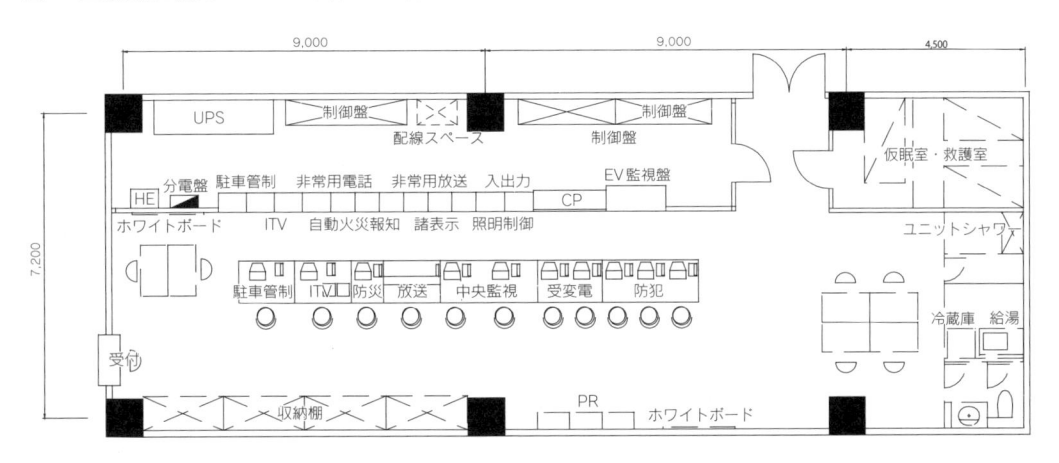

基本計画の時点で十分な検討を行っておく。

5 基本計画における検討内容

以下に、建築電気設備の基本計画における、設備項目ごとの検討内容をあげる。

(1) 電源設備
①受変電設備
・契約種別
建物用途、規模によって電力会社の契約約款に定められているため、事前協議が必要である（業務用電力、高圧電力、その他）。
・想定契約電力
空調機器、衛生機器、照明・コンセント、エレベータなどの設備容量を想定し、契約電力容量を試算する（2,000 kW 以上は特別高圧受電となる）。
・受電電圧および電気方式
・盤形式
・主要機器仕様

②静止型電源設備
・直流電源設備
用途および蓄電池仕様を設定する（重量があるため、設置場所や建築構造上の配慮が必要となる）。
・無停電電源設備（UPS）
用途および蓄電池仕様を設定する（サーバルーム直近に分散して設置する場合と、電気室等に集中設置する場合がある）。
・停電補償時間
受電設備の信頼性との兼合いで設定する（一般的に 5～30 分）。

③自家発電設備
・設置場所と容量
地下もしくは屋上、屋外に設置する場合が多い。容量を設定するために、負荷設備の想定を行う。
・エンジン種別
ディーゼル、ガスタービン、ガスエンジンなどエンジン種別を設定する。
・冷却方式
ラジエータ式、水冷循環式などの冷却方式を設定する。
・燃料計画
使用燃料（軽油、灯油、重油、ガス）と備蓄容量を設定する。危険物取扱主任有資格者の管理が必要かなど、運用に大きくかかわってくる。

(2) 配電設備
①電気方式
照明・コンセント幹線や動力幹線の配電方式を設定する（単相3線 200-100 V、三相3線 200 V、三相3線 400 V など）。

②配線方式
幹線シャフト計画に合わせて、ケーブルラック配線、配管配線方式を設定する。

③分電盤、動力制御盤
設置場所（機械室、シャフト内、屋外）を設定し、盤の構成を検討する。

(3) 照明設備
①照度
JIS 規格で決められた照度基準や、部屋の用途ごとの目的を配慮して照度を設定する。

②光源
部屋の用途・業務内容や演出効果、省エネルギーなどの検討を行い、光源を選定する（白熱灯、蛍光灯、水銀灯、LED など）。

③非常照明、誘導灯
建築基準法、消防法に沿って計画を行う。電源供給方式には、蓄電池別設置型と器具内蔵型がある。

④分電盤
設置場所、受持ちエリアを設定し、供給容量や盤形式を検討する。

⑤省エネルギー
高効率照明器具（Hf 器具、LED など）の採用や照明

制御の検討を行う。

(4) 通信・情報設備
①電話設備
・回線
建物の用途にもとづき、必要となる回線数・回線種別を設定する。
・配線方式
EPS計画に合わせて、幹線ケーブルの配線計画を行う。また、端子盤から端末機までの配線方式（配管方式、二重床内敷設方式など）を設定する。
・電話交換システム
電話交換方式を検討し、交換機や固定電話、移動電話、無線方式などの計画を行う。
②構内情報通信網（LAN）
建物の用途や業務内容により、サーバの設置場所やネットワーク回線の敷設に対するスペース計画や、電源、空調対応などを設定する。
③テレビ共同受信設備
テレビ受信アンテナの設置場所や建物内の幹線システム系統の計画を行い、取出し端子を設ける必要のある室を設定する。
④放送設備
消防法で義務づけられる非常放送設備や、一般放送設備を計画する。
⑤音響映像設備
ホール、会議室などの音響設備、映像設備を必要とする建物用途の場合、適切な計画を行う。
⑥情報表示設備
企業本社ビル、庁舎、病院、図書館などでは、情報表示をリアルタイムで行う情報表示盤が求められるようになってきた。その他に、出退表示装置、時刻表示装置などを計画する。

(5) 監視制御設備
建物内の電力システム、照明システム、空調システム、給排水システム、防災システム、防犯システム、エレベータシステムなどの機能維持や運営管理、そして最適運転による省エネルギー制御などを行うための、監視制御設備計画を行う。

(6) 防災・防犯設備
①防災設備
消防法や建築基準法にもとづき、火災時や地震時などにおける、建物の消火活動や安全に避難するための設備を計画する。
②防犯設備
建物の安全や入居者のセキュリティを守る出入管理システムや映像監視システムを計画する。

(7) 雷保護・接地設備
①雷保護
建築基準法にもとづいて雷保護システムを設置し、直撃雷による建物や設備の保護、誘導雷によるシステム破損などを防護する計画を行う。
②接地設備
人命の安全性や建物の機能を確保するために、保安用接地や機能用接地を計画する。

(8) 自然エネルギー利用
地球環境保護と省エネルギーのために、自然エネルギーである水力、太陽光、風力、バイオマスなどを利用した発電システムを計画する。

2-2 建築電気設備の計画

> **学習ポイント**
>
> ここでは、建築電気設備の具体的なシステム構成を、設備ごとに組み立てていくポイントを学ぶ。このプロセスは、建築主の要求事項にもとづいて、基本計画で作成した構想をさらに細分化し、具体化していく重要な段階である。計画事例を示しているので、それに沿って理解を深めてほしい。
> またこの段階は、イニシャルコストとランニングコストを把握する段階でもある。

1 電源設備

(1) 電源設備の計画

1. 電源設備の種類と概要

建物の中で、電力を使用する負荷設備に電力を供給するための設備を電源設備といい、受変電設備、発電設備、静止型電源設備などで構成されている。

受変電設備は、需要家が電気事業者から高圧（または特別高圧）で受け入れた電力を、需要家の負荷設備で使うことができるようにするための設備である。自家発電設備は、一般には電力会社からの電源（商用電源）が停止したときに電力を供給する設備で、建築基準法にもとづく予備電源（消防法では非常電源）と、停電時のバックアップ電源とがある。最近では、省エネルギーの観点からコージェネレーションシステムや太陽光発電、風力発電を導入し、常用発電設備として使い、商用電源との系統連系をしている場合もある。

2. 電源設備計画の考慮事項

電源設備の計画時には、建築主側より求められる事項の他、建設地や建物の特性など制約となる事項が多くある。考慮すべき事項の例を図1に示す。これらの考慮事項について、建物用途や建設目的に応じて総合的な検討を加え、電源設備の計画がまとめられる。

①経済性と安全性・信頼性

電源設備は、感電・火災事故や商用電源側への波及事故を起こさないよう安全に、建物内に設けられた負荷の特性に適合した電力品質を確保しつつ、安定して電力供給できるものでなければならない。電源設備の役割は電力供給であるから、現在のように電気が得られるのは当たり前という状況においては、使用者から見れば、まず安価に電力が得られること、つまり経済性が電源設備に対する基本的な要求事項となる。

一方、建物機能を維持する上で必要とする負荷に停電なく供給できることは、建物用途によらず、共通の要求事項である。しかしいかなる時でも停電しない、あるいは即時に復電できるようにするためには、設備の二重化やバックアップ設備（予備電源）の設置、およびそれらを複合した冗長化などを計画することになり、これはイニシャルコストを増大させて経済性を損なうものとなる。電源の信頼性と経済性は両立しないので、建物の用途や建設目的を考慮して、信頼性のレベルを設定する必要がある。

また、信頼性向上には防災性や保守性も含まれる。地震対応として耐震固定のレベルを向上させたり、水害への対応として地上階に電気室を設けたり、火災要因の除去を目的に、絶縁油を使用しないモールド型変圧器を採用して不燃化を図るなどの方策がある。

また、日常の運用および保守が容易となるよう、システム構成には複雑さを避けることが求められる。一方で、用途によっては全館停電を伴わずに保守ができるような複雑な回路構成を求められることもある。また、増設や更新に備えた回路構成やスペース確保によ

り、改修・更新時に長期間停電を伴わないようにすること、および可能な限り長寿命な機材を使用するとともに、機器の実績や故障交換時に入手しやすいものを選択することなども信頼性向上に対する検討事項であり、計画時にレベル設定する必要がある。

②省エネルギー・省資源

地球環境への配慮として、省エネルギー・省資源を要求事項とし、コージェネレーション設備、太陽光発電設備、風力発電設備などを導入する場合もあるが、これらは経済性の中で検討される事項となる。つまり省エネルギー・省資源は、一般には投資対効果が重視されており、ランニングコストが削減でき、イニシャルコストの増分を何年かで償却可能となることが採否のポイントである。

ただし、公共的施設の場合や企業姿勢アピールなどのために、省エネルギー・省資源に対応した電源設備を導入することもある。

③スペース計画とその他の制約事項

電源設備をどこに設けるかは、建築計画の初期に検討すべき項目の一つである。電源設備は負荷の中心に設けることが経済的であるが、建物のスペース配分上省スペースを求められる場合には、薄型(前面保守型)キュービクルの採用や、屋上あるいは屋外へのキュービクル設置などの方策がある。

その他に、建設立地における地域的な事情(気温や高度、地震・水害・雷や台風・降雪量が多い等)、商用電源の供給事情、採用する機器の納期(受電の時期や機器の搬入が工期内に支障なく行えるか)、地域的な法規制、使用者側の専門家(電気主任技術者などの有資格者)の有無などを確認する必要がある。

3. 計画の方法

電源設備の計画の手順例を図2に示す。

電源設備の計画では、容量設定と回路構成の選定、設置場所を決定する。受変電設備については、まず建物の規模および用途から、負荷容量(kW)と最大使用量(kW)の想定を行う。負荷容量は、建物内に備わる各種電気機器(コンセントに差し込まれる機器を含む：想定値)の容量の合計値である。最大使用量は、各種電気機器の使用が合成された結果としての最大電力値である。建物内の機器は、すべてが同時に稼動することはなく、また、同時稼動する機器のすべてが最大消費電力で稼動することもない。よって、建物の最

図1 電源設備計画の考慮事項

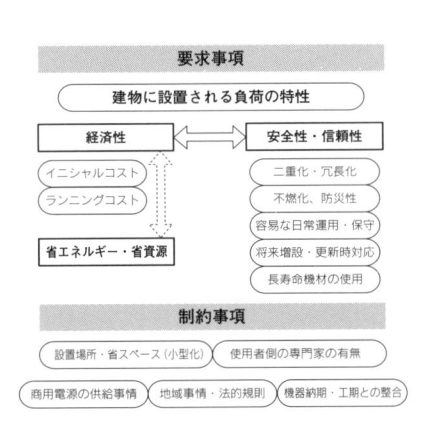

図2 電源設備の計画フロー

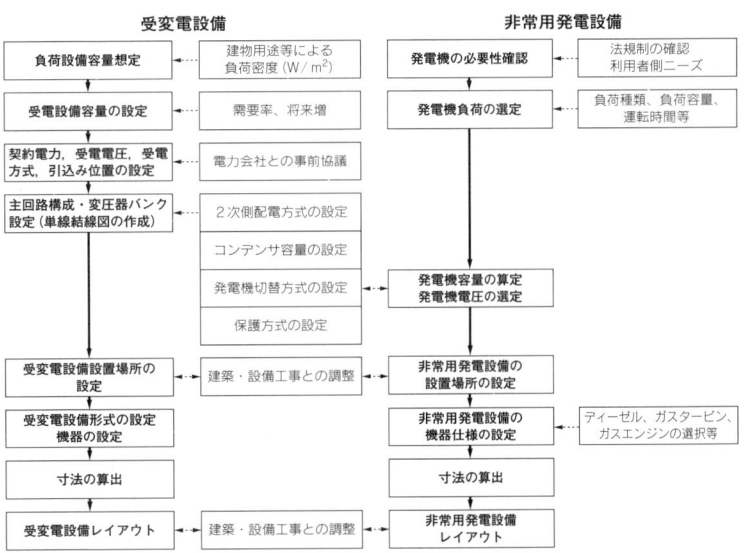

大使用量は負荷容量よりも相当小さくなり、最大使用量＝負荷容量×需要率という関係となる。

最大使用量は電力会社との契約電力であり、商用電源を引き込むために電力会社と協議するのに必要となる。図3にこの関係を示す（負荷容量＞契約電力≧建物での最大使用電力となる）。

建物での最大使用量は、冷房機器が運転される夏期が最大となるのが一般的であるが、到達日数は極めて少ない。

立地によっては、電力会社からの電力供給が可能となるまでに数年を要するような場合もあり、建設工事工程への影響が大きいこともある。また、引込み場所が指定される場合もあり、建物の地下構成や電気室位置の選定に制約を受けることもある。

信頼性を重視した建物の場合は、2回線受電などを電力会社に要望することとなるが、時間的・物理的に困難となる場合や、多大な費用（負担金）を要する場合などがあるので注意する。

容量想定は重要なことであるが、基本計画段階においては建物の内容が固まっていない場合が一般的である。その段階で容量を想定するためには、他事例などの経験的な数値や、公開された統計値を使って対応することとなる。また容量の想定と同時に電源設備の規模想定を行い、電源設備の設置場所を仮決めして建築計画を進める。

容量の想定により、変圧器と主回路の計画をすることができる。このとき、二重化構成をどのレベルまで採用するかを設定する必要がある。

その後、機器の容量、仕様を設定した上で、寸法を概算して仮決めした場所でのレイアウトを計画し、スペース確認を行う。

また建物の規模および用途から、建築基準法や消防法による防災負荷の要否と、非常用の予備電源（発電機設備や蓄電池設備）の要否を決定する。この場合、非常用の予備電源の容量は統計値などから想定し、受変電設備との接続・切替え方法を設定する。商用と非常用の電源設備は近接して設置することが経済的で保守性も良くなるので、設置場所選定の際に考慮する。

法規制以外でも、停電の回避が重要となる建物では、バックアップ用の発電設備の設置、瞬間的な停電（電圧低下を含む）も許容できない機器に対する無停電電源装置の設置を検討する。このような場合は、停電補償する対象を明確にして容量の想定を行うことが重要である。

また、太陽光発電等の設置やコージェネレーション設備の導入についてはその採否の方針を出し、基本計画において供給対象の整理と設置場所の計画を行う必要がある。

4. 電源設備の機器構成

電源設備は、変圧器、電気事故の拡大を防止する遮断器類、および予備電源で構成されている。

建物内で使用する電力は、電圧が100〜400Vの低圧である。一方、商用電源の電圧は、損失を少なくするなどの理由から6,000Vの高圧（一部の大口需要家は特別高圧20〜70kV）になっている。よって建物の受変電設備は、高圧を低圧に変えることが主目的となり、主要な機器は変圧器（トランス）である。設置される変圧器の容量の合計を、受変電設備容量という。変圧器には、その絶縁材料により油入型とモールド型があり、経済性重視の場合は油入型、不燃化を図る場合はモールド型が採用される。

受変電設備は電気事業者の電力網と直接接続される設備のため、受電部には、電気事業者側の設備と保安上の責任分界点となる区分開閉器の設置、電気事業者

図3　最大使用量と契約電力

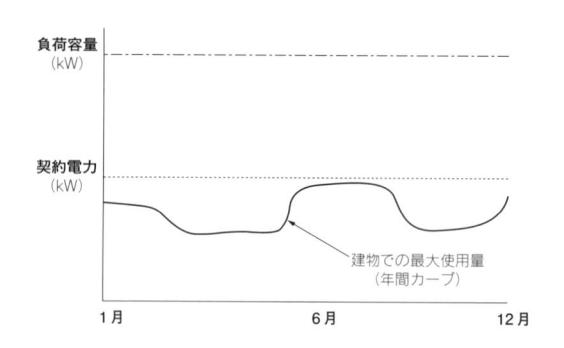

側の取引用設備(電力量計とその計器用変成器)の取付けが必要となる。

また、感電事故や火災事故の拡大を防止するために、電源設備には電気事故部分を瞬時に切り離し、事故を局所にとどめて被害波及を避ける設備を設けている。電気事故には、短絡事故(ショート)、過負荷遮断、地絡事故(漏電)などがある。短絡事故とは、通常は絶縁されている回路の電線等の導体が接触するなどして、負荷(機器)の接続なしに非常に大きな電流が流れる事故である。過負荷遮断とは、電力の使い過ぎや回路の異常によって流れる過大電流を防止するための回路遮断である。地絡事故とは、通常は絶縁されている回路の電線や機器から電気が漏れて、感電・火災などの危険を生じる事故である。

これらの事故を速やかに検出し、異常部分を切り離して人や財産を保護し波及事故を防止するため、事故を検出するリレー(過電流継電器、地絡継電器)と遮断器やヒューズを設けている。現在では高圧部に真空遮断器(VCB：Vacume Circuit Breaker)、低圧部に配線用遮断器(MCCB：Molded-Case Circuit Breaker)が多く用いられている。

この他、電源設備の保守時に感電事故を防止するため、各所に電気回路を切り離す開閉器を設ける必要もある。遮断器はこの開閉器の機能も兼ねており、事故波及範囲の最小化と保守範囲の区分を同時に可能にしている。

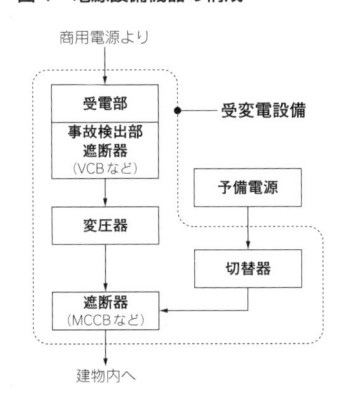

以上の構成に、商用電源側が停電した場合に備えた非常用発電設備などの予備電源が接続された基本構成を図示すると、図4のようになる。

電気回路は主に三相3線であるが、すべて3線で記すのは煩雑なため、単線で示したものを単線結線図(スケルトン・ダイヤグラム：単にスケルトンとも)という。図5にその例を示す。

5. 配置計画上の検討事項

電気室、発電機室などの電源設備の設置場所は、階高、搬出入ルート、床荷重、レンタブル比(建物内の主用途の利用率)など、建築設計に対して大きな影響を与える。

電気室は負荷全体に対する中心、あるいは大容量負荷の近くに設置するのが最も送電ロスが少なく、効率が良く経済的である。しかし、中間階に電気室を設けると、階高の違いや搬出入口などが建物外観に影響することや、電気室スペースによるレンタブル比の低下を招き、商業ビルなどの用途の場合には事業性に影響することがある。従って、電源設備の設置場所の検討は、使用者も含め十分な調整が必要となる。

電源設備の配置における留意事項の例を図6(次頁)に示す。

電源設備の中では、特別高圧変圧器と発電機が最大

図4 電源設備機器の構成

図5 単線結線図(スケルトン)の例

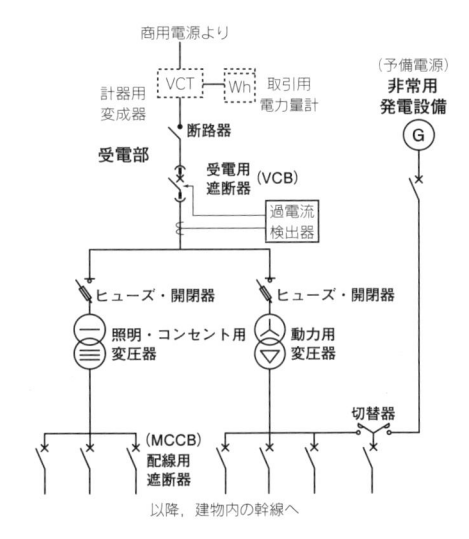

の重量機器・大型機器となる。そのため電源諸室を地下階に設けることは、建物構造的にも耐震性としても有利となる。しかし浸水のおそれがある場合には、地下最下階を避けて設置することが望ましい。また受電場所となる電気室は、電力会社の約款にもとづき、引込みケーブルの長さが基準値以下となるよう配置する。また、保守や配線スペースの上から、発電機室やEPSに近接して設けることが望ましい。電源設備の諸室は防火区画とし、給排水など水漏れのおそれのある配管を通さないようにする。加えて、更新時や増設時の対応、機器の搬出入対応のスペースを見込む必要がある。また、機械設備の諸室（熱源機械室、空調機械室、衛生機械室など）や配管ルート等との取合いを調整する必要がある。なお大きな容量の電気室となる場合は特殊ガス消火設備が必要となり、そのスペースも必要となるので留意する。

建物内に電源諸室（受変電室、発電機室、蓄電池室など）を設けずに、屋外用機器を利用して屋上に設置する場合は、事故など緊急の場合の駆付け時間とルート、真夏時の高温や塩害地域等での機器寿命への影響、降雪地域や台風多通過地域における保守時対応、直下階への振動・騒音対策、更新・搬出入時のクレーン設置場所などを考慮した計画とする必要がある。また敷地内の屋外に機器を設置する場合は、ネットフェンスで囲うなど安全性・防犯性に配慮する。

発電機については、エンジンの形式によって大きさは異なるが、給排気量の確保、煙突位置と他の設備、外壁などとの近接について配慮する。発電機の燃料タンクは大容量になると法的に地中埋設することになり、敷地内で埋設場所を確保する必要がある。水冷ディーゼルエンジンの場合は、冷却水槽の確保も必要になる。

(2) 用途別の計画例

1. オフィスビルの電源設備計画

オフィスビルの電源設備は、照明、コンセント、空調機器、給排水ポンプ、エレベータなど、建物として一般的な負荷に電力供給するものであることから、電

図6 電源設備の配置における留意事項

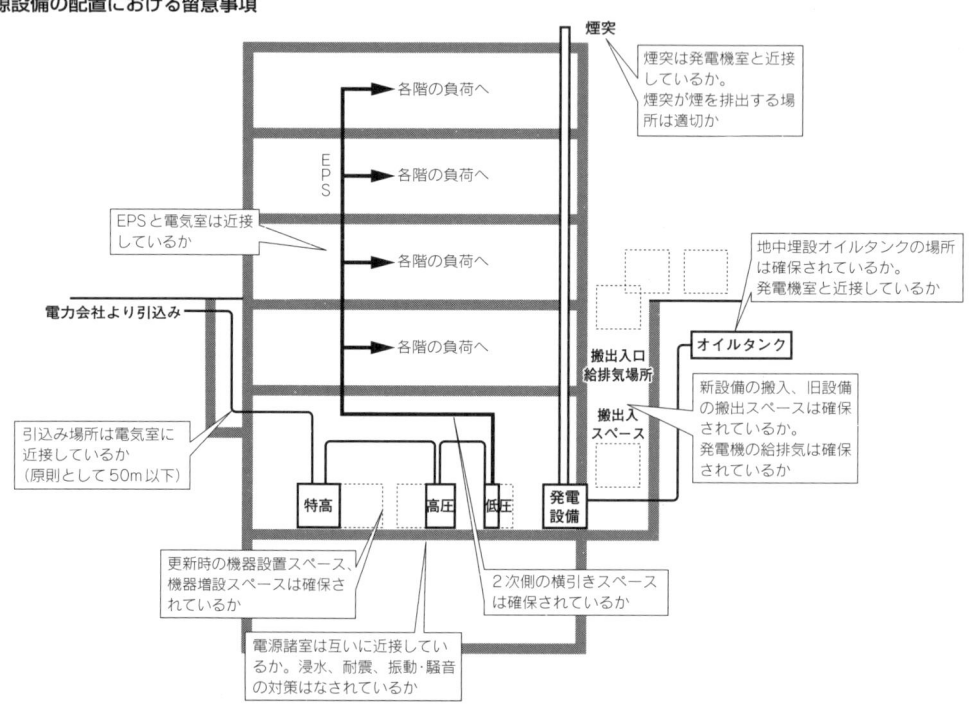

源設備の計画としては基本的なものである。オフィスビルには自社ビル（庁舎や本社・支社ビルなど）とテナントビル（賃貸オフィスビル）があるが、ここでは延べ5,000m²程度のテナントビルを例として説明する。

テナントビルの計画時には入居するテナントが決まっていないため、不特定多数のテナント要求条件を想定し、対応のレベル設定を行う。たとえば、パソコンなどの機器をどれくらいの容量まで使用してよいものとするか、電源の信頼性はどこまで確保できるようにするかなどを設定することになる。このような設定基準を貸方基準といい、テナント入居の条件となる。

テナントビルは事業用の施設であり、収益を上げる必要性から、イニシャルコスト（建設費）とスペース効率（レンタブル比）が優先事項となる（ランニングコストはテナントの支払いとなるので、あまり考慮されない）。そこで電源設備は必要最小限のものとし、経済性を優先して計画することが多い。停電への備え、つまり二重化など信頼性向上は経済性の許容する範囲での対応となり、まったく対応しない場合も少なくない。受変電設備の点検時には停電をせざるを得ないが、オフィスビルは休日に停電が可能なため、休日に全館一斉点検を設定する場合が多い。ただし、テナントのコンピュータ機器や冷蔵庫など停電回避が必要なもののみ、保守時対応としてバックアップ設備を設けることがある。

太陽光発電など経済的に投資対効果の小さい設備は、一般的には設けられない。

計画はまず容量想定から行う。延べ床面積当たりの負荷容量（W/m²、VA/m²）の統計値に、その建物で採用する空調方式や貸方基準（OAコンセント容量や照度設定など）を加味して容量の設定を行い、最大使用量（最大需要電力）を想定する。その値から契約電力を想定し、受電電圧の選定を行う。表1に契約電力と受電電圧（ここではタップ電圧で記載）・受電方式の例を示す。

表2の計画例では、経験値として需要率0.55を採用し、最大需要電力73W/m²という数値を得、5,000m²の場合では契約電力を73W/m²×5,000m² = 365kWと想定する。また、変圧器容量は力率を考慮した負荷密度の値から、照明用は40VA/m²×5,000m² = 200kVA、動力用は120VA/m²×5,000m² = 600kVAと想定される。トランス容量はメーカー標準品の中から選択するのが経済的なので、照明用は100kVA×2台、動力用は300kVA×2台と選定できる。

また電力会社との契約において、力率を良くすると電気料金の割引が得られる制度があるので、コンデンサを設けることにより力率改善を行う。コンデンサの容量（単位：Var バール）は一般的に動力トランスの1/3程度という目安があるので、600kVA×1/3 =

表1　契約電力と受電電圧・受電方式の例

契約電力	受電電圧	受電方式
50kW未満	低圧	1回線受電
50kW以上 2,000kW未満	6.6kV	1回線受電
		2回線受電（本線・予備線）
2,000kW以上 10,000kW未満	22kV	1回線受電
		2回線受電（本線・予備線）
		3回線スポットネットワーク受電
10,000kW以上	66kV	1回線受電
		2回線受電（本線・予備線）
		ループ受電（2回線受電）

注1：22kV、66kVは特別高圧（特高）といい、それらの電圧での受電を特高受電と呼ぶ。
注2：2回線受電には本線・予備線以外に本線・予備電源（異なる配電所から受電）がある。
注3：電圧が高くなるほど、かつ大容量になるほど、設備費は高額となる。

表2　オフィスビルの統計値の例と最大需要電力の算定　　　（m²：オフィスビルの延べ床面積）

	統計値の例				需要率を0.55とした算定
	照明（電灯）負荷	一般動力	冷房動力	合計	需要率を加味した最大需要電力
負荷密度[W/m²]	36.5W/m²	59W/m²	36.9W/m²	132.4W/m²	132.4×0.55 = 73W/m²
力率を考慮した負荷密度[VA/m²]	40VA/m²	75VA/m²	45VA/m²	160VA/m²	
		120VA/m²			

200kVarと想定される。ここでは負荷変動に追従できるよう、75kVar×3台の設定とした。

非常用発電機は、想定負荷(排煙ファン15kW、消火ポンプ11kW、非常照明10kW等)に対応した容量とし、非火災停電時(保守停電時)には保安負荷にも供給できる構成とした。容量は65kVAとし、低圧のディーゼル発電機を選定した。

以上の電源設備計画を単線結線図(スケルトン)にまとめると、図7のようになる。

蓄電池設備は、基本的には非常照明器具をバッテリー内蔵型とする場合は不要であるが、ここではバッテリー別置型を採用して蓄電池設備を設け、受変電設備の制御用にも使用するものとした。なお蓄電池には鉛蓄電池とアルカリ蓄電池があるが、経済性から鉛蓄電池が一般的である。

これらの電源設備の設置場所は、この規模のテナントビルの場合は、スペース効率の点から屋上となることが多い。また、テナントビルではテナント専用の発電機の設置スペースを設ける場合もある。

2. データセンタの電源設備計画

データセンタの主要な電力負荷は、コンピュータ・サーバ群、通信機器群およびそれらの発熱処理用の冷房設備で、高い電力密度の負荷を持つため、電源容量が非常に大きい施設である。これらの設備に障害があると、社会的にも広範囲に影響を及ぼす可能性がある。データセンタは365日無休・無停止であり、機器停止の要因となる停電をいかなる場合にも回避できるようにするため、電源設備は高度な信頼性を要求され、万全な二重化設備を計画しなければならない。特にサーバや通信用機器には瞬時の停電や電圧低下も許されない機器が多く、瞬時電圧低下にも備えた大容量のUPS(無停電電源装置)を設置する。加えて、災害等による商用電力の途絶時などに備えた、長時間供給が可能な非常用発電機を設置する。

受変電設備は、電力会社の異なる変電所から2回線受電(本線・予備電源受電方式)とするよう電力会社と協議し、変電所から建物に至る引込みルートも分離して、二重化が完全なものとなるよう計画する。365日無停止の施設であることから、保守点検による停電も回避しなければならないため、主要な機器や配線のすべてをA系・B系のように二系統化し、保守点検時に全体機能が停止しないように計画する。なお、このように二重化された機材を同一の盤に収容したりあるいは開閉器が1台であったりすると、保守点検時に感電の危険が伴うので避けなければならない(図8の上)。そのために、母線には1区分ごとに開閉器を2台設け、それぞれ別の区分された盤に納めている(図8の下)。

図7 ケーススタディのオフィス(表2)における単線結線図

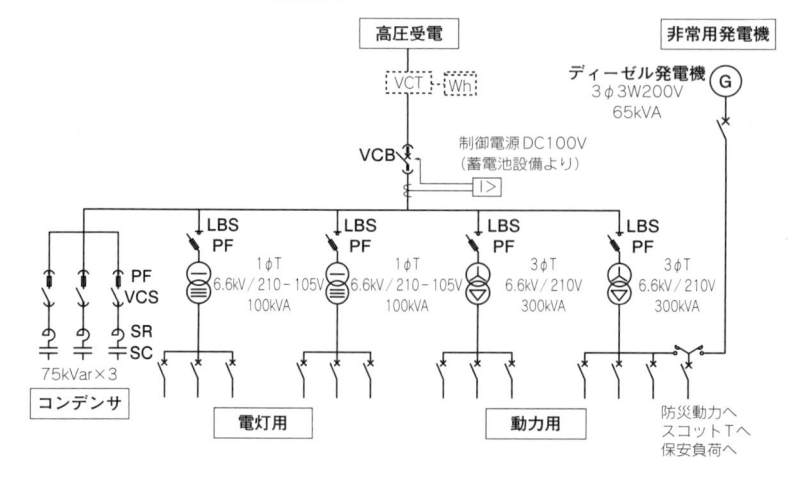

非常用発電設備は一般に全負荷に供給するため、大容量のものとなる。規模的に複数台に分割しなければならないことが多い。分割すると同期制御運転が必要となり、同期制御をしてから電力供給するのに時間がかかることがあるので留意する。この場合、制御性が良く大容量のガスタービンエンジンを用いた高圧発電機が多く採用される。発電機の電源は受変電設備の2つの系の母線に接続し、片系母線の点検時にも全負荷に供給可能な計画となる。

　非常用発電設備は、万が一の商用電源の長期停電に備えて、3日間などの長時間運転が可能となるよう計画する。このため燃料備蓄量が多くなり、燃料タンクは法的に地中埋設としなければならないことが多い。この場合、発電機室は消防法上の危険物一般取扱所に指定される。またこの燃料系についても、ポンプ、配管類を冗長化する場合もある。

　無停電電源装置（UPS）は、コンピュータ・サーバ群、通信機器群が供給対象であり、負荷容量に応じて数百～数千kVAの大容量機が必要となる。UPSの装置構成の例を図9に示す。

　このようにデータセンタの電源設備は、二重化された受変電設備と予備電源、UPSからなる。データセンタの電源設備の構成例を図10に示す。

3. 病院の電源設備計画

　病院では、電気を使用する医療機器の停止が人命にかかわる場合があり、診断・治療・医療業務の電子

図9　UPSの構成例

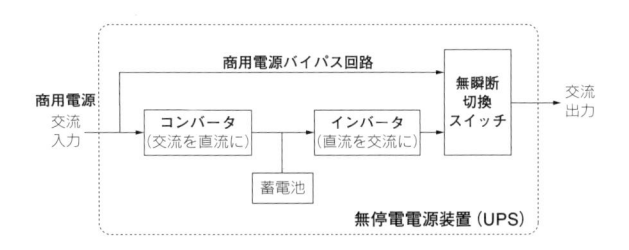

図8　保守点検に備えた盤の分割

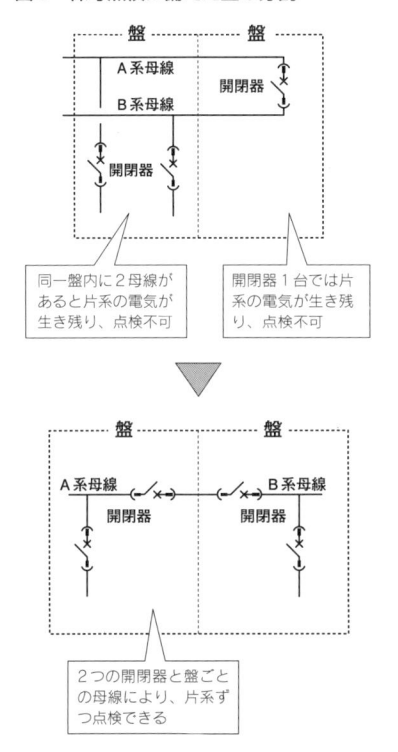

図10　データセンタの電源設備構成例

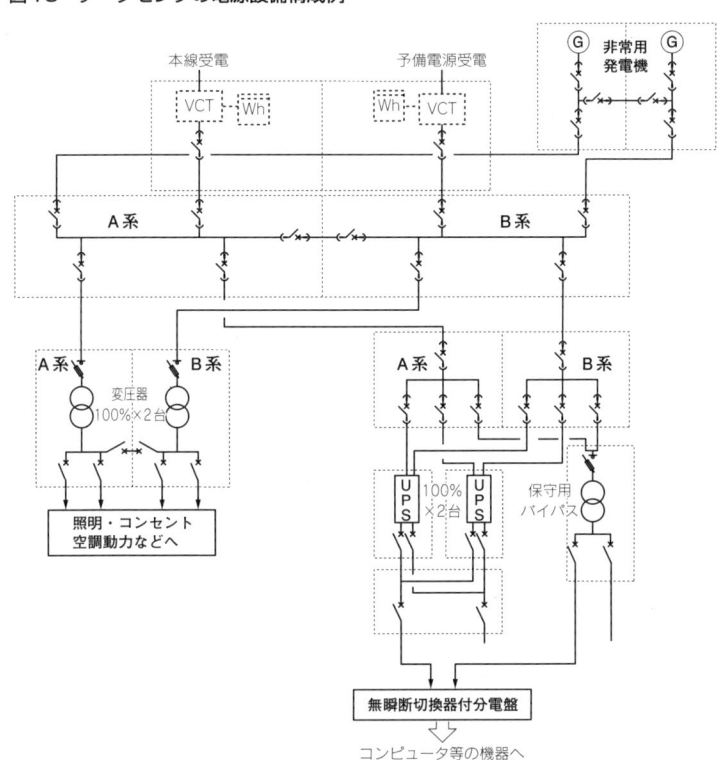

化・情報化が進んでいることからも、停電を避けなければならない部分が多くある。また病院は、入院患者をかかえる場合休院日を設定できないため、重要な負荷に対しては無停電で保守できるように計画することが望ましい。

一方、病院経営の面からは高コストの設備を設けることは好ましくないため、経済性にも十分に配慮し、先に述べたような重要な負荷を選別して、電源の信頼性を確保する二重化やバックアップのレベル設定を計画する必要がある。

病院では、データセンタの徹底的な二重化とは異なり、負荷を分類してその種別に従った対応を検討することが求められ、より複雑な計画となる。

電源設備のシステム構築に当たっては、建設する病院の規模、役割、建設費などの条件をもとに、JIS T 1022「病院電気設備の安全基準」に示された各医用室における非常電源の適用を踏まえ、負荷種別および負荷重要度の分類設定を行い、計画する。

病院施設の負荷種別は、病院系（医療用、情報用）と施設系（病院系以外の建築設備）に大別できる。負荷の分類はJISに規定されており、瞬時特別非常電源・特別非常電源・一般非常電源（防災用負荷を含む）から供給する負荷と一般負荷に区分される（表3）。一般負荷以外は非常用発電機から供給できるようにし、瞬時特別非常電源は無停電電源装置（UPS）から供給するのが通常の方法である。

なお病院施設は年間を通じて給湯などの熱需要があるため、排熱を回収しながら発電するコージェネレーション設備（図11）の導入が、省エネルギーや経済的に有利になることが多い。このコージェネレーション発電機を商用電源の停電時や保守・点検での停電時における自立電源とする計画は、大型の病院で採用されている。

中小の病院で経済性を優先する場合は、予備電源として非常用発電機のみを必要最小限の容量とし、保守停電時は仮設発電機によるとする計画もある。

その他、病院電源設備の計画時の注意事項を以下に記す。

・病院では信頼性確保のため、電源設備は建物内に設けることが一般的なので、建築計画時の検討が重要となる。
・病院にはX線装置、CT装置、MRI装置、アンギオ撮影（血管造影撮影）装置などの大容量負荷があり、使用電圧を400Vとするものもある。大容量装

表3　医療用の負荷の分類

負荷の分類	電力供給性能	負荷の内容
瞬時特別非常電源から供給する負荷	商用電源の停止から、0.5秒以内に電力供給される	生命維持装置のうち、0.5秒以内に電力供給の回復が必要なもの。手術灯
特別非常電源から供給する負荷	商用電源の停止から、10秒以内に電力供給される	生命維持装置のうち、10秒以内に電力供給の回復が必要なもの。照明設備のうち、10秒以内に電力供給の回復が必要なもの
一般非常電源から供給する負荷	商用電源の停止から、40秒以内に電力供給される	生命維持装置のうち、40秒以内に電力供給の回復が必要なもの。病院機能を維持するための基本作業に必要な照明。その他、病院機能を維持するための重要な機器または設備
一般負荷	商用電源停止で電力供給も止まる	上記以外の負荷

注1　生命維持装置には、人工呼吸器、人工心肺装置、保育器などがある
注2　その他の病院機能を維持するための重要な機器または設備とは、次のような機器または設備をいう
・医療用冷蔵庫、冷凍庫および温度の保持が必要な装置
・滅菌器などの設備
・通信・情報機器（医療情報、電話、ナースコール、ドクターコール、インターホンなど）
・警報装置（火災警報設備など）
・医療ガス供給設備（吸引設備を含む）
・自動化装置（X線フィルム自動現像装置、自動化学分析装置など）
・非常時に電力供給が最低限必要と思われる搬送装置（エレベータなど）、給水ポンプ、換気装置など
注3　非常電源は、医用室以外の電気設備にも共用できる
注4　瞬時特別非常電源が必要になる医用室の例としては下記のものがある
手術室、ICU（特定集中治療室）、CCU（冠動脈疾患集中治療室）、NICU（新生児特定集中治療室）、心臓カテーテル室（心臓内処置、心臓外科手術および生命維持装置の適用に当たって、電極などを心臓区域内に挿入または接触し使用する医用室）

図11　コージェネレーションの概念図例

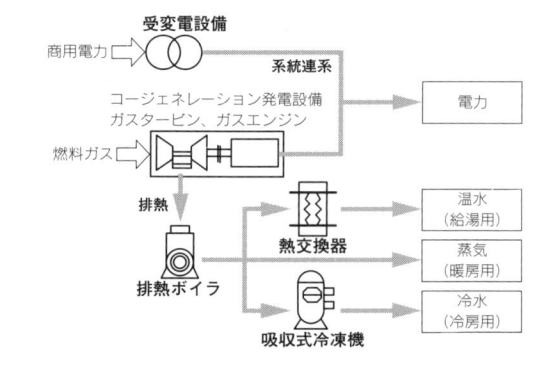

置稼動に伴う電圧変動を避けるため、アンギオ用やレントゲン用の専用変圧器を設け、余裕のある容量設定にして対応する等の方法がある。
・医療機器の絶縁劣化による感電（マクロショック）防止のための保護接地や、漏洩電流を極小化する絶縁変圧器（2次側の非接地配線方式で、他の電源遮断の影響防止対応としても利用）による非接地配線、および心臓カテーテル検査などでの微弱電流での心臓感電（ミクロショック）を防止するための等電位接地などの医用接地の採用も行われる。

4. 集合住宅の電源設備計画

集合住宅の電源設備の計画は、他の用途施設の場合とは異なる。建物は一つだが、電気の利用者（電力会社との契約者、電気料金の支払者）が各戸になるため、住戸の専有部分に対する電源と共用部分に対する電源とを明確に区分し、各住戸へは電力会社の変圧器から直接供給する形となる。

各住戸への供給最大電力が一定容量（40戸程度）以上となると、その建物に、電力会社が所有する変圧器を収容する借室電気室が必要となる。この部屋は、電力会社の関係者が保守点検などで入室できるようにするため1階に設けることが多いが、住人を含め一般者は出入りできないものとなる。電力会社の変圧器の2次側の配電盤部分からは集合住宅側の所有となるので、配電盤室を設けて、そこから必要数の幹線を敷設する（図12）。大型の高層集合住宅ではこの借室電気室が高層階にも必要となる場合があり、また借室電気室が特高受電となる場合もあるため、計画段階で電力会社と協議しておく必要がある。

借室電気室の計画や電力会社との引込みの協議には、電力使用量の把握が必要となる。1住戸で使用される電気容量は「内線規程」に算出式が示されているが、ガスを使用する場合とオール電化の場合で異なる。
・ガス使用の場合の電力負荷
$$P[VA] = 40 VA/m^2 × 床面積[m^2] + 1,000 VA$$
・オール電化の場合の電力負荷
$$P[VA] = 60 VA/m^2 × 床面積[m^2] + 4,000 VA$$

またオール電化における電力負荷は、一般負荷と夜間負荷に分けられる。夜間負荷とは、蓄熱式電気床暖房や貯湯式CO_2ヒートポンプ給湯器などの蓄熱する機器で、夜間の割安な電気を使う場合を指す。IHクッキングヒーターは一般負荷になる。夜間負荷は23時〜7時の時間帯のものであるため、一般負荷の最大値を単純に合算すると過大な容量となってしまう。そこで一般負荷の重畳率という率を掛けて最大容量の想定値を算出し、さらに幹線容量には需要率を見込んで必要電源容量の計画を行う。

住戸専有部を除いた共用部の負荷には、給排水ポンプ、エレベータ、機械駐車装置、照明・コンセント等があるが、これらの最大需要電力が一定容量（50kW）以上となると受変電設備が必要となり、建物としての電気室またはキュービクルの設置場所が必要となる。この部分はオフィスビル等と同じである。高層集合住宅などで非常用エレベータや排煙機が法的に必要となる場合は、発電設備も必要となる。

なお、集合住宅では一括受電方式もある。これは各住戸が電力会社とそれぞれ契約するのではなく、オフィスビルなどと同様に、建物一括で単価の低い業務

図12 集合住宅の電源設備の概要

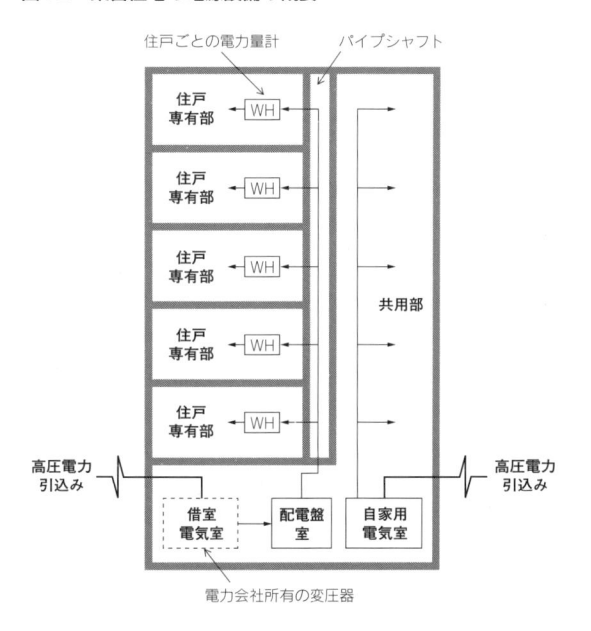

用電力として受電する方法である。ただし現状は、ほとんどの場合が個別契約方式である。

2 配電設備

(1) 幹線設備

1. 幹線設備の概要

電気設備における幹線設備とは、図13に示すとおり、一般的には、各変電設備から各動力・照明分電盤、機器への電源供給用の配線を指す。電圧により、高圧幹線（一般的には6.0 kV）と低圧幹線（400 V、200 Vまたは100 V）に分類される。高圧幹線は、各変電設備間もしくは熱源機器などの高圧駆動の大型機器への専用幹線であり、低圧幹線は、供給する負荷の種類により、図14に示す種類に分類される。照明・コンセント幹線は、単相電源が供給されることから「単相幹線」、また動力幹線は三相電源が供給されることから「三相幹線」とも呼ばれる。

幹線の目的は、建物内の各設備に対して安全で信頼性が高く、安定した電源供給を行うことであり、負荷の増設に対応でき、かつ、いかに合理的な供給計画ができるかがポイントとなる。

2. 計画と関連法規

低圧幹線の種類は、電気方式、幹線方式、配線方式により分類され、用途、負荷に合わせたシステムの計画を行う。幹線の計画を行う場合には、「電気設備技術基準」「内線規程」(3章：法規と基準参照) などの規準類を遵守しなければならない。また、幹線設備の計画は、負荷の内容の把握を行い、以下の手順で計画を行う。

①照明・コンセント負荷と動力負荷に分け、施設内の配置を把握する（一般的には、照明・コンセント負荷は建物内に均一に分布し、動力設備は屋上や地下機械室に集中している）。
②防災負荷の幹線は、耐火性や耐熱性を有する必要があるため、専用幹線とする。
③動力設備は、設置する機器用途と、200Vもしくは400Vの電気方式ごとに幹線を分ける。
④生産機器などの特殊機器は、専用幹線とする。
⑤電力使用量の計量、負荷の重要度と事故時の故障（停電）範囲を考慮し、幹線の系統を分ける（幹線方式の選定）。

3. 幹線方式

幹線方式は、事故時に異常が発生した幹線への電力供給を停止することを前提に、電源の冗長性と停電時の経済的な影響を考慮して計画を行う。

幹線で発生が予想される事故は、「短絡事故（ショート）」「過負荷（使い過ぎ）」「地絡事故（漏電）」がある。事故発生時には、発生点に可能な限り近い、適当な範囲を速やかに切り離すことで、人命や電気火災から資産を保護することが重要である。

図15に、電気室の配電盤から各所に配置された盤への幹線方式（幹線の系統例）を示す。

幹線を分割し、系統を増やすほど、経済的な負担や

図13　幹線設備の構成

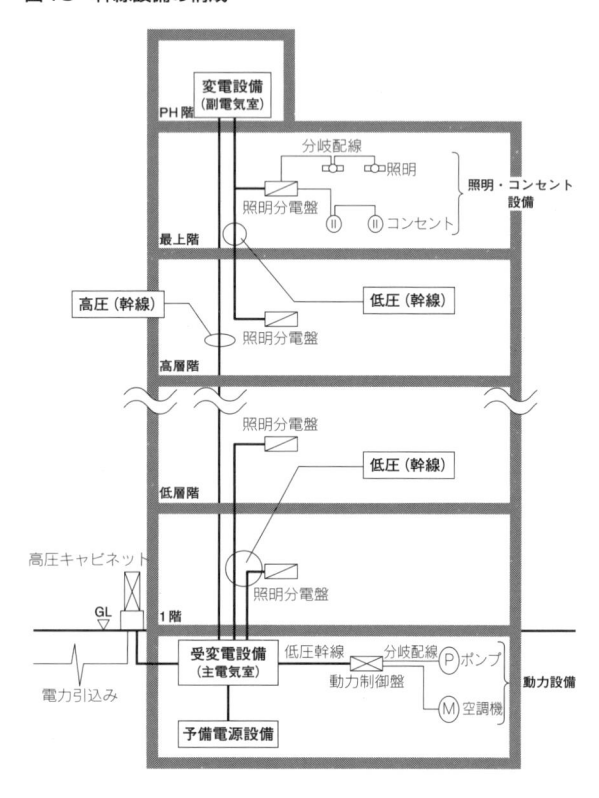

敷設スペースの問題が発生するが、幹線事故時の停電範囲は縮小し、信頼性や冗長性が向上する。バスダクトなどの大容量の幹線設備で広範囲の盤に供給する場合は、敷設スペースの縮小を図ることができ、消費量の変化に合わせて供給可能な電源容量を融通できるが、反面、事故時の影響範囲が大きくなる。

バックアップの幹線を計画した場合、幹線単独ではシステムの冗長性が向上するが、開閉器の数が増えることにより短くなる平均故障間隔（MTBF）や増加するライフサイクルコスト（LCC）をもとに、最適な計画を行う必要がある。

データセンタなどの重要施設では、幹線設備を含めた電源設備全体を末端まで二重化した、「並列冗長」の電源計画を行う場合がある（図16、次頁）。各系統は、「A系」「B系」などに区別する。単に異常時のバックアップだけでなく、定期的なメンテナンスも系統ごとに実施することができる。

4. 配線方式

幹線の配線方式には、一般に次の3種類がある。この中から、施設や負荷の用途、容量に応じて選定を行う。

①ケーブル配線

通常の業務施設や生産施設（工場）においては、電力用ケーブルを使用する「ケーブル配線」工事が一般に採用されている。幹線にケーブルを使用するメリットとして、表面被覆の強度が高く、その信頼性を工場での生産過程で確保していることに加え、金属配管工事に比べて施工性が高いことがあげられる。欠点としては、被覆が損傷した場合の部分補修が困難である。通常は、保護管のいらない特性を生かしてケーブルラック上に敷設されるケーブルラック方式にて施工を行う（図17、次々頁）。

ケーブルには、目的に応じて数種類の被覆が使用される。一般的な幹線には、CVケーブル（架橋ポリエチレン絶縁ビニルシースケーブル）が使用されるが、

図14 幹線設備の種類

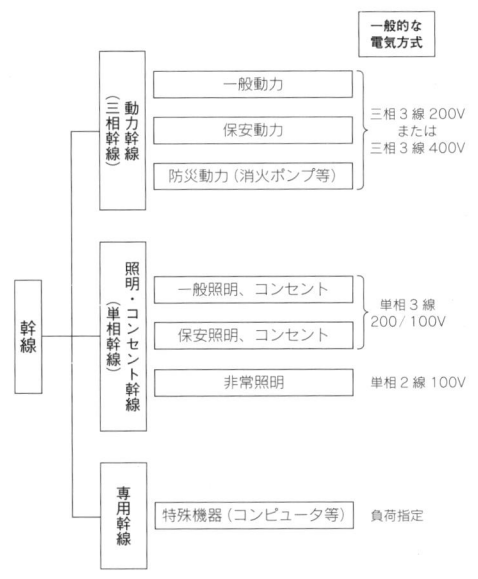

図15 幹線方式の例

1) 単独幹線による供給
事故時の影響が最小限だが、幹線スペースが必要

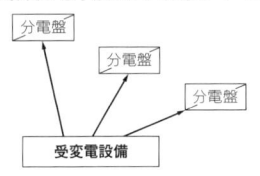

2) 幹線分岐による供給
一般的な供給方式

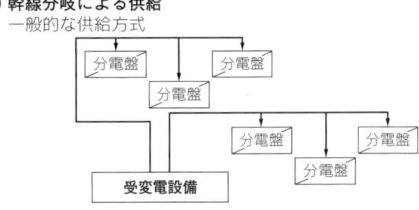

3) 幹線分岐による供給
電気室が2カ所の場合の配線方式。事故時のバックアップのため、連絡幹線および連結遮断器を設置する場合もある

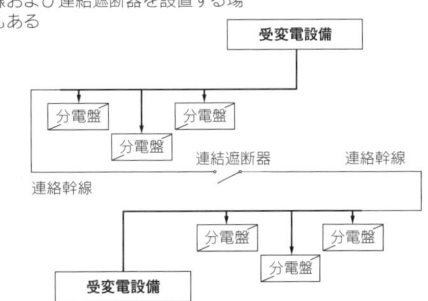

注：保安負荷とは、停電時に自家発電設備などから電力供給を継続する必要のある負荷

環境に配慮し焼却処理時にダイオキシンを発生させないように、被覆にハロゲン化物を含まないエコケーブル(EMケーブル)も広く採用されている。

また、火災時にも一定時間電源を供給する必要がある防災負荷に対しては、法的に耐火ケーブル(FPケーブル)や耐熱ケーブル(HPケーブル)を使用しなければならない。

② 金属管方式

負荷が分散しており、同一ルート上の幹線本数が少ない場合は、絶縁電線を金属管やそれに準じる配管に収容して配線する「金属管方式」を用いる(図18)。電線そのものはケーブルに比べて安価であり、防火区画の貫通部処理も容易である。しかし、配管(金属管)は設置スペースが大きく、施工性は悪い。

図16　並列冗長の例

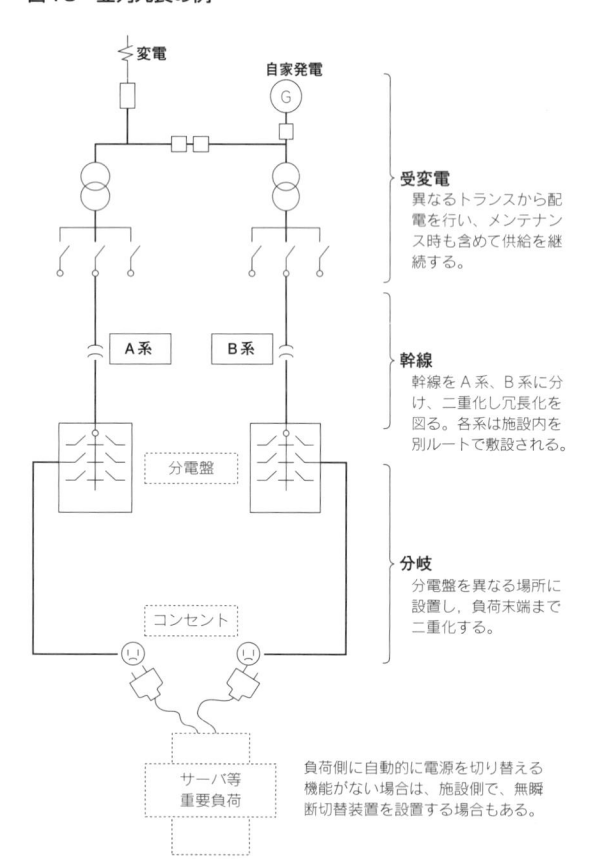

③ バスダクト方式

バスダクト方式は、板状の導体(銅またはアルミ製)を鉄製の函体に収容し、一定の間隔で敷設する方式である(図19)。ケーブルの数倍の電流を送ることができるため幹線系統が統合され、設置スペースを縮小することができる。

5. EPSの計画

幹線は、安全性とメンテナンス性を考慮して電気設備専用シャフト(EPS)に設置される。幹線ルート計画上のポイントとしては、以下の点があげられる。

・幹線は、保守管理が容易で煙突やボイラなどの熱の影響を受けない電気専用縦シャフト内に敷設し、上下階の同じ位置に計画する。
・EPSには、将来の幹線の増設工事が可能なスペースを確保する。

特に、垂直に敷設される幹線のスラブ貫通部分は、上下階で同一位置でなければ幹線を「振る」ことになり、安全で合理的な幹線計画はできない。

EPSは不燃材で構成し、内部に分電盤等を設置する場合には床に防塵塗装を施す。また、床の幹線貫通部分は防火区画貫通処理を認定工法にて行う(図20)。

6. 想定設備容量

EPSの大きさを算定するために、計画初期の段階では、建物用途、空調方式に応じて負荷密度を想定する必要がある。表4に建物用途ごとの電力負荷密度の分析事例を示す。

(2) 動力設備

1. 動力負荷設備の概要

三相電源は、誘導電動機に電圧を加えるだけで回転運動を始める利点がある。ビル内では、この特性を利用してさまざまな動力設備が使用されている。

施設に設置される主な動力設備を表5(次々頁)に示す。各施設に共通する主な動力設備として「空気調和設備」「給排水衛生設備」「搬送設備」があり、かつ各設備には、主に非常時のみに動作する「防災設備」が含まれる。

2. 動力制御盤の役割と制御

電動機には、保証された使用限度である「定格」が定められている。出力または容量に対する使用限度を「定格出力」「定格容量」と呼び、定格出力で運転しているときに消費する電流を「定格電流」という。

また誘導電動機の始動時には、その特性上定格電流の5〜7倍の始動電流を必要とする。大型の機器については、この始動電流を低く抑えるために、低い電圧を加えて始動(減電圧始動)を開始し、十数秒後に定格電圧へ移行させるための「始動装置」を動力制御盤内に設置する。主な始動方式には、「スターデルタ始動」「コンドルファ始動」「リアクトル始動」「インバータ始動」がある。

その他動力盤には、2台の機器(給排気ファン等)の連動運転用リレーや開閉器、インバータ制御(可変周波数制御)のためのインバータ装置などを収容するだけでなく、盤表面に、発停用スイッチ類、計器類を装着している(図21、次頁)。

3. 動力制御盤の配置

動力設備は各フロアに均一に配置されるだけではなく、特に屋上や地下機械室に集中的に配置されることが多い。また、機器のメンテナンス時には動力制御盤にて電源を切り離し、安全な状態で機器の修理作業を行う必要があるため、制御盤は負荷設備から盤が目視できるよう、できるだけ近い場所に設置することが望ましい。

近年は、動力制御盤内に収容する機器に、インバータや信号変換機などの電子機器が含まれることが多い。収容される機器によっては、周囲温度が常時高温となるようなボイラ室や熱源機械室への設置を避け、必要な盤室を設けて設置しなければならないものもある。

4. インバータ制御

省エネルギーのために、インバータ制御を採用し、電動機を負荷に応じた最適な能力で運転させる事例が多くなっている(表6、次頁)。「インバータ」の言葉は本来、直流を交流に変換する装置を意味するため、

図17 ケーブルラック

図18 金属管

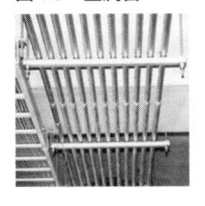

図19 バスダクト

図20 EPSの例

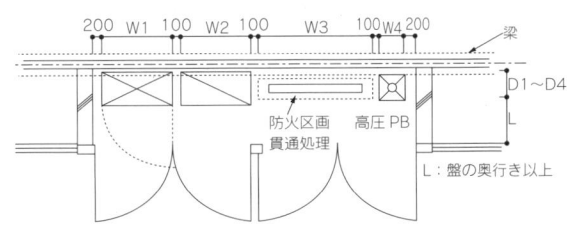

W1=動力盤幅寸法
W3=ケーブルラック耐火仕切板幅寸法
D1=動力盤奥行寸法
D3=ケーブルラック耐火仕切板幅寸法
W2=分電盤幅寸法
W4=高圧PB幅寸法
D2=分電盤奥行き寸法
D4=高圧PB奥行き寸法

表4 負荷設備の電力密度 (延べ床面積6,000m²以上15,000m²未満)

用途	照明・コンセント負荷容量 (VA/m²)	動力負荷容量 (W/m²)
オフィス	48.1	63.1
病院	53.9	79.1
ホテル	48.4	62.2
店舗	66.3	76.0
学校	37.2	40.1
研究所	65.9	131.0
電算センター	35.7	174.9
劇場・ホール	54.7	73.4
図書館	36.3	56.5
集合住宅	17.8	6.6
運動施設	43.1	52.4
美術館	46.8	87.0

正確には、交流をいったん直流に変換する「コンバータ」部分と、直流を任意の周波数の交流に変換する「インバータ」部分で構成されている(図22)。

インバータ制御装置の欠点として、電源波形を乱す原因となる高調波を発生させるため、その流出を抑制する高調波吸収用リアクトルなどを合わせて設置する。また、電子機器であるため機器寿命が盤内に設置される他の機器に比べて短いこと、インバータ装置本体から騒音が発生する等、省エネルギー技術としては容易に採用できる半面、検討事項も多い。

(3) 照明分電盤

1. 照明・コンセント設備の概要

照明設備とコンセント設備は共に単相電源であり、各階に設置された照明分電盤から供給される。各所に配置されるコンセントの個数の目安を表7に示す。オフィスでのOA用コンセントの負荷密度は、一般的なオフィスで50～75VA/m^{2}を想定する場合が多い。

パソコンなどのOA機器に対する電源の供給が主な用途となっているが、「過負荷(使い過ぎ)」や「漏電」による回路の遮断(ブレーカトリップ)は、業務に大きな影響を及ぼす。計画を行う上でも、執務で使用する「OA用」、清掃やメンテナンスに使用する「清掃用」、コピー機などの「大型OA機器用」「空調機器その他用」に分け、天井照明とも別回路で計画する。

2. 照明分電盤の役割と制御

大型機器を除き、照明設備およびコンセント設備の分岐回路は20A配線用遮断器(ブレーカ)で統一し、分電盤に収容されている(図23)。

照明の点滅のために、遠隔から電源を開閉させるためのリレーや電磁接触器が分電盤内に設置される。これは、オフィスでいくつかの回路に分かれる照明を1

表5 動力設備の種類

設備	負荷の種類
空調設備	冷凍機、冷却水ポンプ、冷温水ポンプ、クーリングタワー、空調機、給排気ファン
衛生設備	給水ポンプ、排水ポンプ、揚水ポンプ、浄化槽、加圧ポンプ
搬送設備	エレベータ、エスカレータ、ダムウェータ、機械駐車
防災設備	消火ポンプ、スプリンクラーポンプ、排煙ファン、非常用エレベータ

図21 動力盤の構成の例

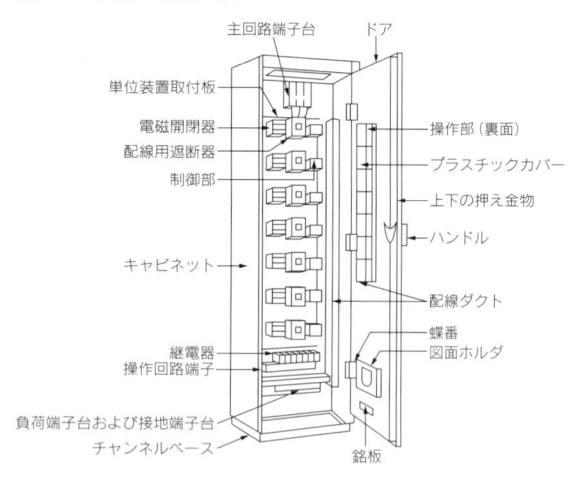

表6 インバータの特徴

特 徴	効 果
(1) 電動機の回転速度を任意に変えることが可能	必要なだけの能力を得ることができ、省エネルギーを図ることができる
(2) 電動機の回転速度を連続的に変えることが可能	負荷変動に合わせた最適な回転速度に調整できる
(3) 電源周波数以上に電動機の最高速度を上げることが可能	負荷変動に合わせた最適な回転速度に調整できる
(4) 可変速電動機の小型化が可能	他の変速装置以上に小型化が可能
(5) 加減速に要する時間の調整が可能	機器の微妙なコントロールができる
(6) 電動機の保守が容易	汎用電動機(既製品)を使用できるため電動機の保守が容易

図22 インバータ制御装置の構成

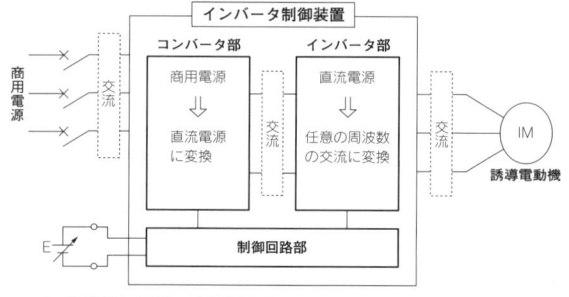

E:制御信号(この信号で出力調整を行う)

56　2章　電気設備

つのスイッチでまとめて制御する場合に使用するが、昼光センサや人感センサと連動して点滅を行う場合にも使用される。そのほか、使用量に応じた課金を行うために電力量計も分電盤内に設置される場合がある。

　照明分電盤は、おおむね800〜1,000m²に1面、また電圧降下の観点から、分電盤から最遠の負荷までの配線長が5〜60m以下を目安とし、停電などの緊急時にも、廊下などの共用部から操作可能な場所に設置する。

　各盤の供給範囲を明確にし、同じエリアに複数の分電盤の回路が混在しないように計画することで、メンテナンス時の事故防止や、障害発生時に速やかに故障点を発見することが可能となる。

3 照明設備

　照明設備は、明るさにより人々の活動を補助し安心感を与えるだけでなく、空間の見え方のデザインにまでつながる意匠性の高い建築電気設備である。照明計画によって、空間に落着いた印象や反対に活動的な雰囲気を感じさせたり、また実空間以上の広がりを感じさせたり、さらには複数の独立した空間に連続性を持たせることも可能である。照明計画は、建築デザインのコンセプトと一体で考えることが重要である。

　しかし一方で、不適切な照明は不快感を与えたり作業効率を下げることにつながり、エネルギー消費の増大をもたらしたりすることもある。ここでは、照明設備の演出的な側面ではなく、目的に応じた適正な機能を計画することに焦点を絞り、オフィス空間における照明設備について解説する。

(1) 計画の手順

　照明設備の機能は、次の2つに大別できる。
・空間での視作業を補助する機能
・照らされる対象物を効果的に見せる機能

　オフィスにおける机上面への照明、工場での視作業の補助などは前者に該当するものである。また、美術館や博物館での展示物への照明や、店舗での商品へのスポットライティングなどは後者に該当する機能であろう。

　照明設備の計画は照明の持つ機能を理解して、空間の目的に沿ってその機能を生かす必要がある。以下にオフィス空間における計画の手順を述べる。

オフィス照明

　オフィス空間において、そのオフィスの知的生産性を上げることは非常に重要な意味を持つ。照明設備は居住者や作業者の能力を最大限に発揮させることができるようなものが理想であり、少なくとも作業能力の

表7　コンセントの設置例

区分	使用場所または使用機器	設置区分	備考
一般用	OA事務室	8m²に1カ所	*1
	上級室、宿直室	2個以上	
	会議室	25m²に1個	
	廊下、玄関ホール、エレベータホール	歩行距離20mに1個	
	倉庫、書庫、電気室、配線室、機械室	出入口近傍に1個	
専用	冷蔵庫・冷水器・洗濯機用	機器の設置場所の近く	接地端子付き
	ファンコイル用		接地極付き引掛型
	拡声増幅器・ボタン電話主装置・防犯装置・換気扇用　サーバ等・LAN機器		抜け止め型
	複写機用等大型事務機用	機器数・容量に応じて設ける	接地端子付き
	同1,500VA以上のもの		接地極付き
	厨房機器用		接地極付き防浸型
	自動販売機用		抜け止め型 接地端子付き

注：*1　フロアの形態に応じた二重床用コンセントとし接地極付きとする。また、1スパンに1個壁付けコンセントを設ける

図23　分電盤の構成例

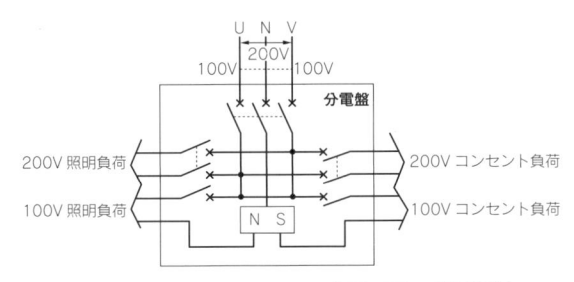

NS（ニュートラルスイッチ）：100V分岐回路に設置し工事など電路を完全に遮断する場合に使用する

低下につながるようなものであってはならない。

また、居心地の良い空間になるように、省エネルギーでランニングコストの少ない運用ができるように、また、将来間仕切ができても照明器具を改修せずに適正な照度が確保できるように計画する必要がある。

①器具配置計画

照明器具は、オフィス内の天井に設置される設備の中で、最も目立つ設備である。従って、通常はランダムな配置は好まれず、モジュールに沿った配置がなされることが多い。

図24に、オフィスにおける代表的な照明器具配置例を示す。どの配置も基本モジュールに沿った配置がなされている。なお、1)ライン形配置、2)ロの字形配置はHf32Wなどの直管型蛍光灯器具を使用するものであり、3)スクエア形配置はFHP45Wツイン蛍光灯器具やTL5蛍光灯器具などによるのが一般的である。

モジュールに沿った配置計画とは、照明器具を整然と並べるだけではなく、オフィス空間に要求される大切な機能である小間仕切対応という機能を満たすものでもある。図25に、3.2×3.2mモジュールで32W直管型蛍光灯器具を使用した場合の照明器具配置例を示す。図25は3.2m幅に対して上段に2列配置、下段に1列配置した場合の例を示しており、2列配置は器具内にランプを1本納めた1灯用器具、1列配置はランプ2本による2灯用器具を使用するのが一般的である。2列配置のほうが器具のスリム化を図ることができ、照度にムラが出にくいため好まれるが、コストは高くなる傾向にある。図25では、システム天井器具とよばれる器具を用いている。これは、照明器具間の設備プレート(いろいろな設備を組み込んだパネル)に、非常用照明、火災感知器、非常放送スピーカなど照明器具以外の設備機器を納めたものである。これら照明器具以外の各種設備の配置も含めて小間仕切対応

図25　3.2mモジュールにおける照明器具配置例

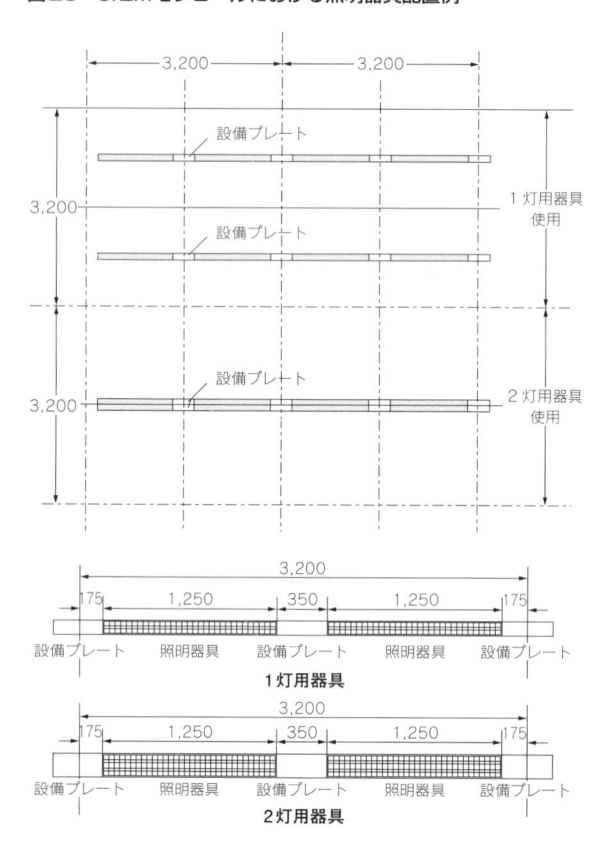

図24　照明器具配置例

1)ライン形配置　　2)ロの字形配置 　　3)スクエア形配置

表8 照度基準 (JIS Z 9110より抜粋)

用途＼照度[lx]	75	100	150	200	300	500	750	1,000	1,500	2,000
オフィス			廊下、階段、洗面所、便所、湯沸室		食堂、娯楽室	集会室、応接室、玄関ホール(夜間)、エレベータホール、受付		玄関ホール(昼間) 事務室a 営業室		
								設計、製図、タイプ、キーパンチ		
		喫茶室、宿直室、倉庫、玄関、駐車場の車路		書庫、作業室、金庫室、電気室、機械室	事務室b、役員室、会議室、電算室、交換室					

表9 照明基準の指標

	照度基準 JIS Z 9110 1979	屋内照明基準 照明学会 1999	屋内作業場の照明 CIE S008/ISO 8995 2001/2002
光刺激の量	—	—	照度分布に注意を払う必要がある
光の量	作業面照度の維持値(照度範囲)	作業面平均照度の維持値(推奨照度[代表値]と照度範囲) 傾斜面、壁面は平均照度 染料・顔料の変褪色の防止のためには、照度と時間の積をできるだけ小さくする	作業面の平均照度の維持すべき下限値
光の空間分布	全般照明の「照度/局部照明の照度」が1/10以上。 隣り合った室、室と廊下等の間の照度の差を、著しくないようにする	照度の均斉度は、同一作業面において最大/最小を1/10以下にする 留意事項として、視対象とその周辺、隣接する部屋、あるいは部屋と廊下との間に大きい照度差がないことが望ましい	作業面近傍の照度の下限値を示す 平均値に対する最小値の均斉度は作業面で0.7、作業面近傍で0.5以上
光の指向性	—	—	モデリングと視作業に対する効果を記述する
不快グレア	考慮しなければならない	全般照度における蛍光灯具からの不快グレア防止区分Dの段階と照明器具のグレア分類G(選定例)の関係、および、推奨段階が示される	CIE UGR値の上限値を示す
減能グレア		(不快グレアを考慮すれば減能グレアはそれほど問題でない)	ランプ照度ごとの最小遮光角の下限値を示す
映込み	—	VDT画面への照明器具の映込み、照明器具のグレア分類Vと選定基準、および推奨段階が示される	照明器具の下方光の輝度限界値を示す
光幕反射と反射グレア	—	—	防止、軽減方法を示す
影	考慮しなければならない	留意事項として、手暗がりを少なくすること。照明器具の大きさや取付け位置を適切にすること	—
光色	考慮しなければならない	相関色温度による光色の分類と推奨	相関色温度による光色の分類と好まれる傾向を示す
表面色の見え	—	平均演色性評価数による演色性区分と推奨段階(上回ってもよい)	平均演色評価数の推奨最小値を示す
照明用エネルギーの有効利用	—	考慮すべき項目として、照明設備の総合効率、昼光利用、用途変更に対する適応性、保守計画と点滅調光制御などが記述される	省エネルギーにより、視覚的側面を損なってはならない。照明システム、器具、制御、昼光利用を考慮する必要がある。
フリッカおよびストロボスコピック効果		留意事項として、フリッカは少ないほうが好ましい。ストロボスコピック効果を生じないようにする	フリッカおよびストロボスコピック効果を避ける計画
昼光の影響	事務室や玄関ホールの注意として、「窓外が明るく、室内が暗ずる場合は…」「昼間屋外自然光に順応していると、ホール内部が暗く感じるので照度を高くすることが望ましい」などと配慮されている	留意事項として、考慮する	窓のある壁から3m、横壁から1mの作業面で昼光率が1%以下にならないようにする。室内の輝度分布をバランスさせるため補助照明を用いるべきである。窓面からのグレアを減らすために遮蔽物を用いなければならない
保守			総合保守率で計画されるべきで、保守率は0.7以上

を計画する必要があり、この設備プレートへの納まり検討が重要となる。システム天井ではない在来型工法の場合には設備プレートは使用しないのが一般的であるが、小間仕切対応はシステム天井の場合と同様に考え、仮想の設備プレートへの納まりを考慮して行うことが必要である。なお、図25に示す計画ではスプリンクラーが3.2×3.2mの中心に配置されるため、最小間仕切単位も3.2×3.2mで計画するのが一般的である。

②各種基準

現代のオフィス照明では、消費エネルギーと作業環境の質のバランスが大切とされている。

また、視環境に関する各種研究が進み、照度と視力の関係、照度と作業成績の関係などが明らかにされている。

これら社会情勢や研究成果などを踏まえて、オフィス照明に関する各種基準が制定されている。たとえば照度基準はJIS Z 9110により規定され、表8(前頁)に示すように、作業が細かくなるほど高照度の環境が必要とされている。JIS基準に則った照度を満たせばよいとの考えに陥りがちであるが、本来、利用者の要求事項を満足することが大切であり、照度基準さえ満たしていればよいと考えることは避けなければならない。表9(前頁)に、照度以外の照明基準を示す。

照度以外にも多くの基準ならびに検討事項があることがわかる。さらに、既存の照明基準はある程度の環境を保証する役割を持つ反面、照明設計を単純化し過ぎてしまう可能性もある。照明設備を計画するに当たっては、基準のみに頼らず、その建物独自の要求項目を考慮しなければならない。

(2) 省エネルギー

図26に、標準的なオフィスビルにおける1次エネルギー消費量の内訳例を示す。これによると、このビルで使用するエネルギーのうち、照明・コンセントで使用する割合は33％となっている。また、オフィスビルにおける全照明エネルギーのうち、オフィス内で消費されるものが大半を占めている。建築電気設備全体の省エネルギーを図る上で、照明計画が果たす役割は大きく、さまざまな省エネルギー手法がある。

1. 自動調光

現代のオフィスで採用される照明の省エネルギー手法として代表的なものは、自動調光である。

自動調光は下記の4項目に分類される。
・初期照度補正制御
・昼光連動出力制御
・不在連動出力制御
・スケジュール連動出力制御

①初期照度補正制御

蛍光灯器具は時間の経過によって発せられる光束数が減少する性質があり、反射板やルーバーの汚れなどによっても効率が低下する。よって、設定した照度が確保できるように、あらかじめ低下分を加算して、必要となる器具や灯数を決定する(図27に光束と出力の時間経過を表す)。

この無駄な出力を調整するものが、初期照度補正制御である。制御手法は、天井にセンサを設置して下面の明るさを検知し、照度が常に設定値になるように蛍光灯の出力制御をかける。4つの自動調光制御方式のうちでは、初期照度補正制御が最も削減効果が高い。

②昼光連動出力制御

窓などからの採光で明るくなった分、照明器具の出力を下げるように制御を行う手法である。図28に示すように、天井センサを用いたフィードバック制御が主流となっている。一般にこの天井センサは、初期照度補正と同じセンサを用いる。

③不在連動出力制御

照明が点灯している場所に居住者が不在の場合には、自動的に消灯したり照度を下げたりすればエネルギーの削減が可能になる。この考えにもとづき、数モジュールからなる調光エリアを設定し、このエリア内の天井に設置した人感センサを用いて、居住者不在を確定した場合に照明器具の出力を低下させる制御である。

④スケジュール連動出力制御

　昼休みなど、オフィス作業に高照度を要しない時間帯の出力を抑えることで省エネルギーを図る。

　自動調光には上記4つの方式があるが、図29に、上記の4要素をすべて備えた都内Nビルにおける計測結果を示す。この建物では、図に示す6月と12月のデータより、終日にわたって40%程度の減光率であること、すなわち40%エネルギー削減できたことがわかる。この建物のフロア平面図と調光エリアを図30に示す。

　上記4つの自動調光方式のうち、特に②と③においては、この調光エリアをどのように設定するかが重要となる。②においては、窓などからの採光状況を確認した上で効率良く調光エリアを設定する必要がある。また③においては、エリア設定の細分化と省エネルギー効果は比例すると考えられるので、理想的には照明器具ごとに人感センサを設置することが好ましいが、投資コストがかさむ。

2. タスクアンビエント照明

　タスクライトとは、いわゆるデスクスタンドの利用などを含めた、机上面照度を確保するための個別照明のことと考えてよい。このタスクライトに、着座セン

図26　標準的オフィスビルにおけるエネルギー消費の例

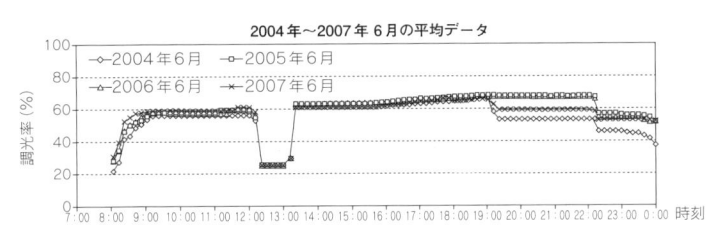

図27　初期照度補正制御の仕組み

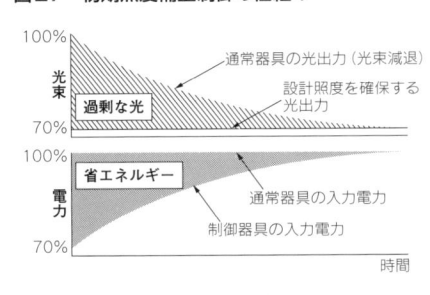

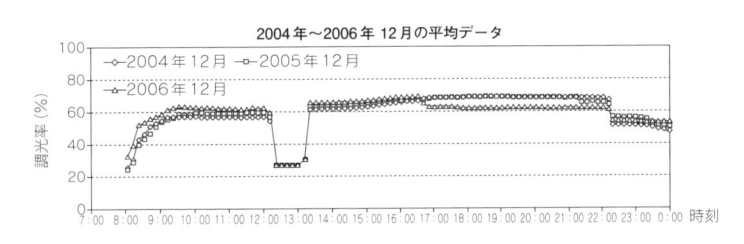

図28　天井センサと出力制御の仕組み

図29　Nビルにおける自動調光の計測結果

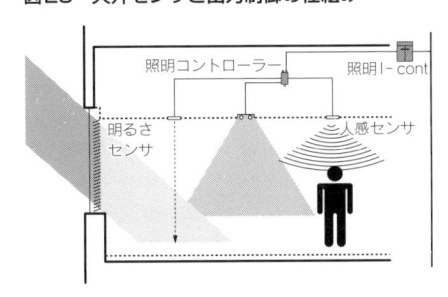

図30　Nビル平面と調光エリア

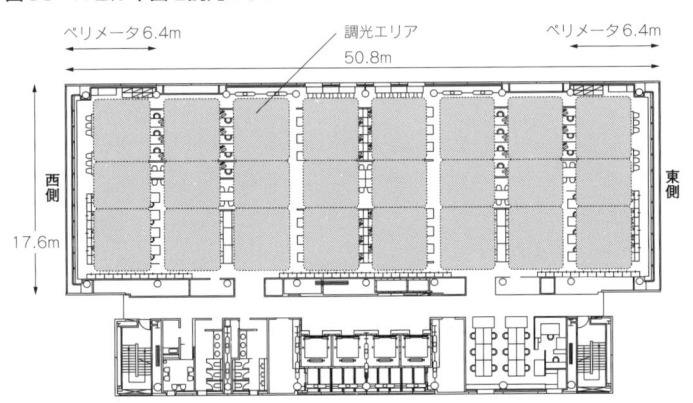

2-2　建築電気設備の計画　61

サを含めた人感センサにより不在時に減光や消灯を確実に行うことで、省エネルギーの効果が高まる。このとき、オフィス内のすべての照明をタスクライトのみに頼ると、室内が薄暗く陰湿な雰囲気になりがちなので、天井照明などで居住環境を快適な状態に保つ必要がある。そのための照明をアンビエントライトと呼び、タスクライトと合わせて快適性と機能性を両立させるものである。

タスクアンビエント照明は、もともとは不在連動制御と合わせて省エネルギーを狙うものとして考えられたものではなく、天井に設置する照明の一部を机上に設置することで空間全体のエネルギー量が削減されることを狙ったものであるが、設備のパーソナル化を考慮して不在連動制御を行うことにより、エネルギーの削減効果が高まると期待される。

アンビエント照明は、机上面照度に縛られず快適性を重視し、内装反射率を考慮した計画にすることが大切である。居住環境の快適性を評価する指標に明るさ感というものがあり、これを Feu（フー）という単位を用いて相対的に表すことが試みられている。

3. 昼光利用

自然エネルギーである昼光の利用は、省エネルギー効果が高い。しかし、昼光は 100,000 lx になることもあり、通常われわれが照度として要求するレベルを大きく上回っている。また、採光に伴って熱も取得してしまう。従って、昼光利用を行うには、室内照度分布や取得熱の除去エネルギーのことを考慮する必要がある。

晴天時の昼光は、直射日光、天空光に分類でき、曇天時の天空光を含めた各々の発光効率（窓から入った日射のうち光として利用される率）は、おおむね表10に示すとおりである。オフィス空間において、光と熱を総合的に考えた上での省エネルギーを実現させるためには、人工照明として使用される高効率型照明器具の発光効率（おおむね 100 lm/W）を上回る天空光などを、適量取得できると良い。

その手法として、水平型ブラインドを自動的に角度調節するシステムも実用化されてきている。動作原理は図31に示すように、ブラインドのスラット（羽）を直射日光が入射しない角度に保つよう、常に角度調節を行うところにある。

また、窓周辺からの直接的な採光だけではなく、室内の奥へも積極的に昼光を取り入れる仕組みも実用化

表10　自然光の発光効率　　　　　　　　　　　[lm/W]

直射日光	天空光	
	晴天時	曇天時
51.8～96.6	125.4±6	110

※直射日光の発光効率は、太陽高度により変化する。
　上記の直射日光の発光効率は Littlefair の下記の式により、天空光の発光効率は Dogniaux による。
　$\eta = 51.8 + 94.31h - 49.67h$　h は太陽高度 (rad.)

図31　直射日光を遮断するブラインドのスラット角

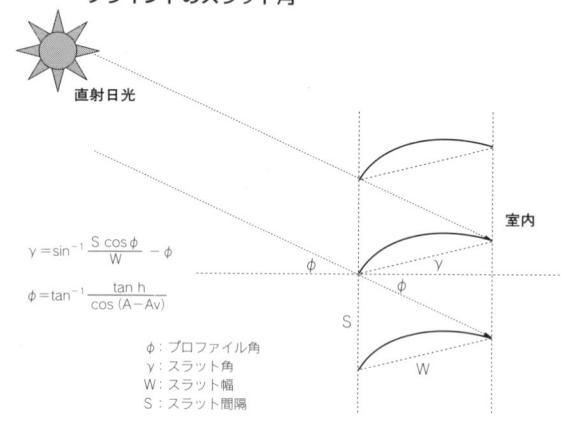

$$\gamma = \sin^{-1}\frac{S\cos\phi}{W} - \phi$$

$$\phi = \tan^{-1}\frac{\tan h}{\cos(A - Av)}$$

ϕ：プロファイル角
γ：スラット角
W：スラット幅
S：スラット間隔

図32　光ダクトによる昼光取得

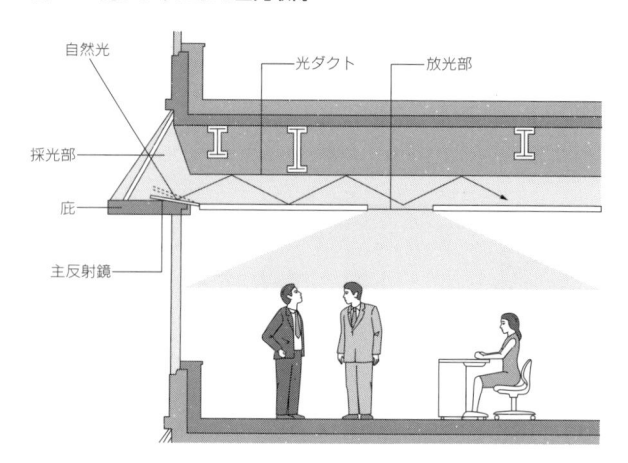

されている。その一つが光ダクトである。光ダクトとは図32に示すように、可視光反射率約95％のアルミニウム板などでつくられた高反射率ミラーによって構成された光を導くダクトのことで、これを用いて窓から離れた場所まで昼光を採り込むものである。自動調光設備と組み合わせることにより、窓周辺だけでなく室内の奥まで昼光取得による省エネルギーが可能となるものであり、今後の展開が期待される。

4 通信・情報設備

(1) 通信・情報設備の分類

1. 建物用途別必要設備による分類

通信・情報設備は、建物の規模や用途によって必要な設備が選定され、建物のグレードや使い勝手から設備の仕様が決定される。

通信・情報設備の計画に当たっては、まず建物用途から必要となる設備を抽出し、各設備の方式および詳細な仕様を設定する必要がある。各建物用途別に必要となる通信・情報設備の種類を表11に示す。

2. 通信形態と通信網および伝送信号種類による分類

通信方法別に分類した場合、表12に示すとおり、大きく分けて、伝達を目的とした片方向からの通信と、相互のコミュニケーションを目的とした双方向での通信に分類される。通信については、従来は片方向のみの通信しかなかったが、双方向テレビ放送などに見られるように、時代とともに多くの設備で相互コミュニケーションの形態が可能となり、利用されるようになってきている。

(2) 各種通信・情報設備の概要と計画

1. 電話設備

①システムの概要

電話設備は通信・情報設備の中でも最も歴史が古く、日本では1890年（明治23年）に東京─横浜間で音声による電話サービスが開始され、現在では、日常生

表11 建物用途別の通信・情報設備の分類例

建物用途 \ 通信・情報設備	電話・構内交換設備	構内情報通信網(LAN)	拡声放送設備	映像・音響設備	テレビ共同受信設備	インターホン設備	電気時計	ITV監視設備	情報表示設備	構内ページング・PHS設備	誘導支援設備
一般オフィス	◎	◎	◎	○	◎	○	◎	△	○	◎	○
官公庁施設	◎	◎	◎	○	◎	○	◎	◎	◎	◎	○
研究所・研修所	◎	◎	◎	◎	◎	○	◎	△	○	◎	○
学校・教育施設	◎	◎	◎	◎	◎	○	◎	○	○	◎	△
病院・福祉施設	◎	◎	◎	○	◎	◎	◎	◎	◎	◎	◎
ホテル・旅館	◎	◎	◎	○	◎	◎	◎	◎	○	◎	◎
劇場・ホール・集会場	◎	◎	◎	◎	◎	○	◎	◎	◎	△	◎
百貨店・スーパー	◎	◎	◎	○	◎	○	◎	◎	○	△	◎
商業施設	◎	◎	◎	○	◎	○	◎	◎	○	◎	◎
スポーツ施設	◎	◎	◎	◎	◎	○	◎	○	○	×	◎
集合住宅	×	◎	×	×	◎	◎	×	×	×	×	×
工場	◎	◎	◎	×	◎	○	◎	○	×	△	○
公共交通施設・空港施設	◎	◎	◎	○	◎	○	◎	◎	◎	◎	◎

◎：ほとんど設置する（全面的に設置する）　○：設置することが多い（部分的に設置する）　△：設置する場合がある　×：ほとんど設置しない

表12 各種通信・情報設備の通信形態

	構内通信			広域通信
電話・構内交換設備	電話機	↔	電話機	外部公衆回線
構内情報通信網(LAN)	PC	↔	PC	↔ WAN
拡声放送設備	マイク	→	スピーカ	
映像・音響設備	映像源(DVD)音響源(CD)	→	スクリーンスピーカ	
テレビ共同受信設備	TV受像機	←	アンテナ	電波塔通信衛星
インターホン設備	受話器	↔	受話器	
電気時計	子時計	←	親時計	標準時刻送信局
ITV監視設備	モニター	←	監視カメラ	
情報表示設備	表示装置	←	映像送出装置	

↔：双方向通信　←：片方向通信

活に欠かせない通信手段となっている。さらに音声だけではなくデータの伝送も可能となり、通信手段として広く利用され、多様化する社会生活におけるさまざまなニーズとエレクトロニクス技術の進歩と相まって、その利用方法、通信形態、通信速度が今後ますます進化していくことが予想される。

電話設備の構成は以下の3つの要素に分類される。
・端末システム：マンマシンインターフェース
・伝送システム：通信媒体
・交換システム：電話回線交換機

端末システムは、デジタル多機能電話機やアナログ内線電話機、デジタルコードレス電話機のように、利用者が日常使用するものである。

伝送システムは、電話交換機と端末システムを結ぶ伝送媒体であり、外部局線ケーブルを収納する主配線盤（MDF）と、構内内線ケーブルを収納する構内端子盤（IDF）、および通信ケーブルや無線通信装置で構成されている。

交換システムは、外部の通信回線と建物内（構内）の端末システムの回線交換機能を有し、事業所で使用される大型の交換機は、デジタル信号をスイッチングできる性能を持ったデジタル式電子交換機が主流となっている（図33）。

最近では、データ用IP通信網（インターネットのパケット通信プロトコル：IPを利用する通信網）と統合した電話システムに移行が進み、さらに高度なサービスが利用可能となっている。

②回線数の算定方法

電話設備の回線は、公衆回線網より建物に引き込む局線と交換機以降の内線に分類され、内線数は、建物の用途や建物内の利用者の人数、FAX設置台数（内線数の設定）を、局線数は通信の利用頻度を考慮して算出する。

○内線数の算定

建物用途より、標準内線回線数、電話機台数およびFAX設置台数を想定し、さらに将来の余裕を見込んで設定する。

○局線数の算定

局線数の設定については、内線数の合計値よりトラフィック理論にもとづき算出する方法があるが、その他に、統計データから想定する簡易的な方法で概数を設定することもある。

③建物内電話幹線の配線形式と特徴

建物内の電話配線は一般に市内電話線路ケーブル（CCPケーブル）を使用し、その配線方式は表13に示すように、建物規模や内線数（配線数）を考慮して設定する。

④IP電話と移動体通信

事業用の電話設備においても、従来のアナログ回線を利用した電話設備に替わり、IP通信網上に音声パケットを流し通話するIP電話システムが急速に普及し始めている（表14）。

移動体通信は、音声やデータを無線方式で通信する方式で、業務無線・特定小電力無線・第三者無線・市民バンド・アマチュア無線なども含まれる。移動体通信で最もなじみのあるものでは、携帯電話がある。

2. 構内情報通信網設備（LAN）

①システムの概要

建物内の構内情報通信網は一般にLAN（Local Area Network）と称され、同一構内、同一敷地内の限定された範囲における、コンピュータ等の端末同士をハブ（集線装置）やルータ（中継機器）によって接続し、ファイルやプリンタ共有を行う通信網を示す。

また、通信網の範囲を都市または国家に拡大し、地理的に離れている端末同士をつないだものは、WAN（Wide Area Network）と表現される。

②LANの種類と特徴

ネットワークの規格はIEEE（Institute of Electrical and Electronics Engineers）で国際標準規格が定められており、建築設備において利用される規格は主にIEEE 802.3（CSMA/CD）の有線によるLANと、IEEE 802.11（Wireless LAN）の無線LANの規格である。

③基本構成機器と用語の解説

図34（次々頁）に、オフィスビルにおけるLANの

基本構成例を示す。

オフィスビルにおけるLANは、一般には幹線に光ファイバケーブルを利用した方式が採用され、フロアごとに設置されたLANスイッチ以降にパッチパネルを経由して、メタルケーブルを利用した方式が採用されている。インターネット（WAN）とはルータを介して接続され、ファイアウォールによりネットワークのセキュリティを確保している。

3. 放送設備

建物内の音を扱う設備として、表15（次々頁）に示す各種放送設備がある。拡声放送のうち非常用放送設備は、建物用途および規模により法的に設置が義務づけられる設備であり、一般業務用放送設備と兼用して設置されることが多い。

図33　電話設備の基本構成例

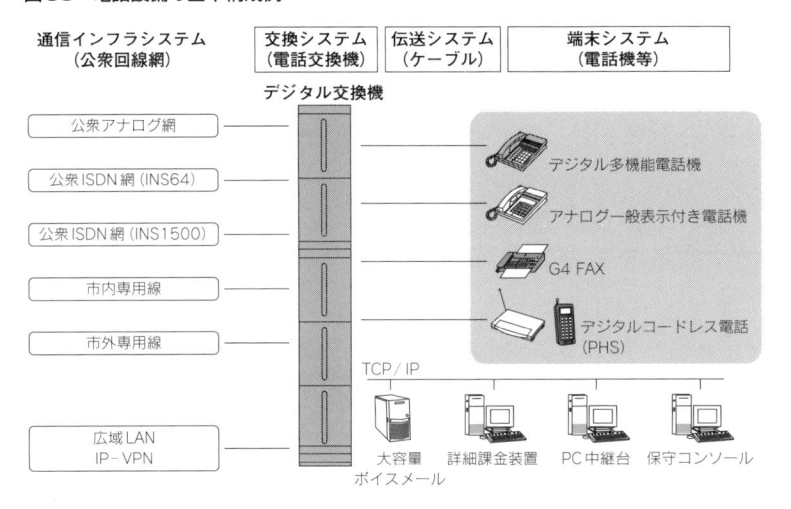

表14　IP電話とアナログ電話の比較

	IP電話システム	既存のアナログ電話
構内配線	・配線はイーサネットケーブル	・配線は従来の電話線
拠点間	・IP網を利用する場合、拠点間の距離に関係せず通信費は一定になる。	・専用線を利用する場合、拠点距離が遠くなるほど通信費が高くなる。
公衆網[※1]	・公衆IP電話網（050サービス網）を利用する場合、相手側の距離に関係せず通信費は一定になる。ただし、相手側が同キャリアの050サービスを利用していれば通信費は無料。	・既存の一般公衆電話網を利用する場合、相手側との距離が遠くなるほど通信費は高くなる。

※1　公衆網には公衆IP電話網（050サービス網）と既存の一般公衆電話網の2つがある。

表13　電話幹線の配線方式と特徴

	システム例	概要	フレキシビリティ	デジタル通信	コスト	最適な建物	最適な規模
単独式	IDF 100P-100P-100P-100P—MDF 400P	MDFから各IDFに直接配線する	将来の増設が困難なため、当初からIDF、MDFおよびケーブルに余裕を持たせることが多い	問題なし	中	・各フロアでの需要が大きい建物 ・フロア内の配線需要の変動が大きくない建物	中～大
複式	IDF 200P-200P-200P-200P—MDF 200P	各IDF間を送り配線し、各階の配線需要に応じIDF間の配線を融通し合う	ビル全体で配線需要に応じた変更ができる。需要の較差が大きくても対応できる。全IDFが大きくなる短所がある	同上	高	・フロア別配線需要の変動が大きい建物	小～中
低減式	IDF 50P-100P-150P-200P—MDF 200P	IDF間のわたり配線を低減する方式	MDFに近いIDFのほうが配線需要の増大に対応でき、遠いほど難しい。各IDFの大きさがだんだん小さくできるメリットがある	同上	低	・フロア別配線需要の変動が大きい建物	小
併用式	IDF 50P-100P-200P-200P—MDF 200P	複式と低減式を併用した方式	複式のフレキシビリティと低減式のコストメリットの両方を折衷させたもの	同上	中	・フロア用途が異なったり、配線数較差が大きい建物	小～大

―― 実装配線　……　予備配線ルート　P：端子およびケーブルの対数

映像・音響設備では、オフィスビルの会議室におけるAV設備として、会議資料提示用のビデオプロジェクタ等の映像装置や、会議発言用のマイクロホンやスピーカ等の音響装置が設置されることが多い。最近では音響装置のデジタル化が進み、デジタルアンプ等の機器よりネットワーク配線（UTPケーブル）を介して、品質劣化がなく設定が容易なデジタル信号をスピーカに直接伝送する、デジタル音響システムも普及してきている（図35）。

4. テレビ共同受信設備

①システムの概要

　テレビ共同受信設備は、建物に設置された1組のアンテナで受信した電波を分配し、建物内の多数の受像機で受信するためのシステムである。

②テレビ電波の種類

　テレビジョン用の電波は、地上波と衛星波に分類される。現在、地上テレビジョン放送に利用されているチャンネルは全部で62チャンネルあるが、2011年7月以降は、現在の13〜52チャンネルのUHF帯（470〜710 MHz）を地上デジタルテレビジョン放送として利用し、1〜12チャンネルのVHF帯（90〜108 MHz、170〜222 MHz）および53〜62チャンネルのUHF帯（710〜770 MHz）は、テレビジョン放送以外の通信に利用される予定である。

　衛星放送としては、BSAT-1a（BSアナログ）、BSAT-2c（BSデジタル）の放送衛星（BS）と、JC-SAT-3A、4A（スカイパーフェクトTV）、N-SAT-110（110度CSデジタル）の通信衛星（CS：Communications Satellite）が利用されている（図36）。

③システム構成

　テレビ共同受信設備は、電波受信用親アンテナ（VHF、UHF、BS、CSアンテナ）部で各放送電波を受信した後、増幅器（テレビブースター）、混合器を経由して同軸ケーブルで伝送される。各室に設置されたテレビコンセント直列ユニットにテレビ受像機を接続すると、電波が出力される（図37、次々頁）。

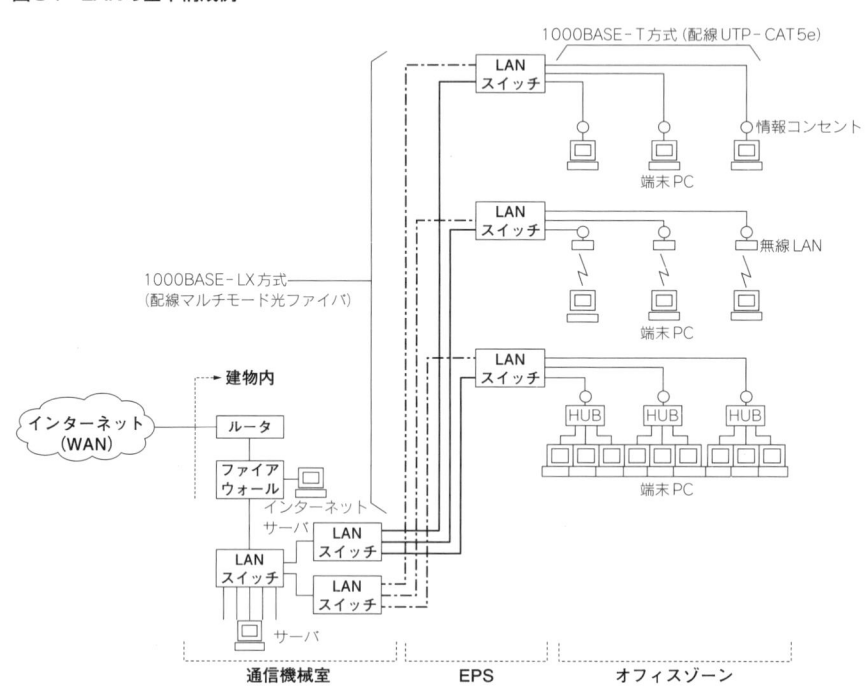

図34　LANの基本構成例

(3) 各種通信・情報設備の関係法規

通信・情報設備に関連する法規として、電気通信事業法と電波法がある(表16)。

電気通信事業法の目的は、その第1条に「電気通信事業の公共性にかんがみ、その運営を適正かつ合理的なものとするとともに、その公正な競争を促進することにより、電気通信役務の円滑な提供を確保するとともにその利用者の利益を保護し、もつて電気通信の健全な発達及び国民の利便の確保を図り、公共の福祉を増進することを目的とする」と定められており、電波法についても同様に、その第1条に「電波の公平且つ能率的な利用を確保することによって、公共の福祉を増進することを目的とする」と定められている。

これらの法整備の目的は、利用者である国民に、いつでも、どこでも公平に電気通信および電波が利用できる環境を提供することにある。

表15 放送設備の種類

設備名称	種類	主目的	主要機器
拡声放送設備	一般業務用放送	建物内の呼出し、伝達放送やBGM放送	業務用放送アンプ、放送スピーカ、BGM装置、出力制御器
	非常用放送	火災等の非常時の情報伝達	非常放送アンプ、非常放送スピーカ
映像・音響設備	AV設備	講演者の拡声、会議での発言の拡声、映像資料の拡大提示	ビデオプロジェクタ、DVD、書画カメラ・CD・MD、マイクロホン、スピーカ
	ホール音響・映像	観賞用の高品質な音声、音楽の拡声、観賞用の高品質な映像の表示	放送操作卓、マイクロホン、音響スピーカ、映像装置

表16 通信・情報設備の関係法規

法律・規格名称	所管	施行令・規則他
電気通信事業法	総務省	端末設備の接続基準および端末機器技術基準適合認定
電波法	総務省	電波障害防止法規

図35 デジタル音響設備概念図の例

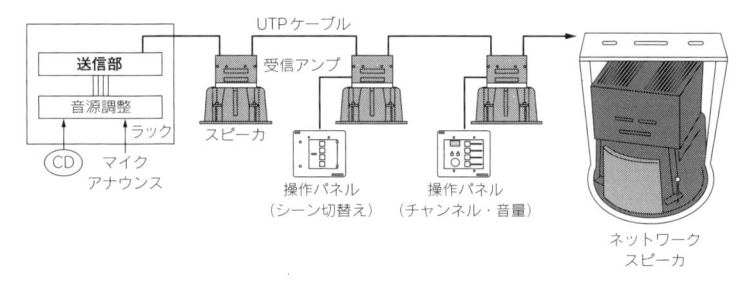

図36 放送衛星および通信衛星の位置

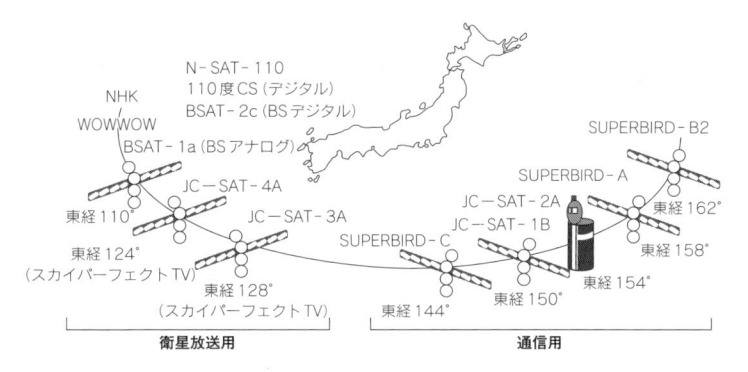

5 監視制御設備

建物内には、空調設備や照明設備、防犯・防災設備や受変電設備など、建物の機能を維持するためのさまざまな設備があるが、監視制御設備により、これら各種設備の制御、監視、計測等の情報を遠方にて表示、制御等を行うことが可能となっている。

一定以上の規模の建物になると、グラフィックパネルやディスプレイ、キーボード等により構成される監視制御装置により、さまざまな制御、監視、計測等を集中して行う（図38）。監視制御設備の省エネルギー効果を生み出す最適運転や防犯設備との連動制御、さまざまな管理機能を持たせることによるビル管理の後方支援機能等により、ビル設備の効率的な運用が可能となる。

また、監視制御設備は、空調設備や照明設備などの用途、機能により個別のシステムを構築することができるが、近年ではコンピュータ技術やデータ伝送技術の進歩により、それぞれ独立した制御システムをネットワークで結び統合管理する、自立分散型システムが主流となってきている。

(1) 監視制御設備の機能

監視制御設備の機能は、大別して、1.状態・警報の監視、2.運転制御、3.計測および計測値の積算・監視、4.ビル管理業務支援機能、5.各種表示機能がある。

1. 監視機能

監視制御設備の基本的な部分であり、小規模な建物

図37 テレビ共同受信設備の基本構成

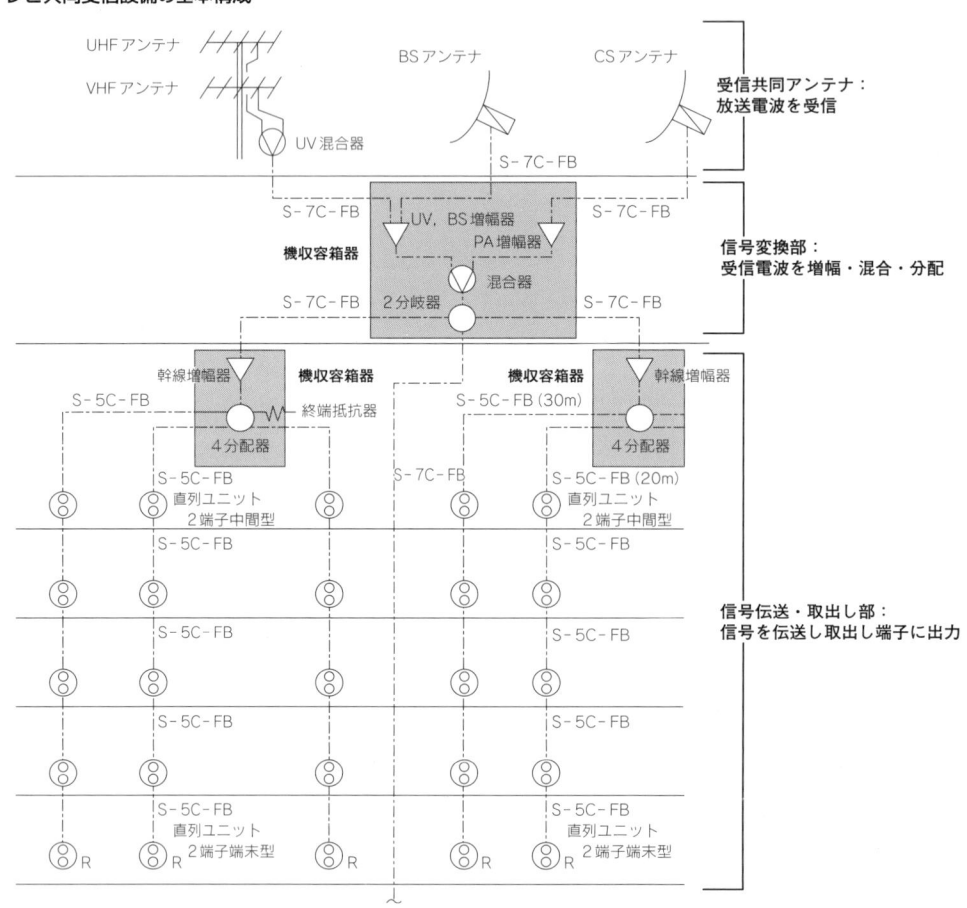

で設備も単純である場合、状態・警報の監視のみを簡易な警報設備で行う場合もある。以下に代表的な監視機能を示す。

①状態・警報監視

　機器の運転・停止、遮断器の入切等の状態、各種設備の異常発生および復帰を監視し、警報を発する。

②発停異常監視・状態不一致監視

　機器操作に対して、一定の時間内に動作しない場合あるいは操作と異なる状態になった場合に、動作異常として警報を発する。

③外部警報出力

　設備異常時に、他システムや警備会社等外部へ警報を移報する。

2. 運転制御

　制御には、オペレータ（ビル管理者）の直接的な判断と操作による手動操作と、コンピュータ等による自動的な判断と操作が行われる自動制御がある。実際の設備機器の運転制御においては、省エネルギー制御や防災制御などのさまざまな自動化が図られており、ビル全体の設備を総合的に制御している。

以下に代表的な制御を示す。

①基本制御

1) 手動個別発停操作

　機器の発停、ダンパーの開閉および遮断器の入切等の操作を行う。

2) グループ発停操作

　複数の機器をグループ化し、一括発停操作を行う。

3) スケジュール制御

　設定された曜日・日時スケジュールに従って、空調、照明等の自動発停制御を行う。

図38　監視制御設備の構成例

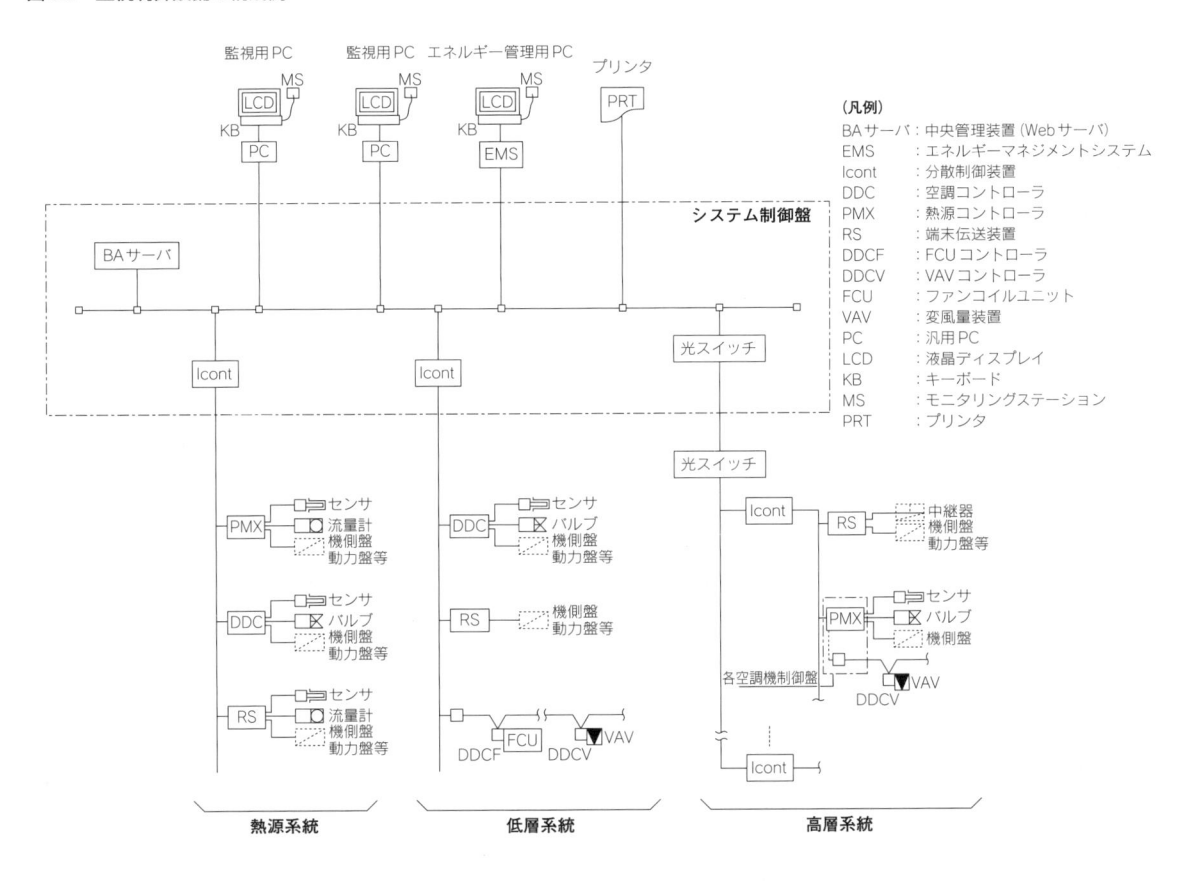

（凡例）
BAサーバ ： 中央管理装置（Webサーバ）
EMS ： エネルギーマネジメントシステム
Icont ： 分散制御装置
DDC ： 空調コントローラ
PMX ： 熱源コントローラ
RS ： 端末伝送装置
DDCF ： FCUコントローラ
DDCV ： VAVコントローラ
FCU ： ファンコイルユニット
VAV ： 変風量装置
PC ： 汎用PC
LCD ： 液晶ディスプレイ
KB ： キーボード
MS ： モニタリングステーション
PRT ： プリンタ

4）季節切替え制御

　指定した日時に自動的に送風、冷房、暖房、熱源の季節切替えを行う。

②連動制御・自動制御

1）連動制御

　ある機器の発停と関連して別の機器の連動自動発停制御を行う。

2）台数制御

　たとえば熱源が複数台ある場合において、負荷熱量に見合った最適な台数運転となるように制御したり、冷温水が変流量方式の場合においては、変化した流量に応じて必要台数のポンプを運転制御する。

3）外気取入れ制御

　外気と室内空気の比エンタルピーを比較して、外気が室内冷却に有効に利用できるか否かを判断し、有効な場合には外気取入れを行う。

4）停復電制御

　商用停電時に、設定された負荷の切離しを行い、復電時には設定に従って負荷の再投入を行う。

5）火災連動制御

　火災の発生を感知した電気信号により、空調機やファン等を停止する（図39）。

3. 計測および計測値の積算・監視

　ビル管理の基本的な部分であり、電気、水道、熱等のエネルギー情報を収集し、管理を行う。この情報はテナントビルではテナントへの課金情報となる他、エネルギーの需要予測や省エネルギー対策のための基礎情報となる。以下に代表的な計測および設定を示す。

①計測

　温度、湿度、電流、電圧等を計測する。

②計測上下限設定

　計測値に対して上下限値を設定し、計測値がその値を逸脱した場合に警報を発する。

③積算

　電気、水道、ガス等のメータ値の積算を行う。

④電力デマンド監視

　使用電力量の推移から需要電力（デマンド）を予測し、デマンド値（最大値）を超えるおそれがある場合に警報を発する。

4. ビル管理業務支援機能

　ビル管理業務における設備機器の維持管理や、テナントに対する課金などの支援機能の他、今後一層求められるであろうエネルギー管理の支援機能がある。以下に代表的なビル管理業務支援機能を提示する。

①課金

　電力の使用量を電力メータにより計測し、その計測データを集中管理し、各使用者向けの料金計算を行い、請求書を発行する。

②エネルギー解析機能

　各種センサやエネルギー消費量のデータを収集、蓄積し、その分析によって室内環境とエネルギー消費の最適化を図り、省エネルギー運用の支援を行う。

5. 表示・印字機能

　表示機能や印字機能は、監視制御装置でオペレータが直接的な操作を行ったり、ビル管理業務支援機能を扱う際に、必要不可欠な機能である。以下に代表的な表示機能を上げる。

①グラフィック表示

　設備ごと・階ごとに系統図、平面図を表示し（図40）、機器の状態や計測値をシンボルの色変化等で表す。

図39　火災連動制御のイメージ

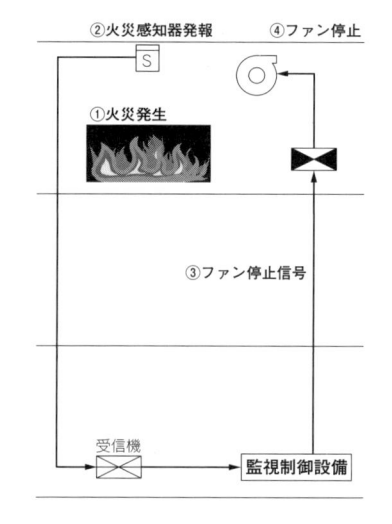

②各種リスト表示

設備ごとの状態、計測項目一覧や警報履歴等の各種リストを表示する。

③各種印字

警報や機器の発停情報などのメッセージを印字したり、日報、月報を所定の形式で印字する。

④表・グラフ作成機能

電力等の計測値や積算値にもとづき、表やグラフを作成し表示する。

(2) 監視制御設備の概要

建築基準法では、高さ31mを超える建築物および延べ床面積が1,000m²を超える地下街については中央管理室を設け、建物やビル設備の状況を把握し、遠隔制御するための設備の設置が求められている。

近年では、効率的な管理運営上、法的な監視項目に加えて一般設備の監視、制御も含めた監視制御設備（中央監視システム）を設置することが多い。

具体的な監視、制御は、以下の設備が対象となる。

・空気調和設備
・熱源設備
・換気送風設備
・給排水衛生設備
・照明設備
・電源設備
・防災設備
・防犯設備

中央監視システムは、前項で示した監視制御設備としての機能を有するものであり、主な構成機器として1.表示装置、2.信号処理装置、3.記録装置（プリンタ）、4.電源装置等から成る。

1. 表示装置

表示装置は、グラフィックパネル、ミニグラフィックパネル、ディスプレイ、キーボード等の全部または一部により構成される。

①グラフィックパネル

設備全体の系統図や平面図などをわかりやすく図示したもので、パネル面にLED表示灯や操作スイッチを設けたものである（図41）。

②ディスプレイ

近年は液晶ディスプレイが主流となっており、タッチパネル式により表示画面から機器の操作等を行う場合もある。

③その他

受変電設備の遮断器等の重要機器の操作を行う場合には、鍵による操作許可や、ツーアクション処理（操作を行った後に再度確認処理を行うことで操作が有効となる処理）、キーカバー等により、誤操作を防止することが多い。

図40　グラフィック表示画面例

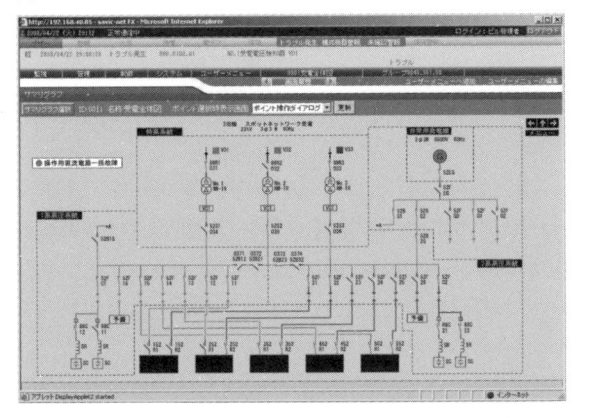

図41　グラフィックパネル

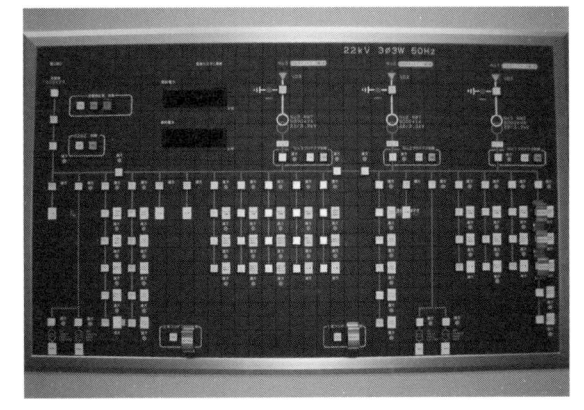

2. 信号処理装置

信号処理装置は、中央処理装置、補助記憶装置、伝送装置、分散処理装置等により構成され、制御、演算、記憶を行うものである。

①中央処理装置

装置内で機器から信号を授受し、受け入れたデータを比較、演算、処理して状態表示、警報、制御等に必要な信号を出力する。

②補助記憶装置

光ディスク等の外部記憶装置を設け、中央処理装置の記憶容量を補う。

3. 記録装置（プリンタ）

記録装置は警報や機器の発停情報などのメッセージを印字したり、日報、月報などの帳票類を所定の形式で印字する。

4. 電源装置

中央監視システムには停電時にも連続的に交流電力を供給しなければならないため、交流無停電電源装置（UPS）を設ける必要がある。さらに長時間の停電であっても機能を維持できるように、発電機電源を供給することが望ましい。

（3）中央監視室のスペースについて

中央監視室には、前項で示した構成機器を合理的に配置するとともに、各機器回りには十分なメンテナンススペースを確保することが必要である。また、将来の機器更新時に備え、更新スペースを考慮することも必要となる。

合理的な機器配置のためには、ビル管理者の人員構成を考慮し、その監視制御業務が円滑に行えるよう、視覚作業域や操作性などの人間工学的な検討も求められる。また、中央監視室には監視制御業務そのものにかかわるスペースの他に、実際には事務机や打合せスペースなどの一般業務スペースも必要である。

これらを十分に配慮したレイアウト計画が求められる（図42）。

その他、照明器具の形式および配置において、ディスプレイ等の監視画面への映り込みなどの悪影響を及ぼさないよう、留意する必要がある。

（4）システムのオープン化について

建物内に設置するシステムは、空調監視や照明制御のように、制御方法や表示方法などの違いにより、それぞれの専門メーカーにより専用のシステム（サブシステム）が構築される。中央監視室に設置する中央監視システムでは、さまざまな設備システムを一括で監視・制御を行うことを目的としているが、これら各専用システム間の接続が問題であった。

近年の中央監視システムは、メーカーにて構築される専用のシステム（クローズドシステム）間の接続を容易にした、オープン化システムへの移行が進んでいる。

従来の専用システムには、設備システムごとにメーカー独自の通信方式が採用されていたので、これら専用システム間の接続を行うために、インターフェースが必要となっていた。オープン化システムでは、それぞれが独自の通信方法を持ち寄るのではなく共通の通信方法を採用することにより、個別に専用のインターフェースを構築しなければならない問題を解決した。共通の通信方法をオープン化システムと呼んでいる（図43）。

BACnet（Building Automation and Control networking protocol）とは、ASHRAE（アメリカ冷暖房空調工業会）により、BAS（ビル管理システム）用ネットワークのために規格化された標準通信仕様である。個別の設備システムをサブシステムとしてひとまとめにし、中央監視システムとサブシステム間の基幹通信方式に使用する。

またLon Worksは、アメリカ・エシェロン社が開発したネットワーク技術であり、末端の設備機器ごとに制御可能な通信媒体を設置し、設備機器単位に上位系からの制御を可能としている自立分散型の制御システムである。各メーカーがアメリカ・エシェロン社の管理する通信媒体を購入し、設備機器に設置すること

で、メーカー間の通信が可能となる。

6 防災・防犯設備

建築物はさまざまな人々により利用されるが、近年、都心を中心に大型化や高層化、また用途の複合化が著しく進んでおり、防災・防犯設備が重要になってきている。

防災設備は、日常的に建物を利用している中で使用することはないが、火災・地震などの災害発生時には機能を十分に発揮し、被害を少なくすることができるように配慮しなければならない。

また防犯設備は、建物の利用者が安全に利用できるようにするだけではなく、入居している企業やテナントに不審者が入り込まないようにすることなどにも配慮する必要がある。

一般に、建築・設備計画において、外部への避難・消防隊による消火活動を優先させるとセキュリティ性能が低くなる傾向にあるが、高い防犯性能を保ちつつ、安全な建築・設備計画を立案する必要がある。

(1) 防災設備

1. 建物用途と防災設備項目

防災設備は、火災・地震などの災害時に必要な警報・避難誘導・消火などを行う設備であり、主に建築基準法および消防法により、建物の用途、規模に応じて必要な防災設備が定められている。まず消防法にもとづく用途区分表（消防法施行令 別表第1）により防火対象物の何項に該当するかを確認し、各防災設備の設置基準に合った計画をする必要がある。また建物用途によって一定規模以上になると、条例で防災センターによる常時監視を義務づけている場合があるので注意が必要である。

建築計画では、建物用途によって必要となる防災設

図42 中央監視室レイアウト例

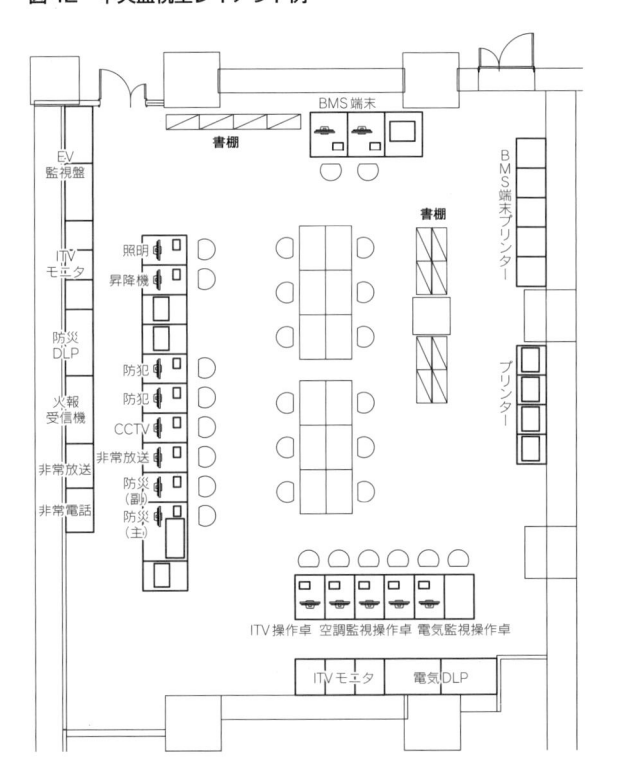

図43 オープン化システムの例
BACnet

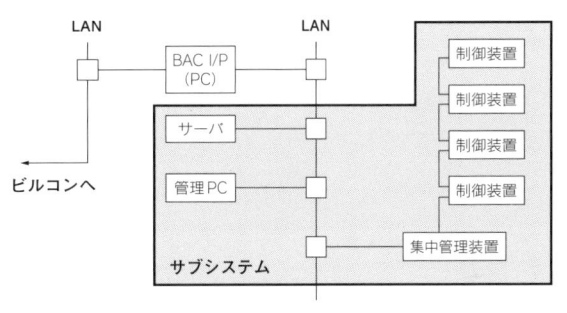

Lon Works

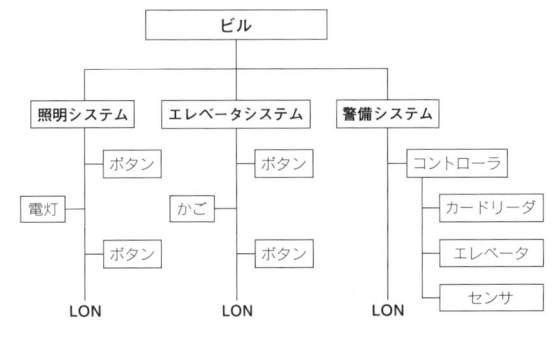

備を考慮して、建築プラン（たとえば、消火設備や排煙設備に適合したポンプやファンの設置場所や非常用発電機など）を立案する。表17に、建築基準法および消防法による防災設備の項目と概要を示す。

2. 中央管理室と防災センター

消防法では、建物の高さ、規模、用途により、火災時における消防隊の消防活動の拠点となる防災センターの設置が義務づけられている。

防災センター内には、建物内の防災設備の諸設備を一括監視・制御を行うことが可能な防災システム装置として、総合操作盤が要求される。

一方で、建築基準法でも中央管理室の設置が建物の規模、高さにより義務づけられている。中央管理室に必要な機能としては以下のとおりである。
・機械換気設備の制御および監視
・中央管理方式の空調設備の制御および監視
・非常用エレベータの呼戻し装置およびかごとの連絡装置など

防災センター（消防法による）あるいは中央管理室（建築基準法による）は、日常においては建物管理を集中的に行うことが可能なコントロールセンターとして使用されるが、火災時や災害時になると、消防活動および復旧活動における拠点となる重要な部屋である。近年の建物では、中央管理室は防災センターと同室として計画されることが多い。

中央管理室は電気室や機械諸室の直近に設置すべき設備機器の状態監視および保守のための部屋である。

防災センターは条例等により、避難階またはその直上階、または直下階に位置し、外部からの出入りが容易であり、非常用エレベータ、特別避難階段と容易に連絡できる位置に計画する必要がある。一般に防災センターには24時間人が常駐していることが多いため、仮眠室や休憩室等と合わせて計画する必要がある（図44）。防災センターは防火区画にて形成された専用室としなければならないため、火災の原因となり得る仮眠室などを併設しないことや、上階に便所などを設置しないことなどの条件が設けられている。

3. 自動火災報知設備と防排煙連動

①自動火災報知設備

自動火災報知設備は、感知器により火災を自動的に検知するとただちに、音響装置により建物内へ自動的に警報を発する。火災発生の初期段階で、館内の人たちを安全に避難させることを目的としている（図45、次々頁）。一般に、自動火災報知設備の感知器動作が、避難活動や初期消火活動、消防署への連絡など、ビル全体の消火活動を始める合図となっている。

表17　主な防災設備項目および概要

根拠法規	設備項目	設備概要
建築基準法による防災設備	非常用の照明装置	停電時に居室から外部までの避難経路に必要な照度を確保する設備
	排煙設備	居室などの火災時の煙を屋外へ排出する設備
	防火戸・シャッター	防火区画を形成する設備
	非常用の昇降機	消防隊の消火活動に使用する昇降機設備
	避雷（雷保護）設備	建物を直撃雷より保護する設備
	中央管理室	機械換気設備の制御、非常用の昇降機等の監視・制御を行う室
	予備電源	災害による停電時にも電力を供給する設備
消防法による防災設備	非常電源	建築基準法における「予備電源」と同義
	自動火災報知設備	受信機、感知器、発信機等から成り、火災発生後に自動的に知らせる設備
	ガス漏れ火災警報設備	ガス漏れを早期発見し、自動的に知らせる設備
	誘導灯	居室から外部までの避難経路を誘導する設備
	非常警報設備	非常ベル、自動式サイレン、非常放送設備により火災状況を知らせる設備
	排煙設備	消防法上必要な場所の火災時の煙を屋外へ排出する設備
	屋内消火栓設備	初期消火活動に使用し、ポンプを起動させることにより散水・消火活動を行う設備
	スプリンクラー設備	火災場所のスプリンクラーから自動的に散水・消火を行う設備
	不活性ガス系消火設備	水消火により復旧が困難になる電気室・通信機械室等への代替設備として、二酸化炭素や窒素により消火を行う設備
	泡消火設備	駐車場用途に用いられ、水と泡消火薬剤の水溶液を泡状に噴射し消火を行う設備
	屋外消火栓設備	建物の外部に設けた消火栓で、外部から散水により消火を行う設備
	非常コンセント設備	消防隊が消火活動上使用するコンセントで、避難階段や非常用昇降機の附室に設置する
	連結送水管	3階以上に放水口を設置し、外部から送水を行い消火活動を行う設備
	無線通信補助設備	地下街に設置され、消防隊の無線連絡を容易に行うための消防活動の補助設備
	防災センター	建物の規模により設置が必要となる

自動火災報知設備は、主に火災を感知する感知器と、火災情報を知らせる地区音響装置、火災情報を監視する受信機により構成される。感知器は、火災を発見する方法により、熱を感知する熱感知器、炎から発生する赤外線量を感知する炎感知器、火災時に発生する煙を感知する煙感知器などに区分される。地区音響装置は、建物内の収容人員により設置が義務づけられる非常警報設備（地区ベルや非常放送設備など）で代用することが多い。受信機は通信種別により中小規模向けのP型受信機、大規模向けのR型受信機に分けられる。

②防排煙連動

自動火災報知設備により火災が発見されると、ただちに消火活動が開始され、自動的に他の防災設備へも信号移報を行い、他設備の起動・停止など円滑な消火活動をサポートすることになる。

現在の法規では、延焼拡大防止および煙汚染拡大防止を目的として、一定面積ごとに防火区画・防煙区画を設けなければならない。防火区画は、常閉の防火戸などにより常に区画する必要がある。しかし、日常動線として使用する場所は使い勝手が悪いため常開の防火戸とし、感知器連動により閉鎖することが多い。感知器連動で行う防排煙としては、防火戸、防火シャッター、防煙シャッターなどがある。

また、火災時は延焼拡大を防ぐため、室内空気の拡散および新鮮空気を遮断する必要がある。このため空調機および給排気ファンを停止させる。

④誘導灯設備

誘導灯は、建物の規模・用途によって消防法により設置が義務づけられており、火災や地震などの災害発生時に、建物内にいる人を安全に避難させることを目的としている。

誘導灯は、消防法上の居室から屋外へ有効に避難する経路に設置義務があり、使用する場所により種類や大きさが決められている。避難口を示す避難口誘導灯、避難口の方向を示す通路誘導灯、劇場などの足元に設置される客席誘導灯の3種類に分けられ（図46、次頁）、1つの誘導灯で誘導する範囲（視認距離）により、大きさがA級（約40cm角）、B級（約20cm角）、C級（約10cm角）に分けられる。

誘導灯の電源には非常電源が必要で、停電後も20分以上の点灯が可能でなければならないが、一定条件以上の大規模建物の場合は、屋内から直接地上に通じる出入口部分に設置する避難口誘導灯は60分以上点

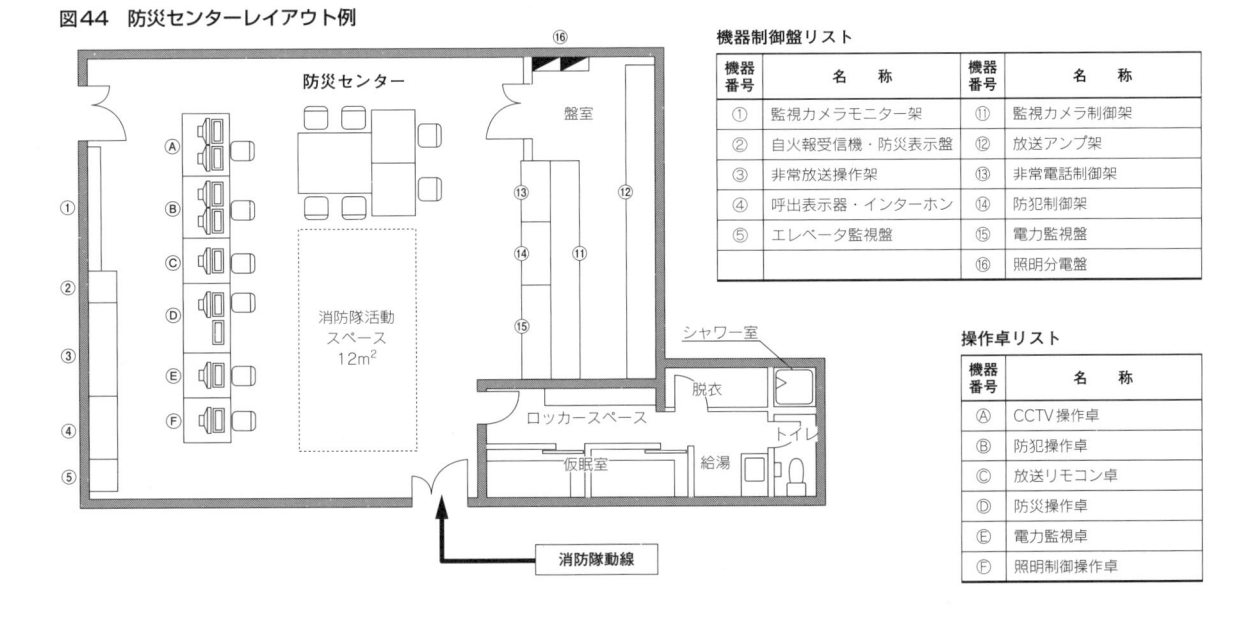

図44　防災センターレイアウト例

機器制御盤リスト

機器番号	名称	機器番号	名称
①	監視カメラモニター架	⑪	監視カメラ制御架
②	自火報受信機・防災表示盤	⑫	放送アンプ架
③	非常放送操作架	⑬	非常電話制御架
④	呼出表示器・インターホン	⑭	防犯制御架
⑤	エレベータ監視盤	⑮	電力監視盤
		⑯	照明分電盤

操作卓リスト

機器番号	名称
Ⓐ	CCTV操作卓
Ⓑ	防犯操作卓
Ⓒ	放送リモコン卓
Ⓓ	防災操作卓
Ⓔ	電力監視卓
Ⓕ	照明制御操作卓

灯しなければならない。

⑤非常用の照明装置

　非常用の照明装置も、建物の規模・用途により設置が義務づけられている。誘導灯設備と設置の目的は同じだが、誘導灯設備は消防法、非常用の照明装置は建築基準法により設置が義務づけられている。

　消防法と建築基準法の居室の定義が違うため、非常用の照明装置の設置義務がない場所であっても、誘導灯の設置が必要となることがある。

　非常用の照明装置（図47）は、建築基準法上の居室から屋外まで、有効に避難する経路に設置が求められており、床面において1lx（蛍光灯の場合2lx）以上の照度を確保できるように配置する必要がある。

　非常用の照明装置の電源には予備電源が必要で、停電時でも30分以上の点灯が義務づけられている。

⑥その他の電気設備における防災設備

　前述の他にも、防災設備としては、ガス漏れを検知するガス漏れ警報設備、地下街など消防隊の無線通信が困難な場所を対象とする無線通信補助設備、消防隊が消火活動に必要な電源を供給する非常コンセント設備などがある。

（2）防犯設備

1. 建物用途とセキュリティ計画

　防災という観点からは、避難しやすい建物や火災発生時に消火活動が容易に行える進入しやすい建物が望まれるが、防犯という観点からは、一般にこのような建物は防犯性能の確保が難しい。

　安全な避難動線、および消火活動上問題がない計画を保ちつつ高い防犯性能を確保するために、計画段階から建物用途や重要度を考慮したセキュリティ計画を作成し、建築プランとの整合を考慮する必要がある。

2. セキュリティ計画とセキュリティレベル

　セキュリティ計画では、建物の日常使用動線や重要諸室への動線に対して、セキュリティレベルを設定する。たとえば、建物としてセキュリティが一番低い敷地境界線上にセキュリティレベル1を設定し、以降、主要な自動ドアや扉（電気錠）で利用者の入退出制限を行いながらセキュリティレベルを上げていく。

　セキュリティ計画では、建物利用者以外の外部来訪者や郵便・宅配配達員などの動線や、最終退出の動線

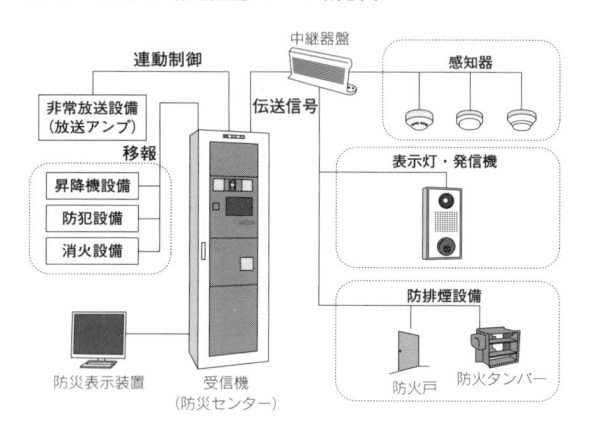

図46　誘導灯設備
避難口誘導灯 
通路誘導灯 
客席誘導灯

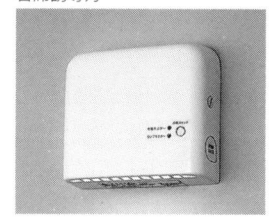

図47　非常用の照明装置
天井埋込型 
天井露出型

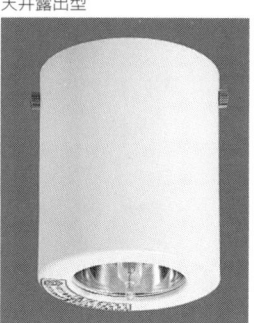

図45　自動火災報知設備システム概念図

も合わせて考慮しなければならない。

図48に一例として、複合用途(主用途：オフィス、店舗)におけるセキュリティレベル概念図とそれぞれのレベルの計画概要を示す。

3. 防犯設備を構成する主要機器

防犯設備は、主として建物への入館者に対し利用場所を制限する出入管理と、犯罪や不正行為の抑制対策や建物内の使用状況を監視する監視カメラシステム・セキュリティセンサシステムにより構成されている。

4. 出入管理システムの概要

出入管理システムは、出入管理を行う扉に認証装置を設置し、さまざまな認証方法によりその扉の通過権限を確認し、権限を有する者だけを通過させるシステムである(図49、次頁)。一定規模の建物の場合、管理する扉が多くなるため、防災センターなどに監視装置を設け、すべての扉の通行状態や通行権限・履歴を管理することも行われる。

①カードシステム

従来の認証方法としては主に磁気カードが用いられてきたが、近年では非接触カードが用いられることが多く、社員証や通行証として使用されている。非接触カードは、使用する周波数帯域や規格により種類が分けられている。

非接触カードの主な種類としては、世界で主に利用されているマイフェア(Mifare)、国内で主に利用され電子マネーの規格にもなっているフェリカ(FeliCa)などがある。公共交通機関で利用されている非接触式定期券も、フェリカ規格を採用している。

②生体認証装置

特別に重要な部屋の出入管理を行う場合に、生体認証装置を採用することがある。生体認証装置により、事前に個人特有の生体データを登録することで、なりすましを防ぐことが可能となる。近年使用されている生体認証方法としては、指紋・指静脈・掌静脈・虹彩などがある(図50、次頁)。

③セキュリティゲート

非接触カードを利用した出入管理システムを採用した場合、前方の通行者により開錠した扉に認証されていない後続の利用者がそのまま通行することが可能となってしまうため、建物の入口部分の出入管理としては適切ではない。大人数が通行しかつセキュリティを高めたい場所に、セキュリティゲートが設置される(図51、次頁)。

セキュリティゲートは、カード利用者以外の出入りを阻止するものでもある。セキュリティゲートを設置する場合の考慮すべき点として、設置場所の通行人数の想定、ピーク時の通行処理人数を確認し、出入り制限を行うところで行列が発生しない設置台数の確保が必要である。

5. 監視カメラシステムの概要

監視カメラシステムは、主に建物内の利用状況の監視、犯罪や不正行為の抑止を目的として設置される。

図48 セキュリティレベルと計画概要例

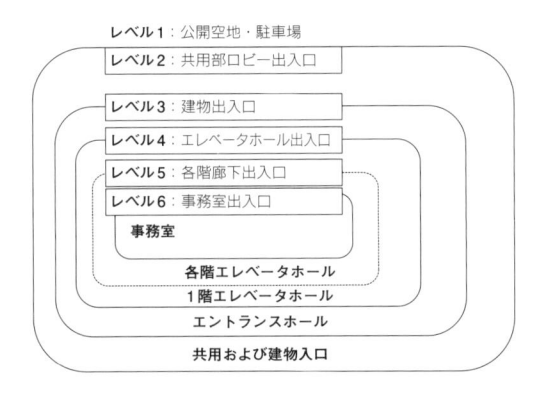

レベル1：公開空地・駐車場
レベル2：共用部ロビー出入口
レベル3：建物出入口
レベル4：エレベータホール出入口
レベル5：各階廊下出入口
レベル6：事務室出入口

事務室
各階エレベータホール
1階エレベータホール
エントランスホール
共用および建物入口

セキュリティレベル	エリア名		セキュリティ計画概要
レベル1	敷地内空地	敷地境界線上	通行制限が難しいため敷地境界内を警備員および監視カメラにより監視
レベル2	共用部ロビー	建物内の開放エリア	原則は開放。時間帯(休日・夜間)で出入口を開放/施錠を行うことで通行を制限
レベル3	建物内	ビルの出入口	時間帯(休日・夜間)で出入口を開放/施錠を行うことで通行を制限
レベル4	主エレベータホール	主エレベータホール	エレベータホールの入口部の自動ドアやセキュリティゲートにて通行を制限
レベル5	エレベータホール	エレベータホール	エレベータ内にてカード認証による停止階操作制限により通行を制限
レベル6	各事務室	事務室出入口	事務室入口にカードリーダーを設置して通行を制限

監視カメラは、施設利用者に心理的不快感をもたらさないように配置を行う必要があるが、一方で、カメラの設置を意識させることで、犯罪や不正行為の抑止を効果的に狙う場合もある。

監視カメラシステムは、主に監視カメラ、監視カメラの映像を表示して管理者が監視する表示装置、監視カメラ映像の記録を行う録画装置により構成されている（図52）。

①監視カメラ

監視カメラは、大別するとアナログカメラとデジタルカメラに分けられる。アナログカメラは、監視映像を映像情報として表示し録画装置へ出力を行う。一方デジタルカメラは、監視映像をデータとして表示し監視装置へ出力し、主装置にて映像に変換して表示装置に出力する。監視カメラは、使用場所により屋内型ドームカメラ、屋内監視カメラ、屋外監視カメラなどから適切なものを採用する。

②表示装置（モニター）

監視カメラの映像は、防災センターなどに表示装置を設置し、一括監視を行うことが一般的である。監視カメラ台数を考慮してモニター台数の設定を行うが、通常は1台のモニターに複数台の監視カメラの映像を表示させる。近年の表示装置は省電力、省スペースから液晶型モニターを使用することが多い。

③録画装置

録画装置は、監視カメラからの取得映像を保存する装置である。従前はビデオテープなどで行っていたが、近年はHDDレコーダによる保存が主流となっている。一般にHDDレコーダでは、映像を一定間隔の画像データとして保存する。再生する場合は、画像データを保存間隔ごとに再生していくため、保存間隔が短く設定されているほど動画に近くなる。HDDレ

図49　出入管理設備システム概念図の例

図50　生体認証装置

掌静脈認証装置

顔・指認証装置

虹彩認証装置

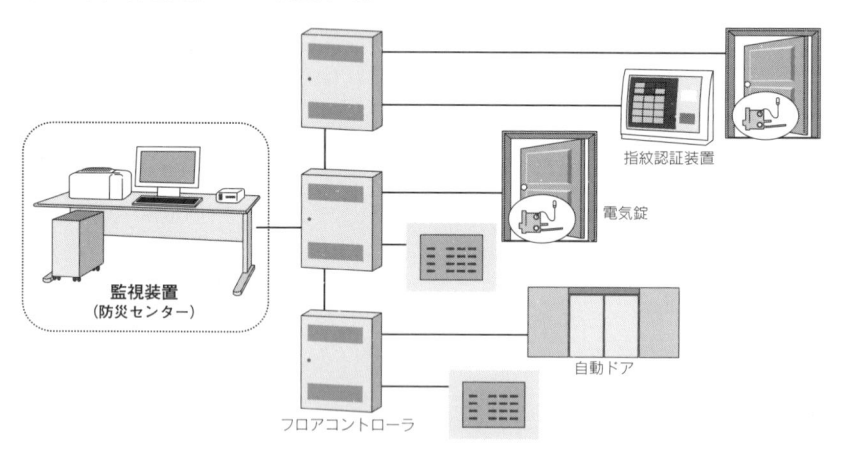

図51　セキュリティゲート

コーダの仕様は、主にカメラ台数と画像保存間隔により設定される。

表示装置と録画装置は同一ラックに収納し、防災センターなどの壁面に自立させて設置することが多い。

④セキュリティセンサシステムの概要

セキュリティセンサシステムとしては、赤外線により侵入者を判断する赤外線センサ、ガラス破壊時の音から判断するガラス破壊センサなどさまざまな機器がある（図53）。使用する場所や用途を考慮し、適切な機器を設けることで建物の防犯性能を向上させることができる。

7 雷保護・接地設備

(1) 雷保護設備

1. 法令・規格

建築基準法（1950年制定）の第33条では、高さ20mを超える建築物には雷保護設備を設けること、同施行令ではJIS-A-4201に定める構造とすることを規定している。消防法および火薬類取締法施行規則においても、危険物の倉庫には雷保護設備を設けることを義務

図52　監視カメラ設備システム概念図

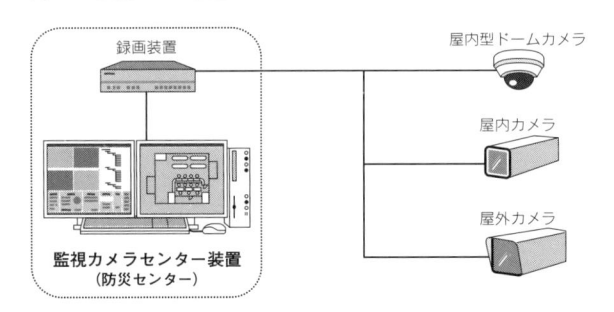

図53　セキュリティセンサ
赤外線センサ　　ガラス破壊センサ

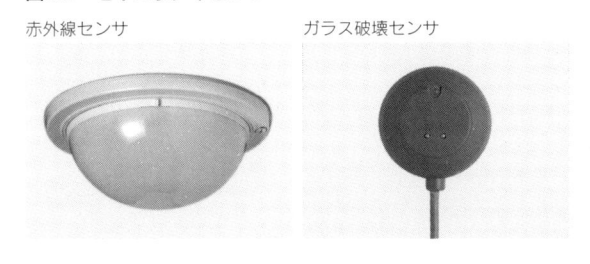

づけている。

一方、日本工業規格では、前述のJIS-A-4201（建築物等の雷保護）、JIS-C-0367（雷による電磁インパルスに対する保護）等がある。

雷保護設備の計画・設計・施工に際し、前述の法令を遵守し、規格を参考にする必要がある。

2. 保護レベルの選定

雷放電に対する雷保護の保護レベルの設定は、立地条件や建築物の種類によって、投資対効果を効率的に考えることが妥当である。そこで、表18（次頁）に示すように、JIS-A-4201では、雷保護の方法である回転球体法、保護角法、メッシュ法に応じた4段階のレベルを設定している。表18において、たとえば保護レベルⅠの保護効率0.98は、この保護レベルを採用しても雷保護の確率は100％ではなく、98％になるという意味である。保護レベルは、危険物を取り扱う建築物ではレベルⅡ、一般建築物ではレベルⅣとしているが、保護レベルの選定に当たっては、経済性、建築物の重要度を考慮して適用する必要がある。

3. 遮蔽の方法

雷遮蔽とは、雷撃から保護される空間の範囲（保護範囲）を決めることであり、フランクリン（アメリカ）、ダリバール（フランス）らが雷現象の実験を行った頃からの関心事であった。その当時から受雷部として、突針、水平導体などが使用され今日に至っている。特に突針はフランクリンロッドとして知られ、最も一般的な受雷部である。

この突針や水平導体による保護範囲を決めるに際して、古くから保護角法が用いられてきた。しかし、ヨーロッパにおいては、たとえば40mを超える教会の塔や煙突に横方向（側面）の雷撃が観測され、火災やれんがブロックの破壊があった。これらの被害から、保護角法の限界が認識された。

これに代わって考案されたのが回転球体法である。この方法は雷放電理論にもとづくものであり、保護空間を決定するあらゆる物理的条件を考慮しており、超高層ビルが林立している現代において、最も妥当な考

え方である。

また、雷の分野では「ファラディケージ」という用語がある。これは金属導体で囲まれた電気的な"鳥かご"のことである。たとえば、自動車や航空機は完全なファラディケージである。このアイデアから生まれたのがメッシュ法である。

① 保護角法

保護角法は、受雷部の先端から垂線に対する角度 α で引いた線の内側を保護範囲とする方法である。保護角法は表18に示したように、大地面から受雷部上端までの高さがレベルごとに定められており、それを超える部分に適用することはできない。その部分には、回転球体法かメッシュ法を適用する必要がある。

図54に適用例を示す。

② 回転球体法

回転球体法は、2つ以上の受雷部、または1つ以上の受雷部と大地に同時に接するように、半径Rの球体表面の包絡面から被保護建築物を保護範囲とする方法である。つまり、雷の先行放電（リーダー）の先端が大地に近づいた状態を想定して、雷撃距離Rの半径の球が建築物の受雷部、大地に接する面が保護範囲となるわけである。表18に保護レベルに対応した半径Rを示し、図55に適用例を示す。

③ メッシュ法

メッシュ法は、メッシュ導体で覆われた建築物の内側を保護範囲とする方法である。メッシュ法の適用に当たっては、そのメッシュの幅は表18に示した保護レベルに対応した寸法を用いるが、この場合、メッシュで囲まれる長方形の短辺の長さ（幅）が表18の寸法を満足するものであればよい。図56に適用例を示す。

4. 雷保護領域（LPZ：Lightning Protective Zone）

建築物に雷撃があり、建築物の構造体（鉄骨、鉄筋）にLEMP（雷撃によって発生する電磁界）による電流が流れ、周囲に電磁誘導による過電圧が発生する。この過電圧がエレクトロニクス機器に障害を与える。そこで、建築物の構造を考慮した保護領域を設けて、電磁環境を評価するためにLPZの考え方が生まれた。これらの領域では、等電位ボンディングと遮蔽対策を講じる必要がある。建築物に直撃雷があることを想定して定義したLPZは、4種類に分類されている。

LPZ0$_A$：直撃雷の侵入があり、電磁界は減衰しない。

LPZ0$_B$：保護範囲内であり、直撃雷の侵入はない。電磁界は減衰しない。

LPZ$_1$：建築物自体によるシールド効果で、建築物の構造により電磁界の減衰は可能である。

LPZ$_2$：建築物の中の遮蔽された場所であり、必要に応じシールドを行うことにより、電磁界の減衰は可能である。

外部雷保護設備のある建築物において、上述の4種類のLPZの具体例を図57に示す。

5. 等電位ボンディング

等電位ボンディングは外部雷保護対策には必要不可欠な技術であるが、内部雷保護対策においても重要である。

表18 保護レベルに応じた受雷部の配置

保護レベル	保護効率	回転球体法の半径R(m)	保護角法の高さh(m)および角度α					メッシュ法の幅L(m)
			20m α(°)	30m α(°)	45m α(°)	60m α(°)	60m超 α(°)	
I	0.98	20	25	*	*	*	*	5
II	0.95	30	35	25	*	*	*	10
III	0.90	45	45	35	25	*	*	15
IV	0.80	60	55	45	35	25	*	20

注1：＊は回転球体法およびメッシュ法だけを適用する。
注2：hは地表面から受雷部の上端までの高さ。ただし、陸屋根の部分においては、hを陸屋根から受雷部の上端までの高さとすることができる。

図54 保護角法

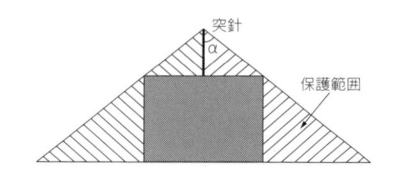

①LPZ境界における等電位ボンディング

図57のLPZに示すように、建築物に引き込まれる電力ケーブル、通信ケーブル、金属製配管などは、LPZの境界線で等電位ボンディングを施す必要がある。IT機器を対象にした場合、建築物のLPZ境界線でその電力系、通信系、接地系に等電位ボンディングを施すことによって、IT機器の確実な稼動が保証される。

②等電位ボンディングの方法

雷に起因して発生する電圧は、瞬間的ではあるが非常に大きく、このサージ電圧を制限するために等電位ボンディングを設ける。

等電位ボンディングには、ボンディング導体を用いて直接的に接続する方法と、SPD（Surge Protective Devices：雷サージ防護デバイス）を介して接続する方法がある。電力ケーブルや通信ケーブルを直接的にボンディングすると短絡してしまうため、SPDが用いられる。このSPDは過電圧が侵入したときにのみ短絡状態になるため、それによって等電位化を図ることができる。

等電位ボンディング（主接地端子ともいう）は、接地線を用いて接地極に接続しなければならない。

(2) 接地設備

1. 接地システムの計画

①建築設備とのかかわり

建築設備とは、建築基準法の用語の定義を参考にすると、建築物に設ける電気、ガス、給水、排水、暖房、冷房、消火、排煙、汚物処理等の設備、昇降機、雷保護等の設備である。

そして、ビルの機能性、安全性を長期にわたって保っていくためには、エネルギーおよび信号に利用される電気設備が高い安全性と信頼性を持つことが重要である。そのために、すべての建築設備に、保安用接地と機能用接地を合理的に組み合わせて接地システムを構築する必要がある。

②雷保護とのかかわり

雷保護の詳細は他項のとおりであるが、接地システムは、主に内部雷保護と密接に関係する。

③EMCとのかかわり

EMC（Electro-Magnetic Compatibility；電磁両立性、電磁環境両立性。電気機器などに備える、電磁的な不干渉性および耐性）は、わが国において比較的新しい概念である。本書では、伝導性および放射性ノイズ障害を防止するために行う接地に限定してEMCという。欧米では、EMC接地という用語があり、技術的に確立している。

EMC接地は、雷保護の分野では過電圧保護、情報通信・エレクトロニクスの分野に関してはノイズ防止というように広い分野に関係する。機能用接地を実現

図55 回転球体法　　図56 メッシュ法

図57 建築物における雷保護領域（LPZ）

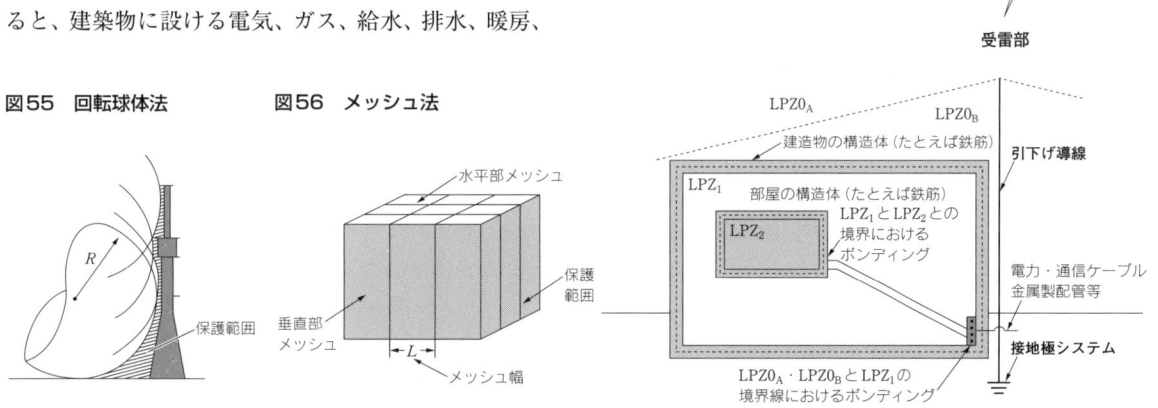

するためには必要不可欠な技術で、システム化された接地技術が要求される。

④等電位ボンディングとのかかわり

ボンディング技術はわが国においてはまだ一般的ではないが、欧米では古くからこの概念があり、電気の安全に寄与している。

わが国においてボンディングという用語はなかったものの、接地方法がTTシステム（電源の接地、機器の接地）であったことから、歴史的に見て「接地線」という用語で技術的概念は存在していたと思われる。欧米諸国の規格あるいはIEC規格では、建築物空間を対象にした接地をボンディングといい、一方、接地とは大地のみを対象にしている。

2. 保安用接地

感電や漏電火災を防止するための保安用接地は、法令で規制されている。

電気事業法にもとづいた「電気設備に関する技術基準を定める省令」の第4条では、電気設備における感電・火災の防止、第10条では電気設備の接地、第11条では電気設備の接地の方法が規定されている。省令に定める技術的要件を具体化した「電気設備の技術基準の解釈」の第19条では接地工事の種類、第20条に接地工事の細目が規定されている。

接地抵抗を得るために、いろいろな形状の接地極がある。小規模な設備には棒状、板状などの接地極、大規模な設備にはメッシュ接地極、建築構造体基礎等がある。

3. 機能用接地

エレクトロニクス機器は、あらゆる電磁環境において正常な稼動が保たれなければならない。そのためには、高周波領域における電位の変動を極力少なくするための接地システムを構築する必要がある。そのための重要な接地が機能用接地であり、建築空間における基準接地によって構築される。

アメリカでは、この基準接地をZSRG（Zero Signal Reference Grid）あるいは単にSRGと称して実用化している。一方スイスでは、これと同様の形態をSRPP（System Reference Potential Plane）と称して普及させている。

コンピュータなどの電子・通信機器を正常に動作させるためには、電位の変動をできるだけ小さくする必要がある。この対策として、コンピュータ室に設備しているすべての関連機器の接地を階床に敷設している基準接地極につなぐ。すなわち、電位の基準面を設けるのである。それには図58に示すように、コンピュータ関連機器の機器接地および信号用接地を専用接地線で施工することはもちろんのこと、さらに、網状の基準接地極すべてにボンディングすることが必要である。

この基準接地は、特に大型コンピュータ室を対象にしているが、個別の電子機器、たとえばパソコン等にも応用することができる。

ZSRGの具体的な図を図59に示す。

4. 統合接地システム

ビルには、電力機器のための保安用接地、情報・通信機器のための機能用接地、および建築物のための雷保護用接地等の目的の異なる接地が設けられる。

近年の高度情報化に伴い、ビルには多種多様な情報・通信機器が導入され、それらがネットワーク化されており、特に機能用接地が重要視されている。

このような状況において、上述した目的の異なる接地を1つの共用システムとしてとらえ、信頼性、利便性、経済性を考慮したシステムを実現するための接地システムを、統合接地システムと定義する。

このシステムでは、ビルの各フロアに設置しているすべての電気・電子・情報・通信機器の接地は、GW（Ground Window：接地の窓）に接続される。各フロアのGWは低インピーダンスの接地幹線を介して、主接地端子にまとめる。これにより1点接地となり、接地系全体の基準電位点となる。局部的な基準電位は、各フロアのたとえばZSRG等で得ることができる。ここで、接地幹線は専用配線あるいは建築構造体の鉄骨を代用することも可能である。

一方、雷保護設備においては、受雷部から専用引下

げ導線あるいは建築構造体の鉄骨あるいは主鉄筋を代用し、接地幹線にボンディングする。

5. 建築構造体代用接地極

　鉄骨造・鉄筋コンクリート造などの建築物の躯体は工法が標準化されており、その電気抵抗も小さい。さらに、それらの基礎(地下部分)は大きな表面積で自然に大地と接触しているため、建築構造体そのものを接地極として代用する、いわゆる構造体接地が普及している。構造体の接地抵抗の実測結果を見ても、その規模にもよるが、通常規模の独立した接地極で得られる値よりは低いことが明らかになっている。

　構造体接地を計画にするに当たり、事前にその接地抵抗を知りたい場合に、簡易に接地抵抗を推定する方法もある。

図58　機能用接地(機器接地と基準接地を併用した例)

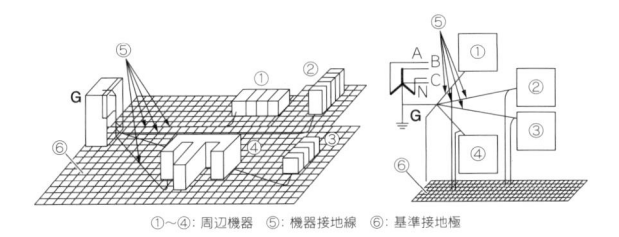

①～④：周辺機器　⑤：機器接地線　⑥：基準接地極

図59　ZSRGの具体例

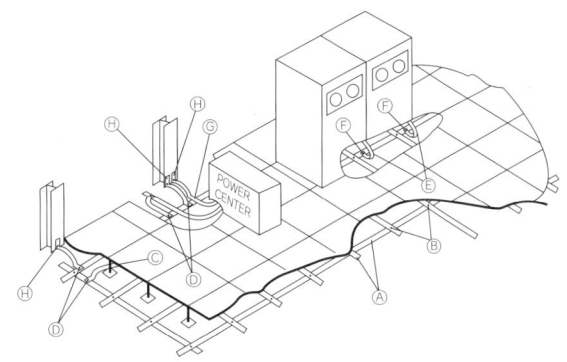

A：銅帯
B：銅帯相互の溶接
C：支持脚と銅帯の溶接
D：銅帯とボンディング銅帯との溶接
E：低インピーダンス機器用ボンディング銅帯
F：銅帯と機器用ボンディング銅帯との溶接
G：分電盤の接地線
H：鉄骨への溶接

2-3 自然エネルギー利用技術

> **学習ポイント**
>
> ここでは、太陽光発電、風力発電に代表される自然エネルギー利用のための基礎的な技術について学んでもらいたい。これからますます期待される分野であるが、課題も多い。その解決には、従来の建築電気設備の範囲にとどまらず、自然現象の仕組みを知り、都市の消費エネルギーの負荷傾向などを調査し、学ぶことも必要である。新しい技術を学び続けることの大切さを理解してほしい。

　水力、太陽（光・熱）、風力、バイオマスなどの自然エネルギーは、太陽エネルギーに由来するため無尽蔵であるとともに、エネルギーを利用する際に二酸化炭素（CO_2）を発生しない。そのためこれらは、地球に優しいエネルギーとして近年注目されている。

　自然エネルギーを利用した発電方式にも種々の方式があるが、表1に示すように、各方式はかなり異なる特性を有している。ここでは、近年導入が進んでいるとともに建築設備との関係も深い、太陽光発電と風力発電を取り上げる。

　人類による太陽エネルギー利用の歴史は古く、その利用方法も、採光や暖房などの他にソーラ電卓などの民生機器での利用、さらには発電用の利用など極めて多岐にわたっている。また風力、水力、バイオマスなども起源をたどれば太陽エネルギーに起因するが、発電に直接利用する方式としては太陽光発電と太陽熱発電がある。わが国の日照条件（直達光が少ない）等を考えると、集光が必要となる太陽熱発電よりも太陽光発電のほうが適していると考えられる。以下、太陽光発電に焦点を絞って述べる。

1 太陽光発電

　地球の位置における太陽からの入射エネルギー（太陽定数）は、太陽に正対した面（法線面）1m² 当たり 1.37 [kW/m^2] 程度であり、大気中での散乱・吸収等を繰り返しながら、最大で約 1 [kW/m^2]（1秒当たり 1kJ）の太陽エネルギーが地表に降り注いでいる。

図1　太陽光発電設備の構成例

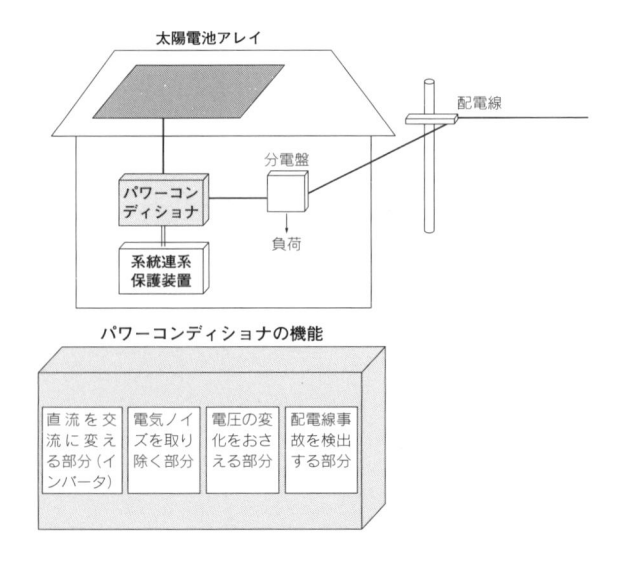

表1　自然エネルギーによるさまざまな発電方式

種別		典型的な発電方式	備考
太陽	太陽光発電	太陽電池により日射エネルギーを変換	
	太陽熱発電	集熱し蒸気を発生して発電	直達光を利用
風力発電		風車により風のエネルギーを変換	
水力発電		水車により水の位置エネルギーを変換	開発の余地少なし
バイオマス発電		種々の生物起源のエネルギーを用いて発電	廃棄物等も含む
地熱発電		地熱による蒸気・熱水を用いて発電	地熱地帯に立地点限定

(1) 太陽光発電設備の構成

　太陽光発電は、図1に示すように、発電を行う太陽電池アレイ、発生した直流電力を交流電力に変換するパワーコンディショナ(インバータ)などから成る。

　太陽光発電は電力系統に接続(系統連系と呼ぶ)するかどうかにより、系統連系型と独立型とに大別できる。上記の他に、系統連系型では連系保護装置などが、独立型では蓄電池などが必要となる。

1. 太陽電池アレイ

　広く用いられている太陽電池は、図2に示すように、電気伝導の主役が正孔であるp型半導体と電子であるn型半導体を接合した構造を有しており、光起電力効果を用いて、光エネルギーを電気エネルギーに直接変換する。

　太陽電池用の半導体としては主にシリコン(Si)が用いられているが、他にカドミウムテルル(CaTe)、ガリウム砒素(GaAs)などの化合物半導体が用いられることもある。またシリコン太陽電池は、その結晶の状況により、単結晶、多結晶、アモルファス太陽電池に分類できる。

　市販されている太陽電池モジュール(太陽電池セルを直並列接続しパッケージとしたもの)の効率は10〜17%程度であり、アモルファス系は結晶系に比べ発電効率が低い傾向がある。日射強度が最大で約1[kW/m^2]であるため、1[kW]の発電電力を得るためには、6〜10[m^2]程度の面積が必要となる。

2. パワーコンディショナ

　太陽電池の発電出力は直流電力であるが、通常の電気製品は交流で動作するため、また交流電力システムに連系するために、直流を交流に変換することが必要である。パワーコンディショナはこのインバータの機能を果たす。また、日射量が変動する中で太陽電池アレイの最適な運転を実現するには、図3に示すように、太陽電池の電流胚—電圧特性をもとに最適な動作点(電圧、電流)を選ぶ必要がある。

　パワーコンディショナはこれを実現するため、通常、最大出力点追従制御(MPPT、Maximum Power Point Tracking)を備えている。

　一方、太陽光発電を電力系統に連系すれば、不安定な発電電力と電力使用の需給のアンバランスを電力系統との間で授受するとともに、電圧の安定化などの効果が期待できる。しかし系統連系した場合には、もともと電源が連系されることを予想していない配電線の末端などに連系されることが多いこともあり、太陽光発電が電力系統の電気的特性に悪影響を及ぼさないように配慮する必要がある。すなわち、系統の事故時等に太陽光発電が問題を引き起こさないこと、連系点の近くの電圧などに悪影響を及ぼさないことが必要となる。太陽光発電など分散型電源の系統連系に関する技術要件については、「電気設備技術基準の解釈」と「電力品質確保に係わる系統連系技術要件ガイドライン」等に規定されている。これらの系統とのインターフェース機能は、上述のパワーコンディショナや系統連系保護装置が担う。

図2　太陽電池の原理

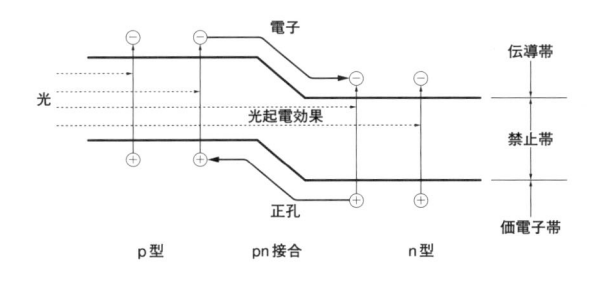

図3　太陽電池の電流—電圧特性と最大動作点

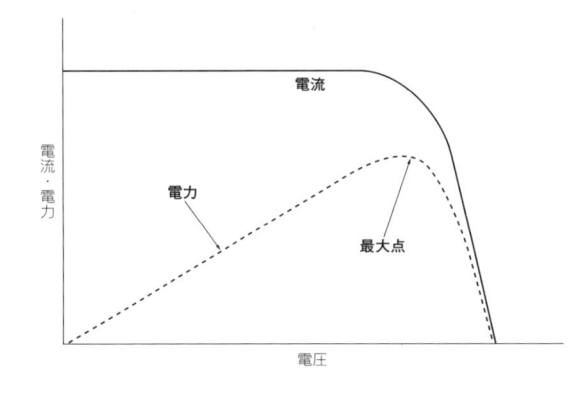

3. その他

独立型の場合、上述した需給のアンバランスを解消するため、鉛蓄電池等を併設するのが通常である。蓄電池の容量は、需給アンバランスの状況をもとに決定する必要がある。

(2) 太陽電池アレイの設置

太陽光発電システムで、日射エネルギーを電気エネルギーへ変換する太陽電池アレイは、通常、10～100Wの容量を有する太陽電池モジュールを複数枚設置し、それらを電気的に直並列接続している。太陽電池アレイへの日射量はその方位角や傾斜角により異なるが、北半球に位置するわが国では、設置方位は南向きが望ましい。また傾斜角については設置地点の緯度により異なるが、わが国では12～42度程度が最適とされている。なお設置に際しては、太陽電池アレイに影がかかると発電電力が減少するため、日影が影響しないような注意が必要である。

大型設備などでは、南向きの斜面に設置するために、太陽電池アレイを架台上に設置する場合もある。しかしその場合、専用の架台のための費用を要する。そのため一般住宅規模では、太陽電池アレイを建材一体型として屋根に設置することで設置のためのコスト低減を図る例が多い。この場合、太陽電池アレイの容量は数kW程度となる。一般住宅への集合設置の例を図4に示す。

(3) 太陽光発電の得失

太陽光発電を火力発電等の従来型の発電方式と比較した場合の長所としては、太陽起源のエネルギーであるため無尽蔵(再生可能)であること、化石燃料を燃やさないため二酸化炭素(CO_2)の排出量が小さいこと、可動部がなく運転保守にかかわる労力が少なくメンテナンスフリーで、騒音が小さいことなどがあげられる。また家庭にも比較的容易に設置できる発電方式であり、発電設備の社会的受容性も良好である。

一方、従来型の発電方式と比べた場合の短所としては、第1に、太陽エネルギーのエネルギー密度が低いため、広い敷設面積を要することがあげられる。そのため、大規模施設になれば所要敷地をどのように確保するかが課題となる。一般住宅の屋根への設置例が多いことは前述のとおりである。

第2に、発電コストが高いことも短所である。これは、太陽光発電設備のkW当たりの建設費用が従来型の電源に比して高いことに加え、上述のように太陽光のエネルギー密度が小さい上に日照が昼間に限られるため、年設備利用率(年間の発電電力量を太陽光発電の定格容量と年間の延べ時間で除した値)が10%強程度と低いことも原因している。

また発電出力が自然現象である太陽光に依存しているため変動が大きいことも、電力系統の品質(周波数、電圧)に影響を及ぼす可能性がある。図5に、快晴日、曇天日などにおける発電出力の日間変動の例を示す。

図4 太陽光発電を設置した住宅群

図5 太陽光発電の発電出力日間変動の例

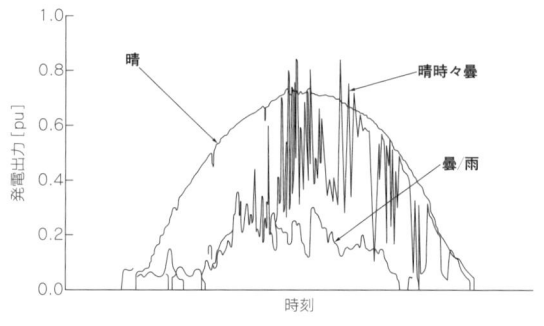

pu：per unit／定格容量に対する比

同図からわかるように、時刻による日射の変動に伴い正弦波状の発電出力変動があるとともに、天候による発電の出力変動が顕著である。

2 風力発電

風車を用いた風力エネルギーの利用は極めて古く、製粉や排水用のためのオランダ型風車は、ヨーロッパ各地で現在でも多数目にすることができる。しかし風力発電の歴史はこれよりずっと新しく、本格的な導入は石油危機以降である。ただし1990年代に入ってからの伸びは世界的に著しく、2007年度のわが国の総設備容量は約167万kW（1,409基）に達している。

(1) 風力発電設備の構成

風力発電は、風の有するエネルギーを電気エネルギーに変換する装置である。風力発電装置の基本的な構成は図6に示すように、風車で風からトルクを得て、これにより発電機を駆動し、その発電電力を、多くの場合、電力系統に送電するという構成を取る。

1. 風車

風の有するエネルギーを風車で取り出す過程について、理論的に考えてみよう。まず風の有するエネルギー（P）は、単位面積当たりの流入風の有するエネルギーに風車ロータの面積を乗じた(1)式で表され、風速の3乗に比例する。

$$P = \frac{1}{2}\rho\pi\left(\frac{D}{2}\right)^2 V^3 \tag{1}$$

ここに、ρ：空気密度、D：風車直径、V：風速

一方、風車から取り出すことができるパワー（Pe）は、上式に出力係数 C_P を乗じた値となる。

$$Pe = \frac{1}{2} C_P \rho\pi\left(\frac{D}{2}\right)^2 V^3 \tag{2}$$

ここに、風から風車が取り出し得るパワーは風の保有するパワーの約60％以下（出力係数の上限値は約60％）となることが明らかである（ベッツの法則）。上式から明らかなように、取得パワーを大きくするには、まず受風面の面積（風車直径）を大きくすることが必要である。

実際の風車は、風車回転軸の向きにより水平軸型と垂直軸型に大別され、それぞれはさらに多数の方式に分類される。しかし実用化されているMW（メガワット）クラスの風車は、3枚翼のアップウィンド型（風車ロータがタワーの風上側で回る方式）の水平軸プロペラ型が大半である。ただしkW（キロワット）クラス以下の小型風車については、水平軸プロペラ型が多いものの、さまざまなタイプの風車が用いられている。

さまざまな風速に対する風力発電の平均的な出力特性は、図7に示すパワーカーブで表される。同図に示すように、風力発電装置は概して3～5[m/s]程度の風速（カットイン風速）以上で発電を開始する。また風速が25[m/s]程度以上では、機器の保護のために

図6　風力発電装置の構成例

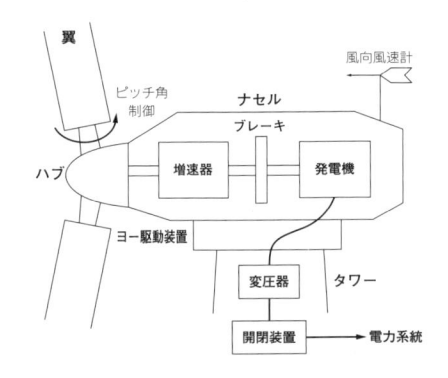

図7　風力発電のパワーカーブの例

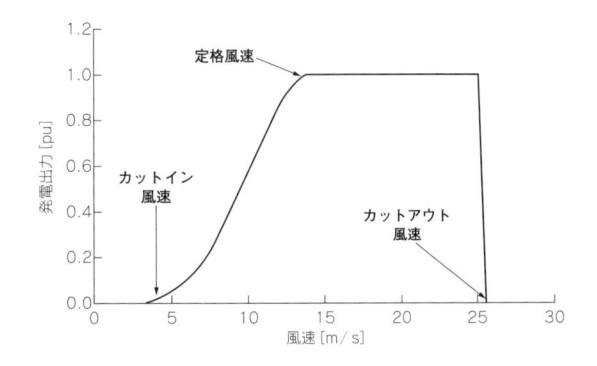

風車を停止する。これをカットアウトと呼び、パワーカーブにおけるその風速をカットアウト風速と呼ぶ。また、出力が定格出力に達する風速を定格風速と呼ぶ。定格風速は設計により異なるが、12～14[m/s]程度とすることが多い。

なお(1)式に示したように、風の保有するパワーは風速の3乗に比例するため、定格風速以上の風速では、風車に流入するエネルギーは機器定格を上回る。このため、定格風速以上では風の持つエネルギーを逃がしてやる必要がある。これを実現する制御としては、風に対する風車翼の角度を変えるピッチ角制御と、翼自身の失速特性を用いる失速制御がある。

2. 発電機などの電気系

風力発電設備の電気系の構成にも、種々のタイプがある。以下、MW（メガワット）クラスとkW（キロワット）クラスの風力に分けて説明する。

MWクラスの風力発電設備の電気系については、図8に示す方式が広く用いられている。

これらの特徴は次のとおりである。

・在来型電源ではもっぱら同期発電機が用いられているのに対し、風力発電設備では誘導発電機が用いられることが多い。これは構造が単純で低コストなことに加え、トルク変動の大きな風力発電との相性がよいためである。

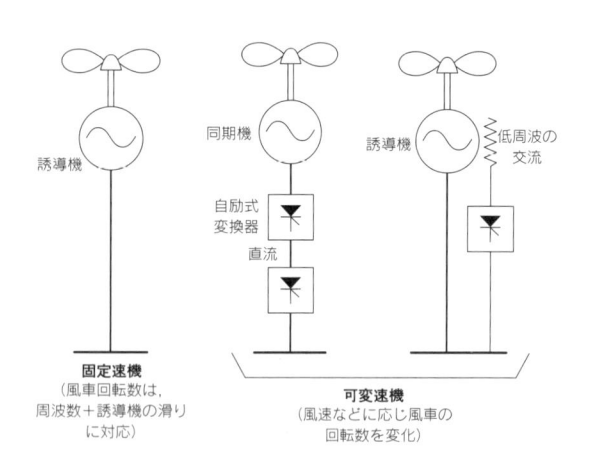

・従来は誘導発電機をそのまま電力系統に接続する方式が一般的であったが、最近はインバータ（パワーエレクトロニクス機器）を用いる方式が主流となっている。これにより風車の回転数を可変とし、風速に対応し回転数を制御することで風車効率を向上することなどを目指している。

kWクラスの風力発電設備の電気系の例を、図9に示す。構成自体は大型設備と似通っているが、系統連系はインバータを介して行う場合が多いこと、蓄電池を併設し独立電源とする場合も多いこと、太陽光発電を並置する場合もあることなどの特徴がある。

(2) 風力発電装置の設置

風力発電設備を設置する場合、(2)式より、風車が取り出し得るパワーは風速の3乗に比例することから、まず風速の大きい地点を選ぶことが肝要である。

発電事業用のMWクラスの風力発電設備については、スケールメリットを期待するため、近年は1カ所に数十基の風車を集合して設置すること（ウィンドファーム）が多い（図10）。この場合、近接する風車の相互干渉により発電電力が減少することのないよう、風車間の離隔を確保する必要がある。なおウィンドファームの立地には、上述した風速が大きいこと以外にも、広大な土地が利用できること、風力発電設備を輸送するための道路が整備されていること、発電電力を送るための送電線が近くにあることなど、さまざまな現実的な条件がある。

図8 固定速機と可変速機の種類

図9 小型風力発電の電気系の構成例

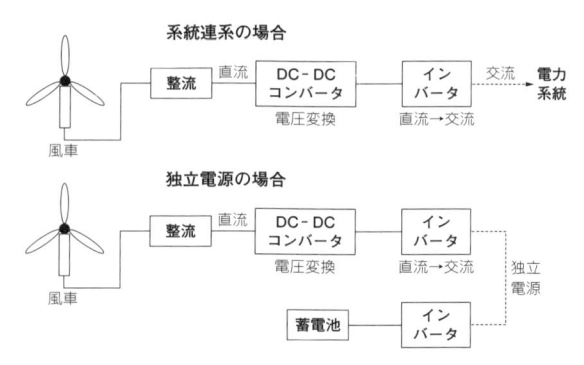

なお近年は、家庭やオフィスへの設置を対象としたkW以下のクラスの風力発電設備も商用化されている（図11）。

(3) 風力発電の得失

風力発電を火力発電等の従来型の発電方式と比較した場合、風力発電は太陽起源のエネルギーであるため、太陽光発電と同様、無尽蔵（再生可能）であること、化石燃料を燃やさないため二酸化炭素（CO_2）の排出量が小さいことなどの長所を有している。

一方、火力発電等の従来型の発電方式と比べた場合の短所としては、風のエネルギー密度が低いため、定格出力の割には大型の設備になるとともに発電コストが高いことがある。また騒音対策、景観保護、渡り鳥などの鳥類保護への配慮も必要である。

なお風力発電を送配電線に連系する際には、太陽光発電の場合と同様に、電圧など電力系統の電気的特性への影響に配慮が必要である。これは、風力発電は電力系統の末端部に連系されることが多いこと、風という変動の大きな自然現象によっているため出力変動が大きいことなどに起因している。

図10 ウィンドファームの例

図11 小型風力発電の例

3章 法規と基準

> **学習ポイント**
>
> 第1項では建築電気設備に関連する法規、第2項ではその法規を具体的に運用するための基準、規定、規格などについて学ぶ。電気設備法規は多岐にわたっており、安全性や信頼性を確保するために最低限の守るべき内容であると考えて、それぞれの趣旨や目的について理解を深めてほしい。

3-1　法規

建築電気設備を取り巻く法規

ビルに足を踏み入れると、見えるのは照明であり、聴こえてくるのはBGM、そしてしばらく進むとエレベータのボタンを押すだろう。その間に誘導灯も見えるに違いない。これらの電気設備は、建築物の中での安全性、利便性、快適性などに深くかかわっている。関係法令および各種規格は、それらのあるべき姿を決めている。

電気設備に関係する法令には、電気を使用する設備を人の安全や財産の保護、公共の福祉という面から規制している「建築基準法」「消防法」「電気事業法」「電気用品安全法」「電気工事士法」などがある。また「道路法」「航空法」のようにそれぞれの法律の目的から電気設備を規制するもの、さらに環境に関する法令等で電気設備と関連するものとしては、公害対策基本法をもととした「大気汚染防止法」「振動規制法」さらに「エネルギーの使用の合理化に関する法律（省エネルギー法）」などがある。図1に建築電気設備を取り巻く環境と法規・規格関連図を、表1に建築電気設備の関係

表1　建築電気設備の関係官庁と法規

◎：非常にかかわりのあるもの　○：かかわりのあるもの　△：多少かかわりのあるもの

			経済産業省						国土交通省			総務省			厚生労働省	
			電気事業法	技術基準	電気用品安全法	電気工事士法	大気汚染防止法	省エネルギー法	建築基準法	駐車場法	航空法	電気通信事業法	有線テレビジョン放送法	消防法	労働安全衛生法
経済産業省	電力施設（電源設備）	受変電設備	◎	◎	○	○		◎	○						◎	△
		発電機設備	◎	◎	○	○	◎	○	◎						◎	△
		蓄電池設備	◎	◎	○				◎						◎	△
	電力施設（負荷設備）	幹線設備	◎	◎	○	○			○						○	△
		動力設備	◎	◎	○	○		○	○						○	△
		照明・コンセント設備	◎	◎	○	○		◎	○		○					△
総務省	通信・情報設備	電話設備										◎				△
		放送設備												○		△
		テレビ共同聴視設備											◎			
国土交通省	防災設備	火災報知設備			△				○						◎	△
		避雷設備							◎							△
		航空障害灯設備			○	△					◎					△
	管理設備	駐車場管制設備			○	△			◎	◎						△
		中央監視制御設備			△			○	◎							△
		防犯設備														△

官庁と法規を示す。

1 法令などの基礎知識

一般に法令とは、国が定める規則類の総称として使われる。法令には法律と命令があり、命令には政令と省令がある。さらに電気設備計画には、地方の定める法律である条例も関係する。

(1) 法令などの種類

法令の種類と構成を図2に示す。

電気設備計画に関係の深い消防法を例にとれば、「法律」として「消防法」、「政令」として「消防法施行令」、「省令」として「消防法施行規則」がある。

また、法律から地方公共団体に委任し制定された「条例」として「火災予防条例」があり、規則としては「火災予防条例施行規則」がある。図3に消防法の法体系を示す。

(2) 法令用語

法令用語として用いられる、認可・許可・申請・届出などの内容について表2に示す。

2 建築基準法

建築物の用途、配置、規模、構造、設計、維持などの基本的条件と最も深くかかわり合う法令が、建築基準法である。建築物に関する詳細な技術的基準で、いわば建築物等の基本法といえるものであり、かつ建築物の維持基準でもある。

図1 建築電気設備を取り巻く環境と法規・規格関連図

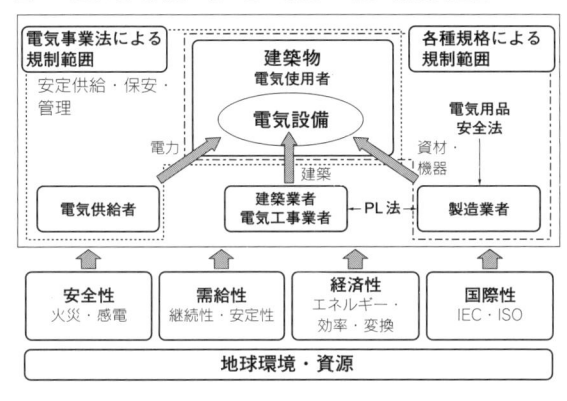

図2 法令の種類と構成

図3 消防法の法体系

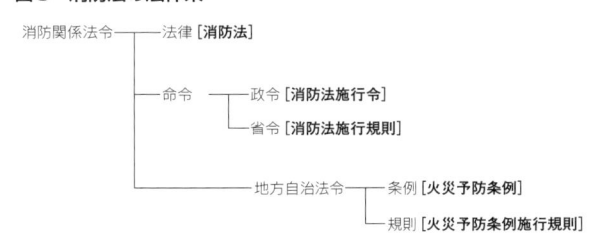

表2 法令用語

用語	内　　容	例
認可	法律上の行為に対し効力を与えるため、公の機関が同意を与える行政上の行為	工事計画認可
許可	一般に禁止されている特定の行為に対し、特定人または特定事項について公の機関が禁止を解除し適法にする行政上の行為	主任技術者選任許可
申請	国または市町村等に対し、認可、許可その他一定の行為を行うことを認めてもらうために行う行為	工事計画認可申請
届出	国または市町村等に対し、過去の事実または将来の計画などを知らせる行為	主任技術者選任届出
報告	公の機関、特定人または機関に広く事実を知らせることをいい、届出よりやや軽い意味に用いられる	消防用設備等試験結果報告

(1) 目的

法第1条に「この法律は、建築物の敷地、構造、設備及び用途に関する最低の基準を定めて、国民の生命、健康及び財産の保護を図り、もつて公共の福祉の増進に資することを目的とする」と示されている。

(2) 対象

建築基準法は、建築物の敷地、構造、設備および用途を対象としているが、「建築設備」に関しては法第2条に、「建築物に設ける電気、ガス、給水、排水、換気、暖房、冷房、消火、排煙若しくは汚水処理の設備又は煙突、昇降機若しくは避雷針をいう」と定められている。建築物における電気設備には、電気によって作動する給排水設備、空調・換気設備、防災設備、さらに昇降機、避雷設備などが含まれる。

(3) 規制内容

建築基準法は、建築物に対する国内唯一の技術的基準であり、さらにこれにもとづく政令、省令、告示などによって規制される他、限定的な制限の付加または緩和その他の措置が認められる地方条例等によって規制される。図4に建築基準法における設備関係規定リスト、図5に建築基準法が規制している電気設備（図中の淡グレー地部分）を示す。

電気設備に対しては、法第32条において、「建築物の電気設備は、法律又はこれに基く命令の規定で電気工作物に係る建築物の安全及び防火に関するものの定める工法によつて設けなければならない」と規定するとともに、非常用の照明装置、進入口標識灯、避雷設備（建築基準法における用語。「雷保護・接地設備」は電気工学用語で、両者はほぼ同意）などに対して、具体的に工法を規定している。電気設備は電気工作物で

図4 建築基準法における設備関係の規定

第28条第3項	火を使用する設備もしくは器具を設けた室の換気設備
第28条の2 第三号	衛生上の支障を生じるおそれのある物質に対する換気設備
第32条	建築物の電気設備
第33条	高さ20mを超える建築物の避雷設備
第34条	昇降機設備
第35条	特殊建築物等における消火栓、スプリンクラー、貯水槽その他の消火設備、排煙設備、非常用の照明装置の技術的基準
第36条	消火設備、避雷設備、給水・排水その他の配管設備、浄化槽、煙突および昇降機の構造の技術的基準

図5 建築基準法が規制している電気設備

建築設備
- 電気設備
- ガス設備
- 給水設備
- 排水設備
- 換気設備
- 暖房設備
- 冷房設備
- 消火設備
- 排煙設備
- 汚物処理設備
- 煙突
- 昇降機
- 避雷設備

（電気設備）法第32条
建築物の電気設備は、法律又はこれに基く命令の規定で電気工作物に係る建築物の安全及び防火に関するものの定める工法によって設けなければならない

（昇降機）法第34条
1. 建築物に設ける昇降機は、安全な構造で、かつ、その昇降路の周壁及び開口部は、防火上支障がない構造でなければならない
2. 高さ31mをこえる建築物（政令で定めるものを除く）には、非常用の昇降機を設けなければならない
令第129条の3から13「技術上の基準」

（避雷設備）法第33条
高さ20mをこえる建築物には、有効に避雷設備を設けなければならない。ただし、周囲の状況によって安全上支障がない場合においては、この限りではない
令第129条の14
設置基準：建築物の高さ20mをこえる部分を雷撃から保護するように設けなければならない
令第129条の15「避雷設備の構造の基準」

特殊建築物等の避難及び消火に関する技術的基準
- 避難施設
- 消火設備
- 排煙設備
- 非常用の照明装置
- 非常用の進入口（進入口標識灯）
- 敷地内の避難上及び消火活動上必要な通路等

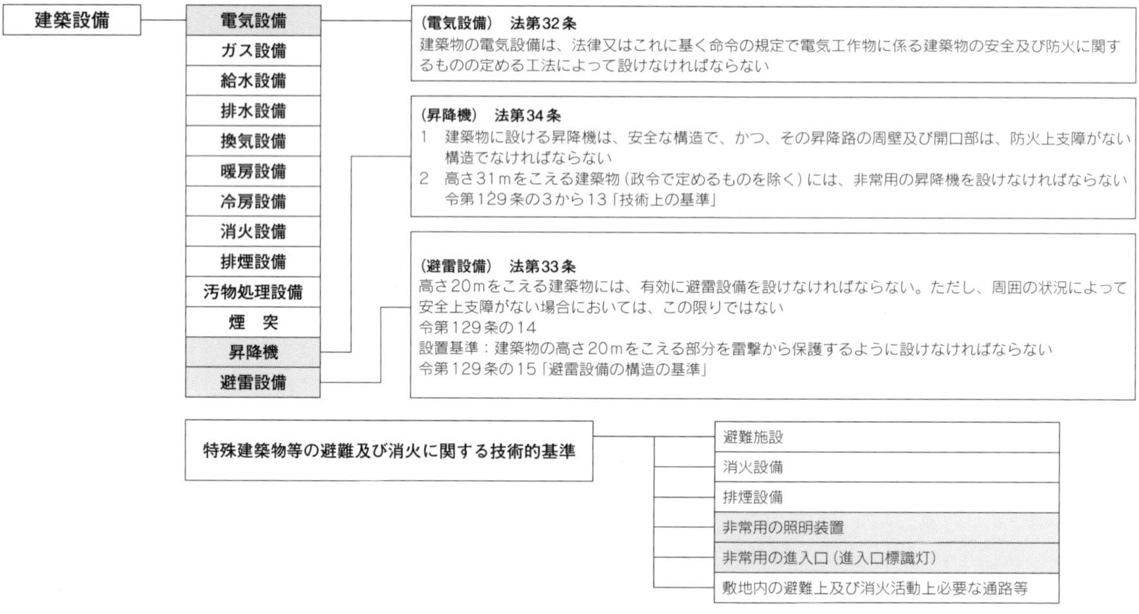

もあるため、電気設備に関する技術基準(次項「基準・規定および規格」参照)に適合する材料および工法で施工しなければならないが、建築物の安全、防火のために、規定された材料および工法で施工する義務が課せられている。

電気設備は扱いを誤ると、漏電による火災や感電などにつながる危険性があるため、十分注意することが求められている。

(4) 性能規定化

性能規定は、細かな数値などを具体的に指定するのではなく、建築物が本来備えなければならない「性能」によって基準を定め、その根拠を明らかにすることにより、新材料・新工法に対応し、技術開発などを促進することを目的としている。

たとえば、避雷設備の規定では、「高さ20mを超える建築物には、有効に避雷設備を設けなければならない。ただし、周囲の状況によって安全上支障がない場合においては、この限りでない」としており、高さ20mを超える建築物であっても、高い山や崖に囲まれた谷底にある建物などの場合、"安全上支障がない"という客観的な根拠を示すことができれば、避雷設備の設置を要しないと判断され得る。

(5) 建築基準適合判定

これまで建築主事が行ってきた確認・検査業務を民間でも行うことができるようになり、その確認検査員になる資格として、建築基準適合判定資格者の国家資格が定められた。建築設備に関する基準適合の判断を行う専門職として、建築基準法に関連のある建築士法において、建築設備全般に関する知識および技能を有し、建築士に対して、大規模の建築物その他の建築物の建築設備にかかわる設計または工事監理に関する適切なアドバイスを行うことができる建築設備士の国家資格が定められている。

また、2006年12月の建築士法改正(2006年12月20日公布、2008年11月28日施行)により、「高度な専門能力を有する建築士による設備設計の適正化」を目的として、2009年5月から、一定の建築物(3階建て以上、かつ延べ床面積5,000m²超の建築物)については、設備設計一級建築士が法適合チェックを行うことが義務づけられるようになった。

3 消防法

消防法は、火災に対して安全を守るため、予防、早期発見、通報、安全避難を図るとともに、危険物に関する規制を行うために定められた法律である。

(1) 目的

法第1条に「この法律は火災を予防し、警戒し及び鎮圧し、国民の生命、身体及び財産を火災から保護するとともに、火災又は地震等の災害に因る被害を軽減し、もつて安寧秩序を保持し、社会公共の福祉の増進に資することを目的とする」と示されている。人命、財産を災害から保護し、被害を軽減するために制定されたものである。

(2) 対象

消防法は、防火対象物を指定し防火管理者の選任を義務づけている他、消防用設備等(消火設備、警報設備および避難設備)を定め、その設置および維持の基準を決めている。

あわせて消防法は危険物を対象とし、危険物製造所関係の許可、貯蔵、取扱いの基準などを定めている。

図6(次頁)に、火災の発見から通報、避難、消火のフロー図を示す。この中で電気設備は、火災の早期発見・通報(自動火災報知設備)、避難・誘導(非常放送、誘導灯)などと深いかかわりをもっている。

(3) 規制内容

1. 火災の予防

火災を予防するための措置として、次のことを定めている。

①消防職員・消防団員の立入検査
②防火対象物に対する措置命令

　たとえば繁華街の雑居ビルなどで、消防設備の管理が不十分であったり避難に支障があると、火災による大惨事を引き起こす可能性がある。そのため、消防職員には措置命令権限が与えられている。

③建築物の許可等の同意

　建築物の確認申請において、建築主事または指定確認検査機関等が確認する場合、消防長の「同意」が必要である。

④防火管理

　防火対象物の所有者は、防火管理者を定め消防計画を作成し、それにもとづき防火管理上必要な業務を行わせなければならない。

図6　火災対応フロー図

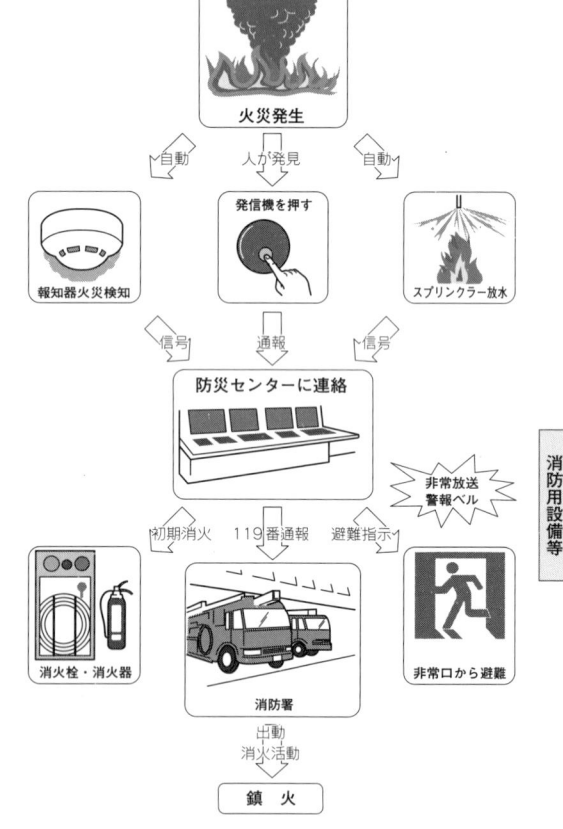

2. 危険物

　危険物について消防法では「指定数量以上の危険物は、貯蔵所以外の場所でこれを貯蔵し、又は製造所、貯蔵所及び取扱所以外の場所で取り扱ってはならない」ことを規定し、危険物の製造所、貯蔵所または取扱所における危険物貯蔵または取扱いは、政令で定める技術上の基準に従って行うことを定めている。

　電気関係では、主に自家用発電設備に用いられる燃料油が指定数量以上か未満かにより、法による規制を受けるかどうかにかかわってくる。近年、広域災害や長時間停電に備え、大量の燃料油を保有する施設が増えているが、このような場合は注意が必要である。

3. 消防の設備等

　消防法では、政令で定める技術上の基準に従って、「消防の用に供する設備、消防用水、及び消火活動上必要な施設(消防用設備等)を設置し、及び維持しなければならない」ことを規定している。図7に消防用設備等を示す。

　「消防の用に供する設備」とは、火災またはガス漏

図7　消防用設備等

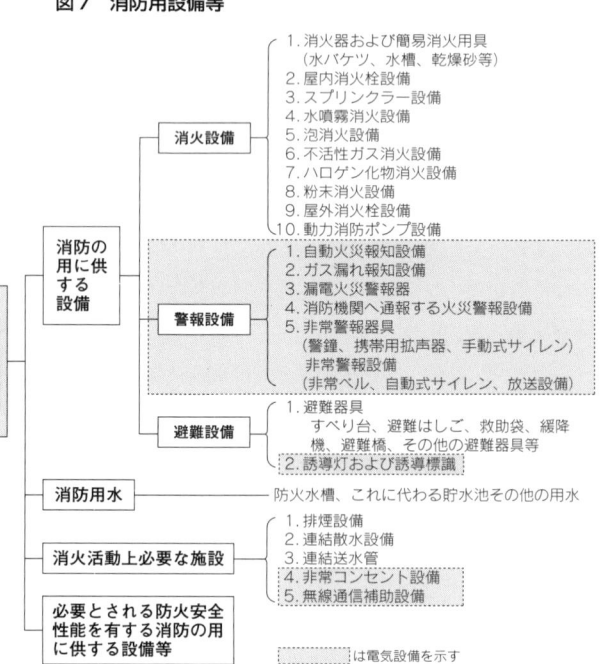

れ等を早期に発見し、速やかに防火対象物全体へ報知または消防機関へ通報する警報設備、火災時に迅速かつ安全に避難・誘導するための避難設備および、火災が発生した場合に消火の目的で用いる消火設備を含めていう。

「消火活動上必要な施設」とは、火災が発生した際、発生する煙により消火活動が阻害されたり、または高層建築のために消火活動が困難になること等を勘案し、消防隊による消火活動を支援するために設けるものである。

消防法では施行令において、消防用設備等を防火対象物に適合するよう設置するための技術上の基準を定めている。

（4）法の遡及

法律は一般に、既存建物に対する遡及はないのが原則であるが、法の目的である人命保護の立場から、自動火災報知設備など火災の早期発見、非常警報設備や誘導灯など避難のために必要となる設備については、既存遡及の処置が施されている。

既存遡及の対象となる施設としては、特定防火対象物（不特定多数の人が使用するホテルや百貨店、自力での避難が困難な人が多い病院など）が施行令に示されている。また、増改築等を行う場合、その規模によって法の適用を受ける範囲が定められている。

4 電気事業法

電気事業法は、電気に関する基本の法律であると同時に、電気の供給および使用による危険、障害の防止を目的とした法律である。

（1）目的と構成

法第1条に「この法律は、電気事業の運営を適正かつ合理的ならしめることによつて、電気の使用者の利益を保護し、及び電気事業の健全な発達を図るとともに、電気工作物の工事、維持及び運用を規制することによつて、公共の安全を確保し、及び環境の保全を図ることを目的とする」と示されており、電気工作物（電気を供給・使用するために設置する機材）を事業用電気工作物と一般用電気工作物に分類し、工事、維持、運用のすべてにわたって規制している。

この法律は図8に示すように、4つの大きな柱から成り立っている。

電気事業法を運用するために、電気事業法施行令をはじめとして、電気使用制限等規則、電気設備に関する技術基準を定める省令など多くの法令がある。電気事業法関係法体系図を図9に示す。建築物の設計・施工・維持に最も関連のあるものとしては、「電気設備に関する技術基準を定める省令（電技）」があげられる。「電技」には発電用設備の原動機などは除外され、

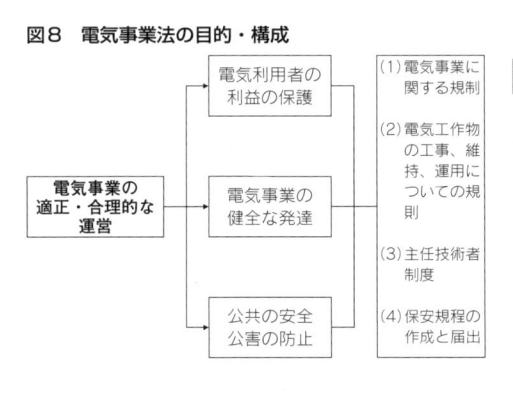

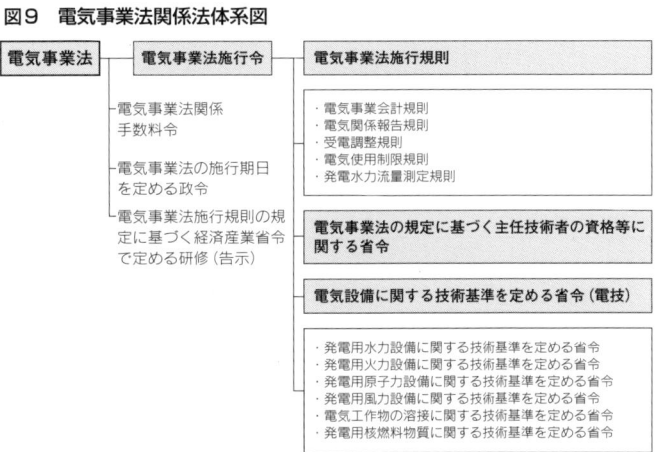

図8　電気事業法の目的・構成

図9　電気事業法関係法体系図

3-1　法規　97

電気工作物の技術的な判断基準として「電気設備の技術基準の解釈」が示されており、全7章272条による構成で幅広い技術が網羅されている。

(2) 規制内容
1. 電気事業に関する規制
電気事業は、一般電気事業（電力会社など）、卸電気事業（電源開発㈱、日本原子力発電㈱など）および特定電気事業があり、その性格から、国民生活、産業および経済に欠くべからざるものであり、事業の許可、供給義務、電圧および周波数の維持、卸または融通などの規制を行っている。

2. 電気工作物の工事、維持、運用についての規制
事業用電気工作物に対し、電気の円滑な供給、電気工作物による通信障害や公害の防止、水力の有効利用などの点から規制している。また、自家用電気工作物については、電気事業の円滑な供給を妨げないための保安の規制がある。

3. 主任技術者制度
事業用電気工作物の保安について広範囲に規制し、

図10　電気工作物の区分

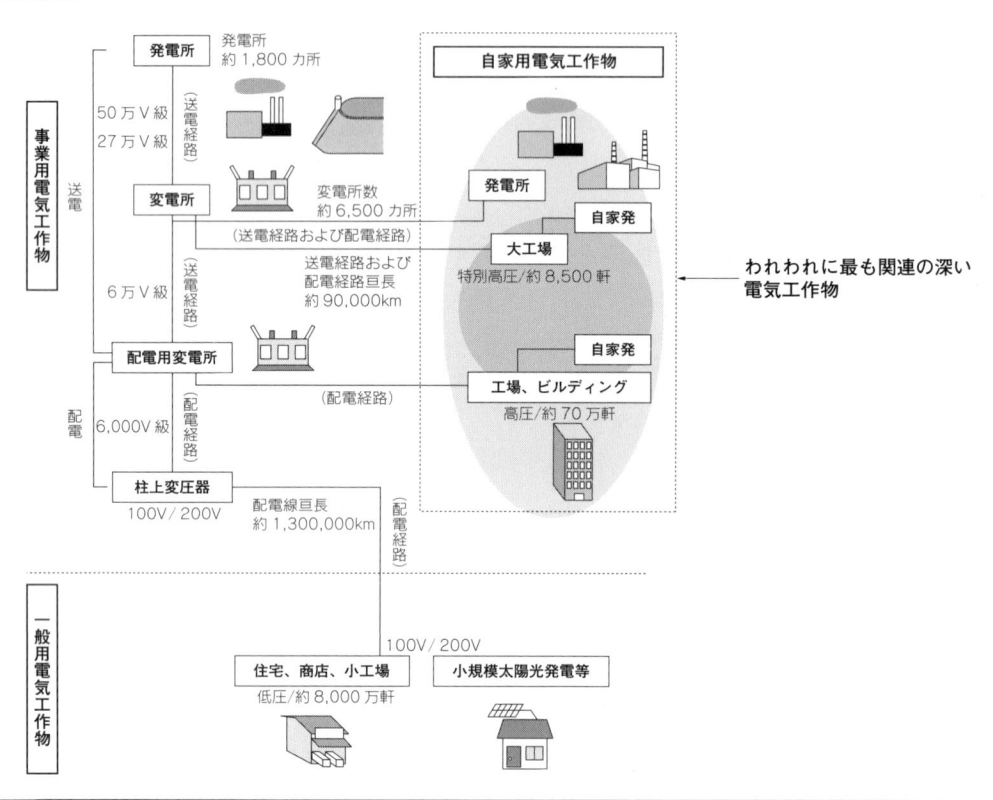

電気工作物の種類		内　容	例
電気工作物	一般用電気工作物	①電気事業者から低圧（600V以下）で受電している場所等の電気工作物	一般住宅、小規模店舗・小工場など
		②構内の小出力発電設備で600V以下のもの	太陽光発電：20kW未満、風力発電：20kW未満　水力発電：10kW未満　など
	事業用電気工作物 自家用電気工作物	③電気事業者から高圧または特別高圧で受電するもの、または上記②以上の容量のもの	ビルや工場などに設置される受電室、変電室、非常用予備電源装置、構内電線路、電気使用場所の設備（照明、動力など）
		④火薬類の事業所などで省令で定めたもの	
		⑤電気事業用の電気工作物	電力会社の発電所、変電所、開閉所、送電線路、配電線路など

主任技術者(電気、ダム水路、ボイラ・タービン)を定め、それらの工事、維持、運用の責任者として保安業務を行うことを定めている。自家用電気工作物においても電気主任技術者を置き、同様の保安義務を課している。

4. 保安規程の作成と届出

電気工作物の設置者は、その工事、維持、運用に関する保安を確保するため、電気工作物に応じた管理者の職務および組織、従業員の保安教育、巡視点検および検査、運転、操作または保安に関する記録などを作成し、経済産業大臣に届け出ることが義務づけられている。

(3) 電気工作物

電気工作物とは、電気を供給するための発電所、変電所、送配電線をはじめ工場、ビル、住宅等の受電設備、屋内配線、電気使用設備などの総称で、電気事業用、自家用、一般用電気工作物の3種類に分けられる。

建築物の設計・施工・維持に最も関連の深いものは、自家用電気工作物である。鉄道、船舶、航空機など交通・運輸関連施設は、電気事業法の適用対象外である。電気工作物の区分を図10に示す。

(4) 保安規程

自家用電気工作物を設置する事業所の増加に伴い、行政による直接的な保安監督能力の限界、電気設備の普及に伴う事故(感電事故や電気火災など)の増加が表面化している。

電気工作物の保安に関しては、設備の規模、内容に応じた主任技術者の選任、技術基準の遵守などにより技術的な管理運営を行っているが、従事者の安全などを考えると保安確保の万全を期しがたい状況にある。この点を補完する必要性から、電気事業法では、自家用電気工作物の設置者が保安規程を定め、設置者および従事者が遵守することによって、自主保安体制の整備・確立を図るよう義務づけている。電気工作物の保安体系を図11に示す。

5 電気用品安全法

電気用品安全法は、粗悪な電気用品による感電や火災事故を防止するための規制として制定されている。

(1) 目的

第1条に「電気用品の製造、販売等を規制するとともに、電気用品の安全性の確保につき民間事業者の自

図11 電気工作物の保安体系図

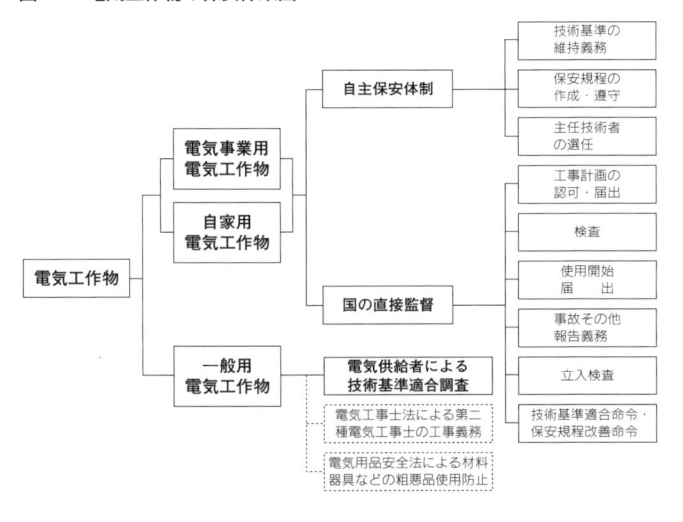

図12 表示マークと電気用品の例

電気用品	特定電気用品	特定電気用品以外の電気用品
表示マーク	◇PSE◇	ⓟPSE
電気用品の例	電気温水器 電熱式・電動式おもちゃ 電気ポンプ 電気マッサージ器 自動販売機 直流電源装置など	電気こたつ 電気がま 電気冷蔵庫 電気歯ブラシ 電気かみそり 白熱電灯器具 電気スタンド テレビジョン受信機 音響機器　など
全品目数	115品目	338品目

主的な活動を促進することにより、電気用品による危険及び障害の発生を防止することを目的とする」と示されている。

(2) 対象

電気用品と特定電気用品を定め、それらを対象としている。

法において「電気用品」とは、一般用電気工作物の部分となり、またはこれに接続して用いられる機械、器具または材料をいう。

「特定電気用品」とは、構造または使用方法その他の使用状況から見て、特に危険または障害の発生するおそれが多い電気用品である。電気機械・器具が持つ危険性の観点から、事業者による自己確認に加え、認定検査機関等による適合性検査を受けることが義務づけられている。

(3) 規制内容

1. 製造事業者等の届出制

製造事業者等は、電気用品に関する製造または輸入事業を開始した場合、いずれの電気用品にかかわるものであっても、事業者名、型式の区分、製造工場名等に関する届出が必要である。

2. 検査記録の作成保存の義務

製造事業者等に対して自己責任原則が取り入れられたことにより、製造事業者には基準適合証明責任の明確化が求められる。そのため、すべての電気用品に対して、検査の実施、検査記録の作成と保存が義務づけられている。

3. 表示

製造事業者等は、基準適合義務を履行した場合にはマークを表示することができる。これは安全等の基準に適合したことを証明するものである。図12（前頁）に表示マークと電気用品の例を示す。

なお、表示のない電気用品は販売できない他、電気工事での使用もできない。

6 労働安全衛生法

この法律は労働災害の動向に対応し、労働者の安全衛生管理体制の整備、危険防止基準の明確化などの措置を講じるために制定され、職場における労働者の安全と健康を確保するとともに、快適な職場環境をつくる労働者のための法律である。

(1) 目的

法第1条に「この法律は、労働基準法と相まって、労働災害の防止のための危害防止基準の確立、責任体制の明確化及び自主的活動の促進の措置を講ずる等その防止に関する総合的計画的な対策を推進することにより職場における労働者の安全と健康を確保するとともに、快適な職場環境の形成を促進することを目的とする」と示されている。

労働安全衛生法、政令（労働安全衛生法施行令）および省令（労働安全衛生規則）から構成され、労働安全衛生規則には各種作業、特に危険を伴う作業に対する安全基準が細かく定められている。

(2) 規制内容

1. 事業者等の責務

① 事業者は、単に労働災害の防止のための最低基準を守るだけでなく、快適な職場環境の実現と労働条件の改善を通じて、職場における労働者の安全と健康を確保しなければならない。

② 労働者は、労働災害を防止するため必要な事項を守る他、事業者その他の関係者が実施する労働災害の防止に関する措置に協力するように努めなければならない。

2. 労働災害防止計画

厚生労働大臣は、労働災害の防止のため、重要事項を定めた労働災害防止計画を策定する。

3. 安全衛生管理体制

事業者は、政令で定める規模の事業場ごとに、総括安全衛生管理者を選任し、そのもとで安全管理者、衛

生管理者、安全衛生推進者、産業医、作業主任者、総括安全衛生責任者、安全衛生責任者の選任および安全委員会、衛生委員会の設置など、事業場における安全と衛生における管理体制を整備し、統括管理させなければならない。

(3) 建設現場の安全

現場の安全は建設工事で最大の管理項目であり、建築、設備の協力業者をはじめ、現場に出入りするメーカーや第三者といわれる人々にも安全に対する意識を浸透させることが大切である(図13)。

現場内で一度でも死亡や重傷者が出るような事故が起これば、工事の進捗に大きく影響するばかりか信用の失墜は免れず、その損害は計り知れない。

図13 現場における安全管理のあるべき姿の例

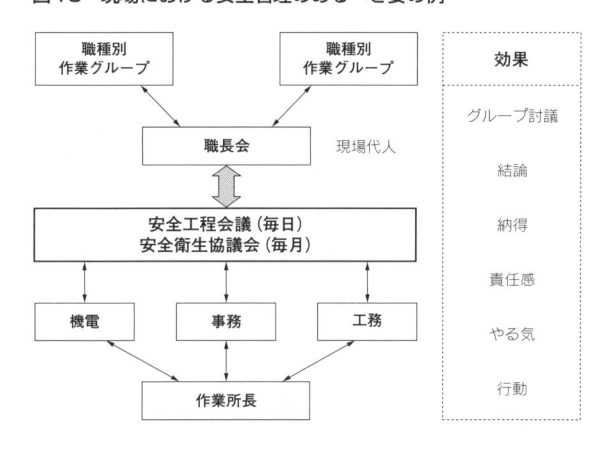

(4) 電気による危険の防止

電気を扱う場合、感電や誤操作により人命に危険が及ぶことがある。労働安全衛生規則に、電気による危険の防止が詳細に規定されている。以下にその主なものを示す。

①労働者が作業中または通行の際の、感電を防止するための囲い等の措置(例を図14に示す)
②湿潤な場所において、漏電による感電防止のための漏電遮断装置の設置
③電気機器操作の際に、感電または誤操作による危険を防止するために必要な照度の保持
④停電作業を行う場合、通電禁止に関する所要事項の表示または監視人の設置、残留電荷の放電、高圧および特別高圧の場合の検電、接地など感電の危険を生じさせない措置

その他、労働安全衛生規則では衛生基準を設け、換気、採光、照明、温度、湿度などの作業環境について規定している。

図14 作業中や通行の際に、高圧受電設備に接触しないようにした囲い

3-2 基準・規定および規格

1 基準・規定

前項で紹介した関係法規のうち、電気事業法には、具体的に運用していく上での基準・規定がある。「電気設備技術基準(省令)」は、性能規定で"ありよう"のみを示しており、具体的な"やりよう"については、「電気設備の技術基準の解釈」「内線規程」「高圧受電設備規程」「保安管理規定」などが一般に適用されてい

る。省令との関係を図15に示す。

それぞれの基準や規定の概要は、以下に示すとおりである。

(1) 電気設備の技術基準の解釈

電気事業法にもとづく省令として、「電気設備に関する技術基準を定める省令」がある。

本省令は、特定の目的を実現するために必要な性能のみで基準を定めた性能基準であり、具体的な手段、方法等は設置者の自主的な判断に任されている。

従って、どのような規格の資機材または設置方法が省令を満たすかを判断することが困難となるおそれがあることから、具体的な材料の規格、数値、計算式等を記載した「電気設備の技術基準の解釈」が示されている。なお、技術的要件を満たす技術的内容は、この「解釈」に限定されるものではなく、当該省令に照らして、同等またはそれ以上の保安水準が確保できる技術的根拠があれば、省令に適合するものと判断される。

また、「電気設備の技術基準の解釈」は、国際規格との整合化が図られ、需要場所に設置する低圧の電気設備については、国際規格(IEC規格)に整合した基準により設置することが可能である。

(2) 内線規程

「電気設備の技術基準の解釈」に定められた内容について、特に建物内などの需要場所における電気工作物の設計、施工、維持および運用の実務に当たって、技術上必要な事項を細部にわたり規定した民間規格である。

(3) 高圧受電設備規程

電気事業者から高圧で受電する自家用電気工作物の保安を確保することを目的として、高圧受電設備の設計、施工、維持、検査の規範として制定された民間規格である。

2 規格類

規格類として、国際規格、国家規格、団体規格などがある。各規格の位置づけは図16に示すとおりである。近年、国際規格の重要性が増し、国家規格、団体規格などの国際規格との整合化が図られつつある。

(1) 国際規格

IEC規格(国際電気標準会議規格)

国際交易の技術的な障害を排除することを主たる目的として定められている。ISO(国際標準化機構[International Organization for Standardization])が国際規格の代表的なもので、近年、品質管理のISO 9001や環境管理のISO 14001の取得が国際取引の決め手となるなど、国際規格に従うことで信頼度が増

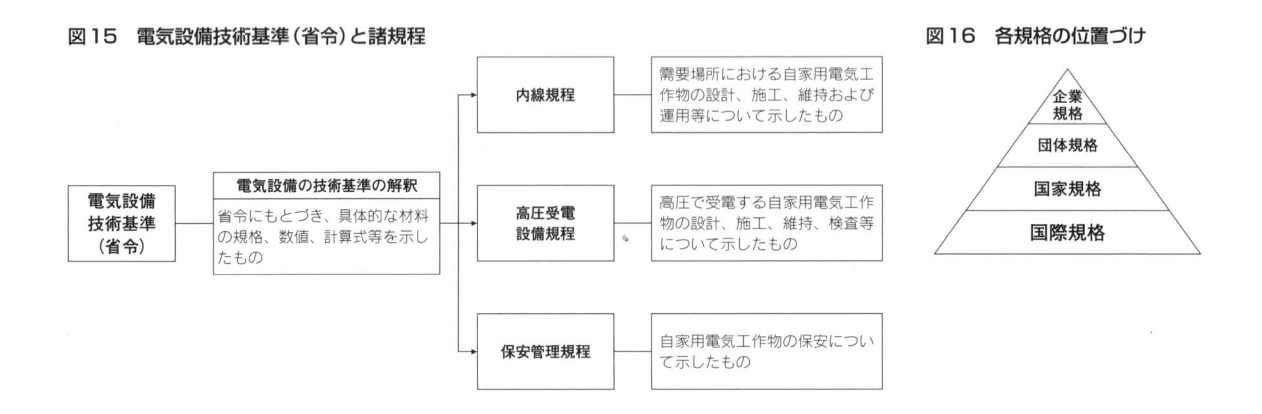

図15 電気設備技術基準(省令)と諸規程

図16 各規格の位置づけ

し、国際競争力を高めることにつながる。

　電気分野では、IEC（国際電気標準会議［International Electrotechnical Commission］）が、電気技術に関するすべての分野の国際標準・規格を作成するための組織である。各国は国内の状況が許す限りにおいて、IEC規格に国家規格を整合させることが求められている。

　IEC内部に専門委員会（TC［Technical Committee］）が設けられ、技術分野ごとに規格の作成を行っている。建築物の電気設備に最も関連の深いTCとしてTC64「建築電気設備」があり、一部がJIS規格に反映されている。また、前記「電気設備の技術基準の解釈」にも取り込まれている。今後、TC99「交流1kV超過の電力設備」（高圧・特別高圧の電気設備）についても取り込まれる予定である。

(2) 国家規格
日本工業規格（JIS）

　日本の国家規格は、JIS（工業）とJAS（農林・食品）で構成されている。法令が技術的な基準への適合を規制するに当たって、その基準としてJIS規格を採用していることから、JIS規格は公的標準として位置づけられている。

　JIS規格は、日本工業標準調査会によって審議され制定されたもので、各規格は5年以内に見直され、国際規格への整合化も推進されている。電気関係のJISは、「JIS-C 電気・電子」として、電線・ケーブル類、電気機械・器具、照明など多くのものについて規格が定められている。

(3) 団体規格

1. 電気学会電気規格調査会標準規格
　　（JEC規格［Standards of the Japanese Electrotechnical Committee］）

　(社)電気学会により制定された規格で、電力関係の機器・材料に関する規格が主なものである。わが国でも権威ある中立の民間規格の代表的なものといえる。

2. 日本電機工業会標準規格
　　（JEM規格［Standards of the Japan Electrical Manufacturers' Association］）

　(社)日本電機工業会により制定された規格で、JECとともに伝統がある。電気機械・器具関係についての規定が主なものである。

3. 日本電線工業会規格（JCS規格［Japanese Cable Makers' Association Standard］）

　(社)日本電線工業会により制定された規格で、主なものは、電線の製品規格や材料規格、試験・検査標準や技術計算標準である。

4. 日本照明器具工業会規格（JLA規格［Standards of Japan Luminaires Association］）

　(社)日本照明器具工業会により制定された規格で、一般照明器具の安全性や非常用照明器具の性能の点から規格を定めている。

5. 照明学会の規格

　(社)照明学会（The Illuminating Engineering Institute of Japan）により制定された規格で、住宅やオフィスの照明設計技術指針や技術規格を制定し、照明技術の向上に努めている。

6. 電気設備学会の規格

　(社)電気設備学会（Institute of Electrical Installation Engineers of Japan）により制定された規格で、建築電気設備に関する技術指針や技術規格を定めている。

4章 建築電気設備の維持管理

> **学習ポイント**
>
> ここでは、電気設備の維持管理の重要性に触れ、維持管理に必要な施設、スペースおよび法的規制など、建物の建設計画時から考慮すべき事項を学ぶ。設備機器類は竣工と同時に劣化が始まり、初期機能を維持するためにはメンテナンスを欠かすことができない。新築時にはライフサイクルコストを念頭に置いたスペース計画が最も重要であることを認識する必要がある。

4-1 維持管理

1 維持管理の必要性

建物の構造体の寿命はおよそ50～100年といわれているが、建築設備の寿命は半分以下しかなく、一般には15～30年程度である。建物内に設置した機械設備等の能力低下や、メンテナンス用部品の確保ができにくくなると、初期の性能を保てなくなり、寿命を迎え設備更新につながってくる。メンテナンスを十分に行わないでいると、その寿命は急速に低下する。初期性能を長く維持するためには、保守メンテナンスを行うことが重要である。必要な時期に必要な維持管理を行うことは建物の寿命を長期化させ、建築主へのサービス向上や地球環境保護にもつながる。

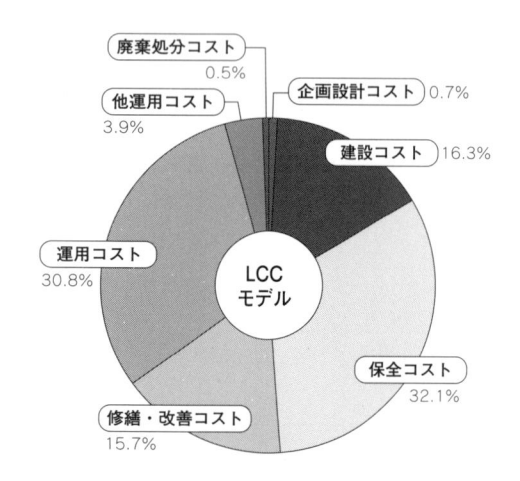

建築計画も当初からこのことに十分に配慮し、維持管理の行いやすい施設にする必要がある。建物のコストは、単に建設コストや水道光熱費を計算するのではなく、メンテナンス費（保全コスト）や修繕・改善コストを加味して長寿命化を図り、ライフサイクルコストの低減化を念頭に入れて建物の計画・設計を行うことが重要である。

図1に、建物のライフサイクルコストにかかわる比率を記す。これらから見ても、建物の維持には長期にわたって大きなコストがかかることがわかる。

2 建物の維持管理に関係する施設計画

建築設備（電気設備を含む）の維持管理を行う上で必要な施設との関係を以下に記す。

（1）必要管理諸室

管理員事務室、控室、仮眠室、清掃員控室、清掃用具置場、警備員詰所、夜間出入口、資機材倉庫等が必要で、要員の居室は1階または地下1階でドライエリアなどから採光が取れる場所が望ましい。

各部屋の大きさは、建物の大きさ、用途によって異なるが、メンテナンス要員数を考慮して計画することが重要である。清掃員控室は、畳の部屋を求められることが多い。清掃用具置場には機器用の電源コンセント、機械室には機器やフィルター清掃用の流し台など

図1 建物のライフサイクルコストの比率

- 廃棄処分コスト 0.5%
- 企画設計コスト 0.7%
- 他運用コスト 3.9%
- 建設コスト 16.3%
- 運用コスト 30.8%
- 保全コスト 32.1%
- 修繕・改善コスト 15.7%
- LCCモデル

を備えておく。

(2) 防災センター・中央管理室（建物規模による）

防災機器や設備機器操作のための、中央管理要員の動線を確保する。また、火災時には防災センターに消防隊が入るので、消防隊の活動に支障のないようゆとりある計画を行う必要がある。防災センターの設置義務や構造などについては、東京都火災予防条例などによること。

防災センターと夜間出入口は、退出者を効率良く確認できるように隣接させる。

(3) ビルの付属施設

一般ゴミの保管、生ゴミ保冷庫（集積所）のスペースを確保し、ゴミ運搬台車がスムーズに出入りできるよう、入口にはスロープを設ける。ゴミ室には、コンセントや清掃用水栓、流し台、ゴミ取り金網の付いた排水桝を設置する。

(4) 電気・熱源機械室などの施設

電気室、空調機械室、給排水設備機械室、消防用ポンプ室、排水処理室、排水ピットなどは、毎日の点検や定期的な解体点検が必要になるので、メンテナンススペースを確保しておく。また当初から機器更新時の移動動線を計画しておくとともに、マシンハッチを確保する。

特に電気室等には、電気管理関係者以外の要員が入れないように施錠ドアとし、また、床下排水設備や他用途のダクト、水配管などが通らないよう建築・設備計画を行うようにする。

3 建築企画から設計、工事、管理までの流れ

建物をつくり維持管理するには、企画段階からいろいろな関係者がかかわり、工事、完成検査を経て、建築主に建物が引き渡される。建物の維持管理は、引き渡された建物の機能を低下させないよう、日常的に建築金物や設備機器の外観、動作状況の点検および定期的な解体点検を行うことが重要である。

企画段階の建築計画から引渡し後の維持管理までのフローを、図2に示す。

図2　建物計画から維持管理までのフロー図

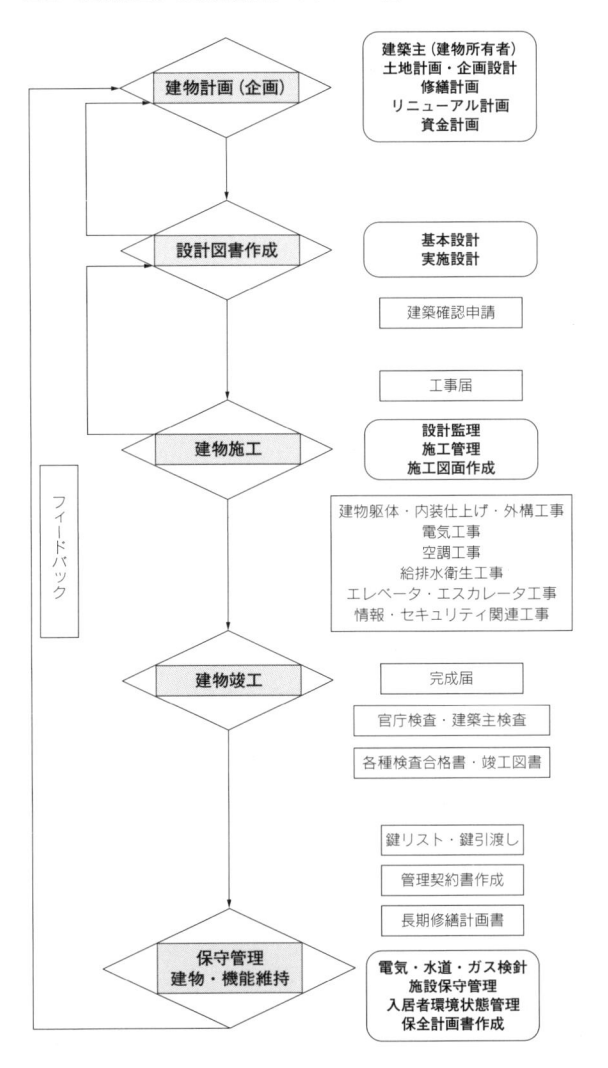

```
                    ┌─────────────────┐
   ┌──────────┐    │建築主（建物所有者）│
   │建物計画（企画）│──│土地計画・企画設計│
   └──────────┘    │修繕計画          │
         │          │リニューアル計画   │
         │          │資金計画          │
         ↓          └─────────────────┘
   ┌──────────┐    ┌─────────────────┐
   │設計図書作成│──│基本設計          │
   └──────────┘    │実施設計          │
         │          └─────────────────┘
         │          ┌─────────────────┐
         │          │建築確認申請      │
         │          └─────────────────┘
         │          ┌─────────────────┐
         │          │工事届            │
   フ     │          └─────────────────┘
   ィ    ↓          ┌─────────────────┐
   ー ┌──────────┐│設計監理          │
   ド │建物施工  │──│施工管理          │
   バ └──────────┘│施工図面作成      │
   ッ    │          └─────────────────┘
   ク    │          ┌─────────────────┐
         │          │建物躯体・内装仕上げ・外構工事│
         │          │電気工事          │
         │          │空調工事          │
         │          │給排水衛生工事    │
         │          │エレベータ・エスカレータ工事│
         │          │情報・セキュリティ関連工事│
         │          └─────────────────┘
         ↓          ┌─────────────────┐
   ┌──────────┐    │完成届            │
   │建物竣工  │──└─────────────────┘
   └──────────┘    ┌─────────────────┐
         │          │官庁検査・建築主検査│
         │          └─────────────────┘
         │          ┌─────────────────┐
         │          │各種検査合格書・竣工図書│
         │          └─────────────────┘
         │          ┌─────────────────┐
         │          │鍵リスト・鍵引渡し │
         │          └─────────────────┘
         │          ┌─────────────────┐
         │          │管理契約書作成    │
         │          └─────────────────┘
         │          ┌─────────────────┐
         │          │長期修繕計画書    │
         ↓          └─────────────────┘
   ┌──────────┐    ┌─────────────────┐
   │保守管理  │──│電気・水道・ガス検針│
   │建物・機能維持││施設保守管理      │
   └──────────┘    │入居者環境状態管理│
                    │保全計画書作成    │
                    └─────────────────┘
```

4 建物引渡し時の関係書類など

建物管理を行うには、建物完成時に設計事務所、建築施工会社、設備施工会社等から引き渡される完成図書が必要になる。

引き渡される書類は、設計、施工会社から建築主(施主)に引き渡され、その後に管理に必要な図書類を管理者に貸与されるのが一般的である。

引渡し関係書類の概略を次に示す。

① 建築・設備完成図
② 建築・設備施工図
③ 建築確認済証
④ 竣工引渡し書
⑤ 消防用設備等検査済証
⑥ 鍵引渡しリスト(同鍵本体)
⑦ 施工者緊急連絡先
⑧ 関係官庁リスト
⑨ 施工業者リスト
⑩ 防水・設備機器保証リスト
⑪ 使用メーカーリスト
⑫ 機器完成図書
⑬ 取扱説明書

5 電気設備維持管理

電気設備に関する維持管理は、主に電源設備、幹線設備、負荷設備を対象に行われる。

① 電源設備；特別高圧受変電設備、高圧受変電設備、常用・非常用発電設備、直流電源設備等
② 幹線設備；動力幹線、照明・コンセント幹線
③ 負荷設備；照明・コンセント設備、空調機器、給排水設備機器、消防用設備機器、弱電設備への電源供給

電気設備の維持管理は、これらの設備が劣化や事故などで動作不良にならないように、日常的に電気使用量メータの読み値記録、計器類の動作確認、電気・空調・給排水設備機器の状態監視等を行い、保全業務・維持管理を行うことである。

ほかに、中央監視、防災・防犯、情報・通信、接地システムなどのメンテナンスも必要に応じて行わなければならない。これらのメンテナンスは多くの場合、

表1 法令で定められた定期点検業務

(点検業務で停電や業務一時中止を伴うものを主に記載)

業務区分	対象設備等	業務内容	実施頻度	点検資格者	関係法令等
建築物	〔特殊建築物〕共通事項 一般構造、防火関係、避難施設等、衛生関係、その他	点検調査および報告、問診、概観点検など	1回/6カ月～3年	1、2級建築士、特殊建築物等調査資格者	建築基準法第12条
建築設備	〔特殊建築物〕 機械換気設備、機械排煙設備、非常用照明設備、予備電源設備	定期調査、検査および報告、概観検査、性能検査	1回/6カ月～1年	1、2級建築士、建築設備検査資格者	建築基準法第12条
昇降機設備	エレベータ、エスカレータ、小荷物運搬昇降機設備	定期検査および報告、性能検査	1回/年	1、2級建築士、昇降機検査資格者	建築基準法第12条
自家用電気工作物	受変電設備、配電設備、負荷設備、予備発電設備	自家用電気工作物保安管理規程に定める内容	1回/1～3年	電気主任技術者	電気事業法第42条
ボイラ	蒸気ボイラ、温水ボイラ、還流ボイラ	性能検査	1回/年	労働基準監督署、検査代行機関	労働安全衛生法第41条 ボイラ及び圧力容器安全規則第37、38条
第1種圧力容器	貯湯槽、熱交換器	性能検査	1回/年	労働基準監督署、検査代行機関	労働安全衛生法第41条 ボイラ及び圧力容器安全規則第73条
冷凍機	高圧ガス保安検査、高圧ガス保安自主検査	性能検査	1回/3年	高圧ガス保安協会	高圧ガス法第35条 冷凍規則第40、44条
消防用設備	消火設備、警報設備、避難設備、その他消防関連	機器点検 総合点検	1回/6カ月 1回/年	消防設備士、消防設備点検資格者	消防法第17条3の3

納入メーカーの推奨基準に従って実施されている。

6 電気設備に関連する年次停電点検

電気設備維持管理は、電気事業法の自家用電気工作物保安管理規程により定められ、定期点検には、月次（6カ月ごと）と年次（1～3年ごと）の点検がある。年次停電点検は、日常の電気通電中では点検できない部分について、全面的に電気を止めて点検することをいう。

法令で定められた定期点検業務および、停電や業務の一時中止を伴う内容を表1に示す。

7 点検通路とメンテナンススペース

建物の維持管理では、機器の日々の状態確認が必要である。日常的には、簡単な計測機器で測定を行う。年次点検などでは、機器全体の分解や取外しなどが必要になるので、これらのメンテナンススペースがどの程度必要になるのか、建築計画の段階で必要スペースを十分に把握し、反映しておくことが重要である。

図3は年次停電時の測定状況、図4は受変電設備の遮断器メンテナンスの写真である。

図3　年次停電時の測定　　図4　遮断器のメンテナンス

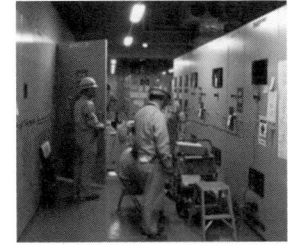

4-2　行政手続き

1 建物全体に関する法体系

建物の維持管理は建物所有者が随意に行えばよいというものではなく、建築、電気、空調、環境衛生、防災、公害等には、維持管理の対象物と有資格者、検査事項と方法等が法律に定められている。

維持管理にかかわる法体系を図5（次頁）に示す。

2 維持管理における行政手続き

維持管理にはさまざまな法律が関連していることは、図5（次頁）からも理解できる。それらの行政手続きには、各関係省庁や諸団体などによって違いはあるが、提出期間や提出先が指定されている。管理における行政手続きを図6に示す。

図6　管理業務を取り巻く行政手続き

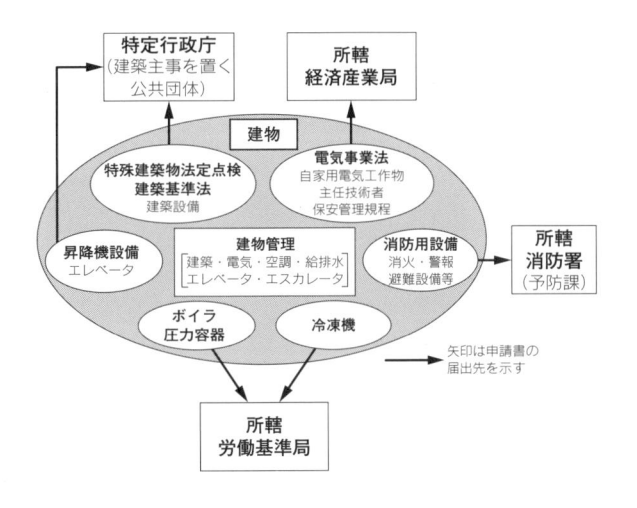

③ 電気設備に関する法定点検と行政手続

図5に記したように、電気工作物の保安に関する規定は電気事業法にもとづいている。この電気事業法施行令に自主保安にかかわる規定があり、保安管理規程の作成（変更）届出・遵守義務が定められ、法定点検内容を作成して所轄の経済産業局などに届け出なければならない。維持管理者がこの規則の定めにより点検業務を行うことが、法定点検である。

法定点検は、電気主任技術者の下に、日常、月次および年次点検を行う。この点検内容を記録し、異常を未然に防ぐように維持管理を行う。

保安に関する点検は、自家用電気工作物保安管理規程（JEAC 9021）に詳しく記載されている。

図5　建物の維持管理にかかわる法体系

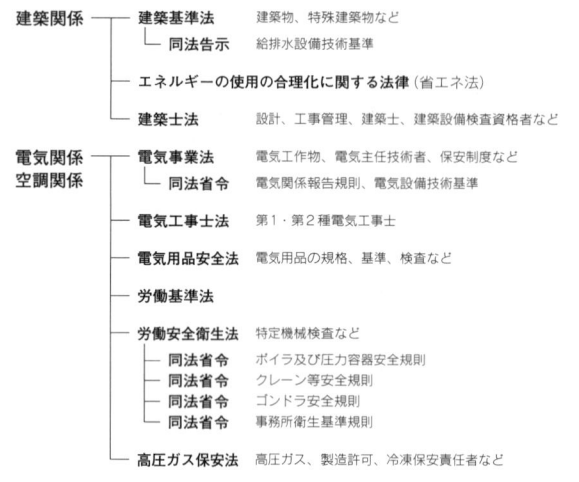

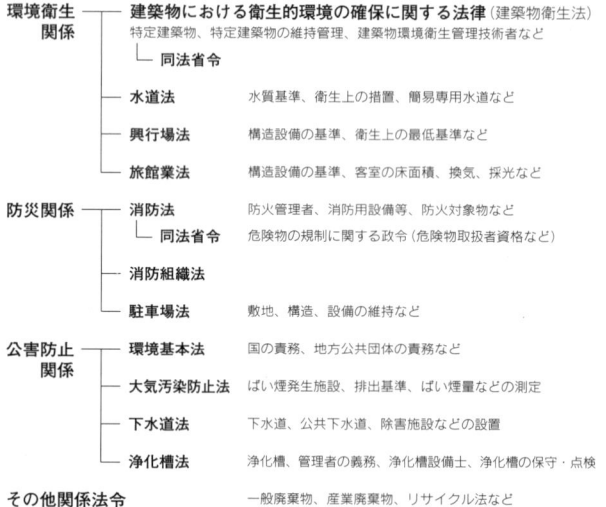

分類	法令	内容
建築関係	建築基準法	建築物、特殊建築物など
	同法告示	給排水設備技術基準
	エネルギーの使用の合理化に関する法律（省エネ法）	
	建築士法	設計、工事管理、建築士、建築設備検査資格者など
電気関係 空調関係	電気事業法	電気工作物、電気主任技術者、保安制度など
	同法省令	電気関係報告規則、電気設備技術基準
	電気工事士法	第1・第2種電気工事士
	電気用品安全法	電気用品の規格、基準、検査など
	労働基準法	
	労働安全衛生法	特定機械検査など
	同法省令	ボイラ及び圧力容器安全規則
	同法省令	クレーン等安全規則
	同法省令	ゴンドラ安全規則
	同法省令	事務所衛生基準規則
	高圧ガス保安法	高圧ガス、製造許可、冷凍保安責任者など
環境衛生関係	建築物における衛生的環境の確保に関する法律（建築物衛生法） 特定建築物、特定建築物の維持管理、建築物環境衛生管理技術者など
	同法省令	
	水道法	水質基準、衛生上の措置、簡易専用水道など
	興行場法	構造設備の基準、衛生上の最低基準など
	旅館業法	構造設備の基準、客室の床面積、換気、採光など
防災関係	消防法	防火管理者、消防用設備等、防火対象物など
	同法省令	危険物の規制に関する政令（危険物取扱者資格など）
	消防組織法	
	駐車場法	敷地、構造、設備の維持など
公害防止関係	環境基本法	国の責務、地方公共団体の責務など
	大気汚染防止法	ばい煙発生施設、排出基準、ばい煙量などの測定
	下水道法	下水道、公共下水道、除害施設などの設置
	浄化槽法	浄化槽、管理者の義務、浄化槽設備士、浄化槽の保守・点検
その他関係法令		一般廃棄物、産業廃棄物、リサイクル法など

5章 建築電気設備のリニューアル

> **学習ポイント**
>
> ここでは、建築電気設備のリニューアルと長期修繕計画の概要に触れ、時代の移り変わりに伴い建物へのニーズが変化し、それに対応していくことの重要性を学ぶ。建物がスクラップアンドビルドからストックの時代へと変化している社会情勢の中で、設備機器の耐用期間を設定し、リニューアル計画と長期修繕計画を定期的に見直すことが重要である。

5-1 リニューアルと長期修繕計画

1 リニューアルの概念

建物や設備機器は、計画的に保守や維持管理を実施していても、経年劣化により徐々にその機能は低下していく。一般に建物本体の寿命に比べ、設備機器類の寿命は短い。また、設備システムや機器の機能は維持できたとしても、社会環境の変化に伴い、その時代のニーズに合わなくなり陳腐化していく。建物所有者は資産運用を図るため、効果的に建物を修繕したり、価値を増したり、あるいはまったく新しい価値をつくり出す必要がある。これがリニューアルである。

リニューアルの要因には、社会的劣化、物理的劣化、経済的劣化があり、それらの相互関係からリニューアルの要否が判断されると考えられる（図1）。以下にそれぞれの要因について記述する。

(1) 社会的劣化の要因

1. 新しい機能要求によるもの
① 情報化対応（OAやLAN機能の充実やIT化など）
② 環境保全に関する省資源・省エネルギー対応
③ 障害者や高齢者対応
④ 安全性対応（防災機能・防犯機能の向上や耐震性の強化など）
⑤ 空調や照明器具などがかかわる居住環境、水回り設備に関するアメニティなどの向上

2. 現行法規との不整合の是正
① 法令の改正
② 消防法の改正と既存遡及
③ エネルギーの使用の合理化に関する法律（省エネ法）など、新法の適用

(2) 物理的劣化の要因

① 設備機器やシステム本来の性能が低下し、信頼性や安全性の維持が困難となる
② 機器や部品の調達が不可能または困難となる
③ 負荷や容量の増加によって、機器の供給（処理）能力が不足してくる

図1 リニューアルの要因

- 社会的劣化の要因
  ・情報化対応
  ・省資源、省エネルギー
  ・安全性対応
  ・障害者や高齢者対応
  ・現行法規との不適合など
- 寿命
- 経済的劣化の要因
  ・エネルギー費増大
  ・メンテナンス費増大
  ・運転人件費増大
  ・効率や採算悪化
  ・資産価値減少など
- 物理的劣化の要因
  ・性能低下
  ・信頼性低下
  ・安全性低下
  ・修理、調達限界
  ・処理能力低下など

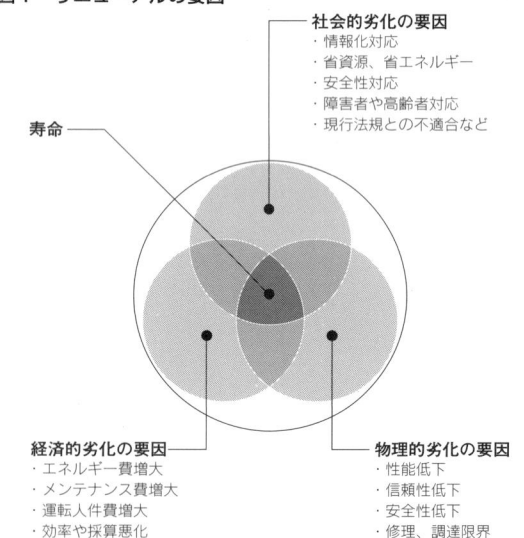

(3) 経済的劣化の要因

① 設備機器やシステムの劣化に伴うエネルギー費、メンテナンス費や運転人件費の増大
② 建物の効率や採算の悪化、また資産価値の減少
③ 社会的ニーズの変化による稼動資産としての競争力の低下

2 長期修繕計画

(1) 長期修繕計画の概念

鉄筋コンクリート造の法定耐用年数が60年なのに比べて、設備のそれは15年程度である。

しかし実際の物理的耐用年数は、日常の保全状況や機器の運転頻度、設置環境の適合性などにより大きな差が生じる。建築物は寿命までに数回の更新を必要とし、また更新時期までには大小さまざまな規模で修繕を行う。そのために、建物のライフサイクルにわたる長期修繕計画を立てる必要がある。

建築設備の物理的耐用年数とは、機器の性能・機能の劣化が進行し、部品の補修・交換による性能の回復が困難であり、費用対効果の点からしても継続することが不可能となるまでの時間をいう。修繕とは、劣化した部材・部品や機器の性能・機能を、初期の水準あるいは実用上支障のない状態まで回復させることをいう。建物のライフサイクルと機能や性能の変化を図2に表した。

(2) 機器の修繕周期と耐用年数

電気設備機器の修繕周期と更新時期の一例を、表1（次頁）に示す。

表中の「法耐」とは法定耐用年数の略であり、減価償却期間の耐用年数などに関する財務省令で定められている年数であり、物理的な耐久性とは異なる。

更新とは機器や部材・部品を新しい物に取り替えることをいい、周期とは機器の修繕や更新時期までの物理的年数を表している。

図2 長期修繕計画の概念図

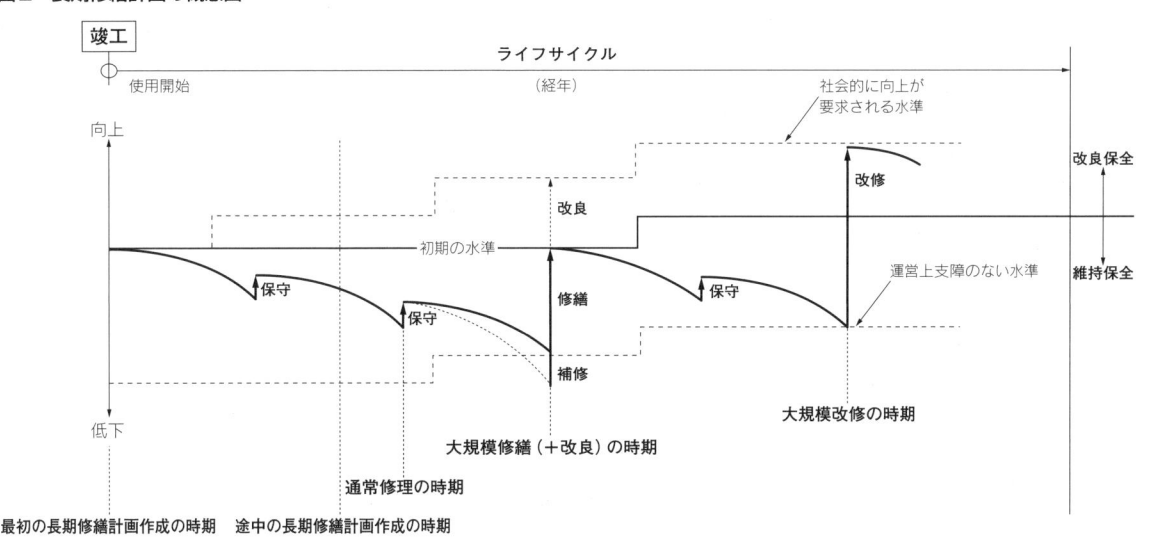

注
保守：現状維持の上で不具合を最小限に直すこと
補修：劣化した部分の性能および機能を実用上支障がない状態まで回復させること
修繕：劣化した部材・部品または機器の性能・機能を初期の水準あるいは実用上支障のない状態まで回復させること
改良：機能・性能を初期の水準を上回って改善すること
改修：劣化した建築物などの機能・性能を初期の水準以上に改善すること
改良保全：初期の性能または機能を上回って改良するために行う保全
維持保全：建築物や設備の価値や効率の低下を防ぐために行う点検、補修などの管理作業

(3) 長期修繕計画の例

長期修繕計画は、建物が竣工した時点から立案するのが望ましく、建物の各部位や建築・電気・衛生・空調設備ごとに、表1に示した修繕・更新時期一覧表から周期や費用を算出して、計画書を作成する。修繕項目としてここでは、保守員が日常的に行うような点検整備やスポット的な小修理は除外し、一定間隔で実施する塗装作業や、専門業者に依頼し定期的に行われる分解整備・修理などを対象とする。長期修繕計画には更新工事も対象となる。図3に示した長期修繕計画の例は、建物の竣工から30年までのライフサイクルにおいて、建築と設備にかかわる修繕と更新の費用

表1 電気設備機器(一例)の修繕・更新時期一覧表(BELCAによる)　　　　単位係数：％　周期：年　法定耐用年数(法耐)：年

大分類	No.	中分類	No.	小分類	寸法仕様	呼称	修繕費 名称	周期	単価係数	更新費 名称	周期	法耐	単価係数
電気	1	高圧機器	1	高圧受電盤(屋外 QB)	900W×2,000D×2,300H	基	定常修理	1	2.0	更新	20	15	102.0
			2	低圧配電盤(屋内 QB)	1,400W×2,000D×2,300H	基	定常修理 解体修理	1 10	1.0 10.0	更新	30	15	102.8
			3	変圧器　モールド	1Φ200kVA	台	定常修理 防振ゴム取替	10 20	0.9 5.0	更新	30	15	104.7
			4	変圧器　油入	3Φ300kVA	台	オイル交換 定常修理	10 10	9.0 1.6	更新	30	15	111.4
	2	自家発電機	1	ディーゼル発電機　非常用	低圧100kVA 125PS 低騒音型75 dB	台	エンジン修理 発電機修理 盤類定常修理	2 2 15	1.0 0.1 4.0	更新	30	15	102.8
	3	直流電源装置	1	整流器(HS用)	DC100V-15A SID5A付	台	コンデンサ取替 接触器取替	8 15	9.0 19.0	更新	30	6	101.4
			2	ポケット・アルカリ蓄電池	AMH100P・5HR・86セル	式	触媒栓取替 液替処理	5 8	11.0 28.0	更新	15	6	103.1

注
BELCA：Building and Equipment Life Cycle Association (社団法人　建築・設備維持保全推進協会)
法定耐用年数：減価償却資産の耐用年数などに関する省令で法的に定められている年数で、物理的な耐久性といった意味の年数ではない
修繕費：劣化した部位・部材または機器の性能・機能を初期の水準あるいは実用上支障のない状態まで回復させるための費用
更新費：劣化した部材・部品や機器などを新しい物に取り替える費用
単価係数：修繕費・更新費を新築時の工事費で除した百分率
QB：キュービクル
表の見方：高圧受電盤(屋外 QB)が竣工時、仮に4,000,000円だとすると修繕費は定常修理で1年周期で2％の80,000円を計上する
　　　　　更新工事費は20年目に102.0％の4,080,000円を計上する

図3　長期修繕計画の例

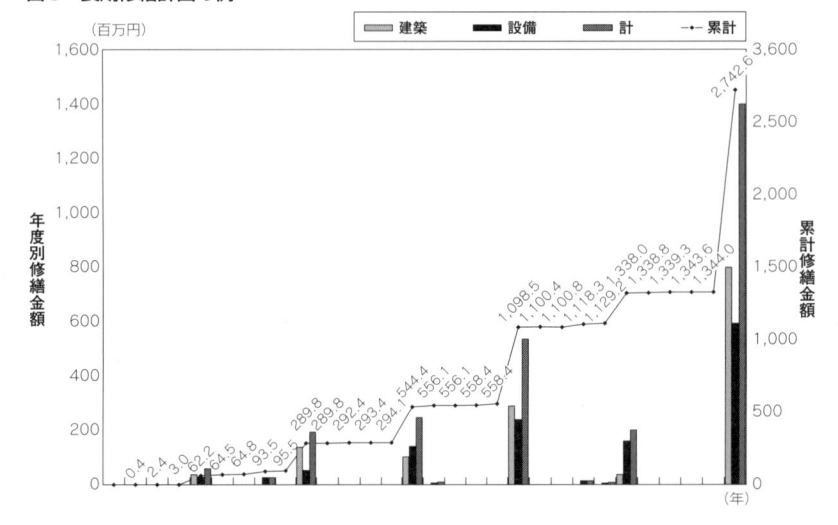

図4　劣化診断のフロー

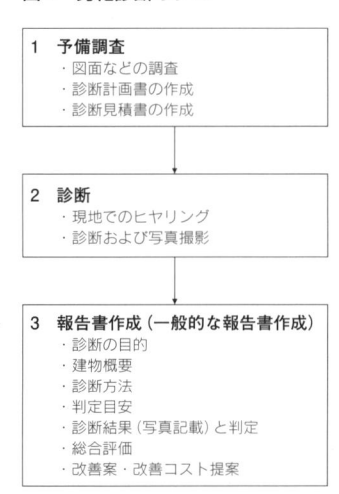

1　予備調査
・図面などの調査
・診断計画書の作成
・診断見積書の作成

2　診断
・現地でのヒヤリング
・診断および写真撮影

3　報告書作成(一般的な報告書作成)
・診断の目的
・建物概要
・診断方法
・判定目安
・診断結果(写真記載)と判定
・総合評価
・改善案・改善コスト提案

を表したものである。

　これらは、建築工事における施工区分に準じて、建築・電気・衛生・空調・昇降機に分け、修繕・更新ごとに金額を細分化して作成しておくと、修繕・更新を行う際に発注時の予算化が容易である。また長期修繕計画は最初に立案したとおりに遂行するのではなく、運転頻度の変化や故障発生などの運用状況に応じて、定期的に見直して作成し直すことが重要である。

（4）建物劣化診断

　建築設備は、経年や保全の状況・設置環境などの理由により、劣化の進行を免れることはできない。建築設備の機能を所定の水準に維持するためには、適切な維持管理を行わなければならないが、維持管理を行うためには、築後10年前後を目安に、どの程度劣化しているかを診断し、現状を把握する必要がある。これが劣化診断である。

図4　電気設備劣化診断結果と修繕項目

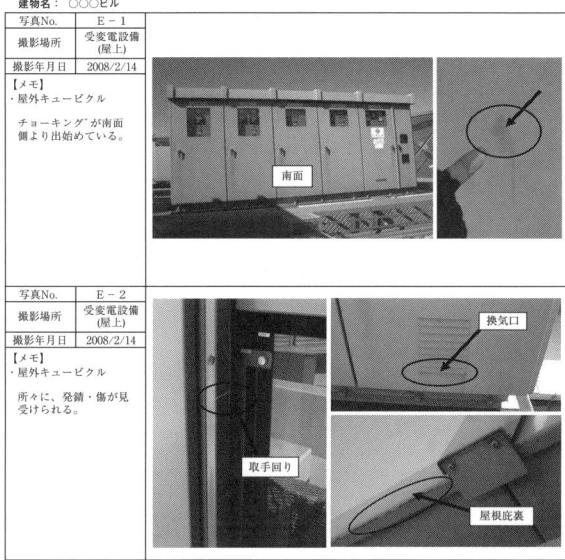

番号	項目	診断結果	補修方法	緊急度	2008 築6年	2009 築7年	2010 築8年	2011 築9年	2012 築10年	写真番号
1	受変電設備 屋外キュービクル （外装・内装）	南面側より塗装にチョーキングが出始めている	2～3年内に塗装の補修をする	B			900			E-1
2	受変電設備 屋外キュービクル （外装・内装）	所々に錆の発生、傷が見受けられる（扉錠受け部・給気口・屋根下等）	除錆の上タッチアップ塗装で補修をする	A	250					E-2
3	受変電設備 屋外キュービクル （受変電盤内）	機器類は現状特に問題なし		—						E-3
4	受変電設備 屋外キュービクル （LBS・PF）	屋外設置の場合、高圧負荷開閉器（LBS）の電力ヒューズ（PF）の推奨更新時期は約10年である。現状の状況から判断して劣化の進行状況は遅いと思われる	電気主任技術者との協議により交換時期を決める	C				1,700		E-4

緊急度
A：1年以内に改修が必要と思われるもの　　B：2～3年以内に改修が必要と思われるもの
C：5年を目安に計画的改修が必要と思われるもの　　←→：この期間内に実施することが望ましい

一般的な劣化診断は、予備調査、診断、報告書作成の3段階に分かれるが、調査・診断から調査結果の判定・評価まで一貫して同じ診断者が行うのが通常である（図4、前頁）。また、1次診断の結果によっては、2次診断、3次診断とさらに詳細な診断を行う場合もある（表2）。建築電気設備の劣化診断報告書の具体例を図4に示す。

表2　診断レベルと調査内容

診断レベル	調査内容	レベルの分類
1次診断	・アンケート調査 ・保守員へのヒヤリング ・概観目視点検調査（五感による調査）	一般診断
2次診断	・非破壊調査（X線、内視鏡など） ・計測調査（照度、絶縁抵抗測定など）	詳細診断
3次診断	・部分破壊・分解調査 ・特殊計器類使用 ・専門職による抜取り調査など	詳細診断

5-2　リニューアル工事と事前計画

リニューアル工事は、会社あるいは居住者が退去や仮移転した後に行う場合と、使用あるいは居住しながら行う「居ながら工事」の場合がある。当然、空室状態で工事を行うほうが発生する問題が少なく、経済的で計画も立てやすい。それに比べて「居ながら工事」の場合は、建物の機能を生かし、会社の生産性や居住者の生活を優先しながら行うため、日々の工事工程調整、安全、防犯、防災、仮設計画、法規の遵守など、複雑な条件や困難が伴う。

しかし、いずれの場合もリニューアル工事を実施するに当たっては、次のような事項について十分な事前調査を行うことが重要である。

ここでは、電気設備のリニューアル工事で特に注意を払わなければならない事項を紹介する。

1 リニューアル工事

(1) 法令の遵守

リニューアル工事エリア内に、消火・警報・排煙・避難関連設備などの防災設備がある場合やそれらの設備自体を取り替えるときには、一部または全体の設備が作動・機能しない状況になる。このような場合には所轄官庁の了解と指導、使用者との相互理解を得ておくことが重要になる。

(2) 法的手続き

変更申請または届出を要する受変電設備や非常用発電機、消防用設備の変更・追加などがある場合は、建物所有者や電気主任技術者に確認の上、所轄官庁への申請届出に遺漏のないようにする。

(3) 現状調査

保管している竣工図または施工図と現状に相違がないかを調査する。躯体穿孔工事を行う部分については、埋設物の調査や構造強度の確認をする。

建物の管理状況・管理規約・賃貸契約・区分所有など、建物所有者とユーザーの関係を十分把握しておくことも重要である。

(4) 工事計画

工事中に停電を伴う場合は、作業内容および月日・曜日、時間を明確にする。停電に備えて重要機器（サーバ、冷蔵庫、24時間稼動の機器など）の事前調査を行うとともに、万一の場合の対策を考慮しておく。

建設廃棄物処理計画は工事前に立て、違法投棄のないよう最終処分場も確認する。PCBなどの有害物質を使用した電気機器（油入変圧器、進相用コンデンサ、蛍光灯安定器など）の撤去の有無を調査し、適切な処置方法を計画しておかなければならない。

これら事前調査が必要な事項と対応策についてはチェックリストなどを作成し、漏れのない打合せや確認をしておくことが重要である。

2 将来のリニューアルを見据えた建築計画

近年の環境問題に関する動向を考えると、建物の新築計画を行う時から、将来のリニューアルを十分考慮した建築・構造・設備計画を行う必要がある。たとえば、機器の搬出入経路の確保、点検口(扉)やシャフトの寸法と設置個所、更新用代替スペースの確保、構造躯体と機械室やシャフト位置の離隔などがなされているか否かによって、リニューアル工事の可能性・選択肢は大きく異なる。

(1) 機器の搬出入経路の確保

建物には、受変電設備機器や発電機に対する維持管理を考慮して、構造上の条件から電気設備の搬出入用マシンハッチや搬出入口が確保されている場合が多いが、「居ながらリニューアル」では既存設備を生かしながら工事を行うため、電気設備だけではなく他の設備に対しても、想定された搬出入スペースを使用するのが難しくなることがある。

従って、将来計画として「居ながらリニューアル」も想定される電気室や熱源機械室となる階やエリアでは、将来の工事用搬入ルートを、構造計画、機器配置計画の段階で考慮しておく必要がある。

また外構計画上においても、機器の搬出入動線を考慮することが必要である。上階(地上階)への機器搬出入に際して、窓、外部階段の出入口、避難バルコニーなどの大きな開口部を利用することがある。それら開口部から機器を搬出入するときの揚重手段としてクレーン車が使用できる舗装、機材の安全な設置場所などの検討が重要である。

建築計画でも、搬出入動線になるであろうと思われる廊下などの幅は大きめに設定する、などの配慮をしておくことが大切である。

(2) 点検口(扉)やシャフトの寸法と設置個所

シャフト内で機器や配管材の更新工事を行うため、搬出入ができる寸法の点検口(扉)を確保する。またシャフトの寸法に関しては資機材の搬出入だけでなく、適切な工具を使用して工事を行うことができるスペースの確保も大切である。作業スペースがないと、シャフト自体を壊すことにもなりかねない。

天井点検口も、それぞれの目的に合わせて設置する。まず、水場(トイレ・流しなど)の下階に設ける。これは、配管からの漏水への対処や、配管の劣化診断などを容易に行うためである。バルブや操作の必要な機器や機材が収納されている個所の天井には、必ず点検口が必要である。

(3) 更新用代替スペースの確保

熱源機器、電気機器を更新するときのために、代替スペースを確保しておきたい。たとえば倉庫などを近くに用意しておくと、仮設の設備を倉庫に設置して、熱源設備や電気設備などの更新工事を容易に行うことができる。

(4) 構造躯体と機械室やシャフトの位置

機械室やシャフトの壁が構造上重要な壁(耐震壁など)である場合、空調風量の増加や電気配線の増設が生じたとき、機械室の拡張やシャフトに壁開口を設けることができない場合がある。そのために機械室やシャフトを新たに設けることにもなってくる。それも制限されると、空調方式や配線方式などが限定され、無理な計画や工事を行うことにもなりかねない。

高度経済成長期やバブル期に建設された建築物は、将来の計画よりも目先の利益を優先させ、レンタブル比の向上や執務スペースの増大を主眼として計画される傾向が見られた。それらのリニューアル工事の計画を立てるとき、建築設備だけでなく建築計画にまでさまざまな制約、影響を及ぼす場合もある。最近のリニューアル工事から多くを学び、今後の新築工事計画に十分生かしていかなければならない。

6章 エレベータ・エスカレータ

> **学習ポイント**
>
> ここでは、エレベータ・エスカレータの歴史からその仕組みと構造に触れ、建築計画に大きな影響を及ぼすエレベータ・エスカレータの設置計画を学ぶ。建築電気設備の中で日常的に最もよく使われるものの1つであるエレベータ・エスカレータの計画では、交通需要の予想が最も重要であり、将来のビルの使われ方まで予測して決定する必要がある。

6-1 歴 史

1 エレベータの歴史

(1) エレベータの起源

人類の文化の発展に伴い、高い建造物をつくるために資材を安全に運び、また高い建物内で人を安全に運ぶため、種々の手段や工夫がなされてきた。これらの要求に適合する最も原始的なエレベータとしては、おそらく人力（または畜力）駆動による荷物用リフトであったと考えられている。また、エジプトのピラミッド築造には、ホイストが使われていたに違いないといわれている。

エレベータそのものの起源は古く、古代ローマ時代の紀元前236年に始まるといわれている。当時の傑出した科学者で機械の天才であったアルキメデスが、人力を使ってドラムにロープを巻き付ける巻胴式ホイストを、ネロの宮殿に3台設備したのが始まりといわれている。今日、コロッセウムの地下にもエレベータの遺跡が残っている（図1）。

(2) 動力駆動エレベータの発展

動力を用いたエレベータが出現したのは、ジェームス・ワットの蒸気機関が発明されたことによるもので、蒸気機関の発明に遅れること70年の1835年に、蒸気機関駆動の荷物用エレベータが、イギリスのある工場で初めて運転された。その後、1858年にニューヨークで、蒸気機関の回転をベルトとウォーム歯車で減速して綱車を駆動するタイプの、人が乗るエレベータが出現した（図2）。

一方、水圧式エレベータは、1845年にウイリアム・トンプソン卿（イギリス）が公共水道の送水本管の水圧を利用し、水圧が低い場合には蒸気ポンプ・エンジンと圧力タンクを併用したものを実用化したのが始まり

図1 コロッセウムのエレベータ

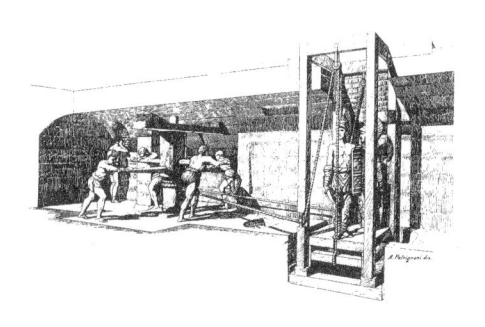

図2 蒸気機関駆動の乗用エレベータ

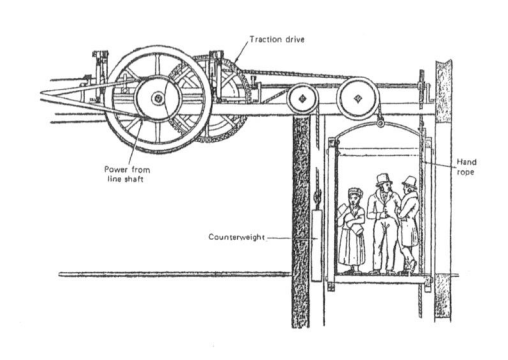

である。水をピストンシリンダに押し込むとピストンが動く。ピストンにロープ端をつなぎ、あるいは、人の乗るかごを直接取り付ける。これがそのままエレベータになり、後述の電動式エレベータが実用化されるまでの駆動源の主役を演じた。

(3) エレベータ基本構造の確立

1840年代までのエレベータはいずれも、ロープが切れればただちにかごが落下してしまうタイプのものでしかなかった。

1852年に、エリーシャ・グレーブス・オーチス（アメリカ）が非常止め装置を開発した。彼は、1854年にニューヨーク市で開かれたクリスタル・パレス博覧会に、非常止め装置付きエレベータを持ち込み（図3）、観衆が見守る中で、自らが乗ったエレベータのロープを切断してその安全性を立証したことから、エレベータの大衆化が始まった。

1853年には、イギリスのフロント・ストラトによって、ロープの一端にかごを、他端に釣合おもりを吊したつるべ式（トラクション式）のエレベータが出現した。

トラクション式とオーチスが開発した安全装置（非常止め装置）とが、今日のエレベータの基本となる駆動方式および安全確保の礎となった。

1857年に、当時としては高い5階建てのビルに、世界で初めて乗用エレベータが常設された。積載荷重は450kg、速度は12m/mのエレベータで、非常止め装置が備えられ、動力には蒸気機関が使用された。

(4) 電動式エレベータの発展

エレベータに今日の隆盛をもたらしたのは、電動式エレベータである。1831年にはファラデー（イギリス）が発電機を完成したが、エレベータの動力として電動機を利用したのは1880年、ドイツのシーメンス・ハルスケ社が、マンハイムで開催された博覧会に電動式エレベータを出品したことが始まりである。

1889年、N. B. オーチス（アメリカ）がウォーム歯車で直結させた世界初の電動式エレベータを開発し、ニューヨークのデマレスト・ビルに納入した。1900年、交流誘導電動機の進歩に伴い交流式エレベータが実用化され、電動化が促進されていった。

2 日本におけるエレベータの発展

1890年、浅草の凌雲閣に観覧用エレベータを輸入して設置した（図4）のが、日本最初の乗用エレベータである。電動力を応用したエレベータが世界で最初に現れたのが1889年、それからわずか1年後には、日

図3 非常止め装置付きエレベータのデモンストレーション

図4 凌雲閣の観覧用エレベータ

本にも電動式エレベータが出現した。

東京電力の50年史によれば、このエレベータは2台で、1台の広さは3畳敷。かご内部の周囲に座布団を敷いた腰掛を設け、電灯を点じ、大きな姿見を掲げ、乗客は1回に15人以上、20人まで乗らしめたとある。

また、このエレベータは7馬力の電動機で駆動されており、電気を電灯以外の動力として利用した日本最初のケースでもあった。

その後大正、昭和と時代の推移とともにエレベータの国産化も進み、多くの自主技術も確立されていった。そして1963年、建築基準法の改正により建築物の高さ制限が撤廃され、1968年、わが国初の本格的超高層ビルとして注目を集めた霞ヶ関ビル(図5)の完成を契機に超高層ビルの建設が続き、国内のエレベータ技術が飛躍的に向上していった。

日本国内で開発された、優れたパワーエレクトロニクス技術やマイクロコンピュータ技術などをその都度エレベータの制御に応用する努力を続けた結果、国産エレベータは、現在では、世界に誇ることのできる性能と信頼性、ならびに省エネルギー性を有するエレベータになったといえる。

図5　霞ヶ関ビル

6-2　仕組みと構造

1　エレベータの全体構造

現在、国内のエレベータの大多数を占めているロープ式エレベータの主要な構造を図示すると、図6のようになる。昇降路頂部に機械室を設け、ここに設置された巻上機によってかごを昇降させる仕組みになっている。ロープ式は、かごと釣合おもりをつるべ式に吊り下げロープと綱車との間の摩擦力を利用して駆動するトラクション式と、巻胴(ドラム)にロープを巻き付けて巻胴の回転によってロープを巻き取り、巻き戻すことによってかごを昇降させる巻胴式とに分類される。巻胴式は、小型、低速、低揚程のエレベータの一部に使われている。

その他の駆動方法としては、油圧ジャッキによってかごを押し上げる油圧式、ねじを切った軸上をナットと一体化したかごが上下するねじ式、かご側面に刻まれた溝が歯車とかみ合うことでかごが上下するラックピニオン式などがある。また最近では、機械室のいらない機械室レス方式もある。

エレベータの分類の仕方には、前述の駆動方式による分類の他、用途、使用形態、速度、制御方式、操作方式、設置形態およびかご構造等による分類の仕方がある。ちなみに、エレベータの定格速度は、建築基準法施行令で、「かごに積載荷重を作用させて上昇する場合の毎分の最高速度をいう」と定義されているが、速度による分類では一般に、低速(45m/m以下)、中速(60～105m/m)、高速(120～300m/m)、超高速(360m/m以上)としている。

図6 ロープ式エレベータ（トラクション式）の構造

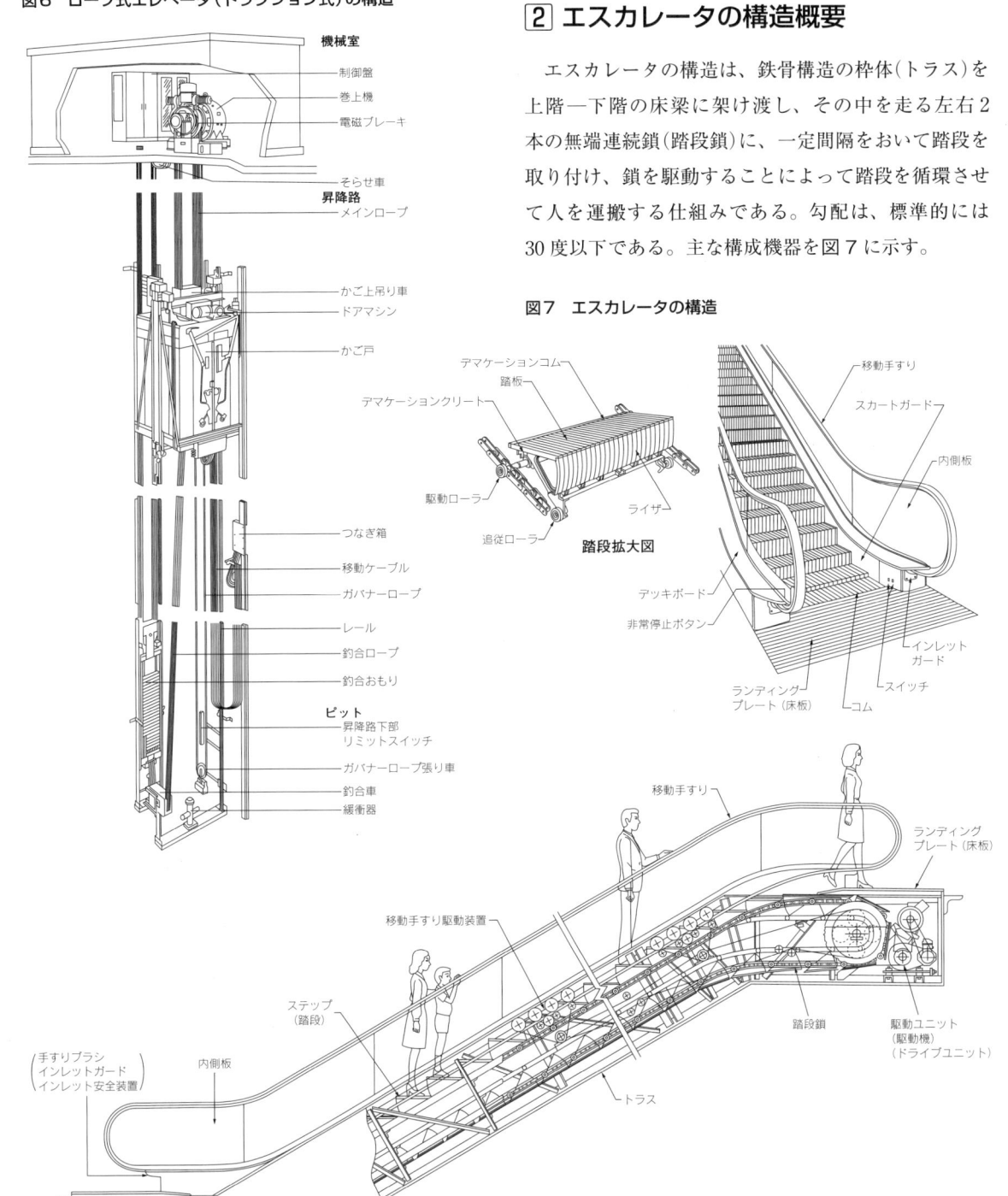

2 エスカレータの構造概要

　エスカレータの構造は、鉄骨構造の枠体（トラス）を上階―下階の床梁に架け渡し、その中を走る左右2本の無端連続鎖（踏段鎖）に、一定間隔をおいて踏段を取り付け、鎖を駆動することによって踏段を循環させて人を運搬する仕組みである。勾配は、標準的には30度以下である。主な構成機器を図7に示す。

図7 エスカレータの構造

6－2 仕組みと構造　123

6-3　設置計画

1　エレベータの交通計画

　エレベータやエスカレータは、ビル内の縦の交通機関として重要な役割を果たし、その計画の良否はそのビルの使い勝手を左右するといっても過言ではない。これらの計画に際しては、対象となるビルの使用目的に対して、将来のビル内交通需要を予測し、これに見合った台数・仕様・配置が決定される（図8）。

　予想されるビル内交通需要にもとづいて交通計算を行い、サービス（量的サービスと質的サービス）のグレードと経済性、使い勝手等を総合的に判断して仕様と台数を決定する。

(1) ビル内交通需要の予測

　交通需要とは、単位時間内のエレベータやエスカレータの利用者数をいい、エレベータやエスカレータ計画の根幹となるものであるから、できる限り正確に予測し把握することが大切である。交通需要は、建物の計画時点と完成数年後では企業の成長に伴う人口増加によって変わってくるので、予測を行うに当たってはこれを十分考慮しなければならない。

　計画する上で最も基本的なことは、輸送する対象とその量であり、一般には輸送する対象を人においている。利用する人は、ビル内居住者と来訪者であり、計画するビルについてこれらの利用者数を予測するには、類似用途の建物において交通実態調査を行うことが最も望ましいが、酷似の建物がなく実測には人手と時間がかかるといった理由から、一般には計画ビルの用途と規模から利用者数を予測することが多い。

　オフィスビルの場合は、延べ有効面積と1人当たりの占有面積から居住者数を予測し、百貨店やショッピングセンターの場合には、総売り場面積から来客数を予測する。またホテルでは、ベッド数と宴会場等の客席数から利用者数を割り出し、集合住宅では住戸数と1世帯当たりの家族構成や人数から推測するといった方法がとられる。

(2) 集中率

　エレベータやエスカレータの必要台数は、交通需要のピークの大きさによって決まる。これを集中率という。集中率は単位時間内（一般には5分間）にエレベータやエスカレータの利用者が集中する割合を示し、サービス対象者に対する百分率で表す。

　この集中率の大きさやその方向および発生時刻は、

図8　エレベータ基本計画のフロー

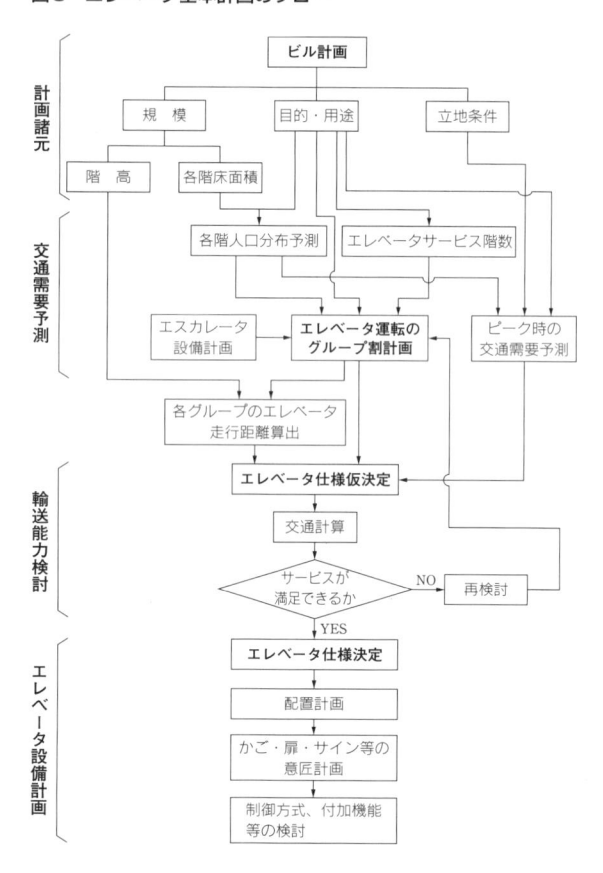

ビルの用途・性格・立地条件によって大きく変わる。たとえばオフィスビルの場合、朝の出勤時には上りにピークが発生し、昼食時には食事に出る人と食事から帰る人が輻輳し、上り下り両方にピークが発生する。また、同じオフィスビルでも一社専用ビルに比べてテナントビルでは、始業時刻にばらつきがあり、会議室などの共同スペースの関係から集中率には違いが生じる。一般に、ビル内のテナント数が多く、フレックスタイム制を導入している会社が入居しているビルほど集中率は低くなる傾向にある。

また、集中率は建物の立地条件によっても異なる。計画建物が最寄り駅から遠い場合は、電車から降りた人が歩行中に離散化され、集中率に影響を及ぼさない。一方、最寄り駅に隣接している場合は、電車から降りた人が一度にエレベータホールに集まるため集中率は非常に高くなり、エレベータやエスカレータの設置台数が少ないと、ホールに大量の積み残し人数が発生する。このような現象は、計画建物の直近に信号機がある場合にも発生し、信号でせき止められた人が、信号が青に変わった時に一度にエレベータホールに集中し、混雑する。

階段がエレベータホールから利用しやすい位置に配置されている場合は、エレベータに対する負荷、言い換えれば集中率が軽減できる。これは、エレベータホールに到着した人がエレベータにすぐ乗り込めないと判断したとき、1ないしは2階床程度の移動であれば階段を利用するからである。

予測される交通需要と集中率が決まれば、ピーク時のサービスが不適切とならないようエレベータの交通計算を行って、速度、台数、定員を決定する。

2 エレベータの配置計画

(1) 出発階の設定

建物の主要出入口が複数階床に設けられ、いずれの出入口も交通量が多い場合には、エレベータの出発ロビーは主要出入口のある最も上の階に設定し、下層部は非サービスとしたほうがよい。

たとえば、地下階に地下鉄との連絡口や店舗、食堂などがあり、1階に建物の出入口がある場合にエレベータを地下階までサービスさせると、地下階から乗り込む乗客のためピーク時に1階ロビーで満員通過が発生し、利用者の不満を招く。また地下階をサービスすると、走行距離と停止回数が増加するため1周時間が長くなり、輸送能力が減りエレベータ設備を有効に生かせないことがある。このような場合には、地下階と1階ロビーとの間にエスカレータを設け、エレベータは1階から出発する(図9)ようにしたほうが交通動線が整理され、運転効率が向上する。

(2) 出発階ロビーの動線

エレベータの配置は建物の機能に重大な影響を与えるので、動線を考えた入念な検討が必要である。

エレベータを利用しやすくするには、エレベータホールを、同一階のどこからも歩行距離が短く、出入口から容易に視認できる位置に配置すべきである。これが困難な場合には、適切な案内表示装置を用いて、初めて建物を訪れた外来者でも迷うことなくエレベータホールに到達できるような配慮が必要である。

次に、出発階のエレベータホールはピーク時には相当混雑するので、5分間集中率の高いビルでは、ホールの形態は袋小路(アルコーブ形)としないで通り抜けできることが望ましい。袋小路になっているとエレベータホール入口で混雑し、奥のエレベータが有効に利用されないおそれがある。ただし、一般階においては利用者も少ないため、アルコーブ配置でもよい。

図9 エレベータとエスカレータの有効な組合せ

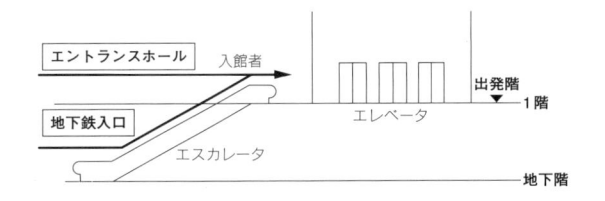

3 サービス階の計画

(1) 同一バンク内のエレベータサービス階はそろえる

　経済性のために図10に示すような計画が見受けられることがあるが、これでは地下階へのサービスが劣るばかりではなく、他の階にも影響してビル全体としてのエレベータサービスが悪くなるので注意が必要である。これは、最近のエレベータの運転がコンピュータでグループ制御されていることから、乗り場で長待ち時間が発生するとその階に優先的にかごが割り当てられることにも起因している。地下階をサービスするエレベータ台数が少ないと、地下階で長待ち時間が発生しやすくなり、地下階をサービスするエレベータは他の階の「乗り場呼び」に応答することなくバイパス運転する確率が高くなる。その結果、地下階以外の階には残り2台のエレベータだけで対応することになるので待ち時間が長くなり、サービスが低下する。

　サービス階がそろっていれば、「乗り場呼び」に対して適当なかごを割り当てることができ、効率の良い運転ができる。

(2) 直線配置は4台以内とし、エレベータ相互の距離が離れ過ぎない

　5台以上のエレベータを直線配置すると、両端のエレベータが離れ過ぎるため、エレベータホールの端部にいる利用者が他方の端部に到着したエレベータに乗り込むまでに時間を要し、場合によっては乗り遅れが生じるおそれがある。

　4台以内であっても両端のエレベータ間の距離は8m以下が望ましい。

(3) 5台以上の場合は対面配置とし、対面距離は3.5〜4.5mとする

　これも前項と同様の理由である。対面距離を長くし過ぎると乗り遅れが生じ、短か過ぎると出発階で混雑する。対面配置で最も望ましいのは、3台ずつ対向した6台1群のエレベータだといわれている。これは利用者が容易にエレベータを見わたせ、歩行距離も短く利用しやすいためである。

　なお、4台ずつ対向した8台バンクの場合には、利用者の歩行距離を短くするため、利用者がエレベータホールの両側から出入りできるようにするとよい。

　各階の床面積が広い場合には、交通計算上、エレベータの必要台数が9台以上になることがある。この場合にはエレベータバンクを複数個所に分散させ、各バンクのエレベータ台数が8台以内となるようにするとよい。このとき、各エレベータバンクの位置を、ビルの出入口からほぼ等しい距離を持つように配置すると、利用者が均等に分散するのを助けるので運転効率上望ましい。

(4) 同一バンク内のエレベータは、ホールのどの位置からでも見わたせる

　エレベータホールを、柱が突出していたり、エレベータの出入口が奥に引っ込んだ見通しのよくない構造にすると、かごの到着を知らせるホールランタンが見にくくなり乗り遅れによる無駄な停止が発生するおそれがあり、たとえホールランタンに到着予報機能を持たせていても、避けるべきである。

　他の階で荷物の搬出入などにより乗降に手間取ると、割当てかごが変更され、到着予報と異なる扉が開くことがある。エレベータが到着し扉が開いた状態が、ホールのどの位置からでも判別しやすいよう計画することが望ましい。

図10　同一バンクでサービス階が異なる

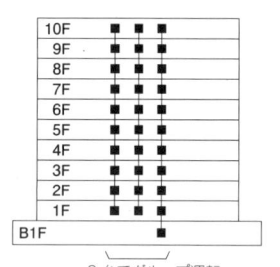

3台でグループ運転
うち1台のみ地下階サービス

(5) サービス階の異なるバンクは、互いに独立した配置とする

　サービス階の異なるバンクが直接つながると、乗り間違いや混雑時の来客の動線が干渉するため、できる限り避けるべきである。やむを得ずエレベータホールを共用する場合は、対面配置ではエレベータの対面距離を6〜8mとし、直線配置ではエレベータグループ間の区切りを明確にする。サービス階の異なるバンクがある場合は、外来者が乗り間違えないように、各エレベータホールの入口やホール内の見やすい位置に、サービス階を明示した案内表示装置を取り付ける。さらに、他のバンクへの乗換えが容易にできるような動線とするなどの工夫が必要である。

　なお、複合用途の建物では用途ごとに別バンクとし、各バンクはセキュリティを考慮してお互いに独立させるとともに、動線も分離することが望ましい。

(6) 乗用エレベータと人荷用エレベータは、別バンクとすることが望ましい

　人の動線と物流動線が混在するとエレベータの利用効率が悪くなるため、できる限りこれらを分離する。

　しかし中小規模のビルでは、別バンクとするとレンタブル比が悪くなるので、同一バンクとすることもやむを得ない。

(7) エスカレータ(階段)とエレベータの配置

　エスカレータや階段の位置は、エレベータとの関連で平面計画上最も望ましい場所を選ぶ必要があり、以下の点に留意して計画する。

　エントランスホールでは、容易に外来者の目につく位置でかつ無理のない動線が形成されるように配置し、エレベータホールから利用しやすい位置に配置する。特に階段はエレベータホールにできる限り近い位置に設け、かつ共用廊下等で接続することが望ましい。

　以上に述べた計画上の基本事項の他、建物用途別には個々に留意すべき点がある。オフィスビルを例に、計画上の要点について簡単にまとめる。

　オフィスビルのエレベータとエスカレータの計画は、業務拡大に伴う将来の交通需要の変化を考慮しながら、その仕様、台数、配置を制限のある建築プランや予算の中で最大限に機能させるように検討し、計画することが重要である。ビルの大規模化・高層化とともに縦の交通機関としてエレベータやエスカレータが大きな役割を果たし、ビルの使いやすさやレンタブル比ならびに建築費などに大きな影響を及ぼすため、その計画の良否が重要になってくる。

　計画上の要点をまとめると次のとおりである。
①ビルの利用形態
②立地条件と就業体制
③外部からのアプローチ動線
④計画規模と各階の入居部門
⑤平常時と昼食時のサービス性能の検討
⑥人荷用エレベータの検討

　特に、ビルの利用形態は交通需要を予測する上で最も重要な要件である。一社専用ビルとテナントビルでは、交通需要に大きな差があり、エレベータの設置台数に影響する。また、テナントビルもその利用形態が、一社専用に近いものから1フロアに数社が入居するルーム貸のものまでさまざまであり、実質的な利用形態を建築主と打合せして設定する必要がある。

付録

電気の基礎理論と用語の解説

1. 電気の基礎知識

建築電気設備を学ぶためには、建築に関する基礎知識以外にも、電気関連の基礎用語や基本的な公式なども知っておく必要がある。ここでは、最低限知っておかなければならない電気関連の基礎用語や理論について、簡単に解説する。

1) 電気とは

物質を構成する原子の構造は、＋極の原子核を中心としてそのまわりを一定の軌道を描きながら－極の電荷を持つ電子が回っている。最外殻の軌道を回っている電子は導体に電圧が加えられると、自由電子となって原子間を自由に移動する。すなわち、導体の両端に電位差を与えると導体中の自由電子は＋極に向かって移動し、－の電荷を運んで電子流をつくる。これが電流である。

電子の複雑な動きのもとは電気力であり、電気力のもとは電気的な質量である電荷である。電荷は万有引力の質量に相当する。

電子1個の持つ電荷量は

$e = -1.602 \times 10^{-19}$ [クーロン：C]

である。

(1) 電流
（でんりゅう　単位：アンペア[A]）

図1に示すように、導体中の自由電子は－の電荷を帯びているので、電圧をかけることによって電子は＋極のほうへ移動するため、連続した電子の流れが形成される。この電子の流れを電流という。

電流の大きさは、導体の断面を単位時間に通過する電荷の量で定義される。電流の流れは従来からの慣習で、＋極から－極に流れるとしているため、電流の方向と電子の移動方向とは逆になる。

(2) 電圧
（でんあつ　単位：ボルト[V]）

導体に電流を流すためには、何らかの力を外部から加える必要がある。このような電気的な力のことを電圧（電位差と同義）という。水が水圧の高い上流から水圧の低い下流に向かって流れるのと同じように、電流も電圧の高いほうから低いほうへ流れる。

電圧を生じさせるもとになる力を起電力といい、電流を継続的に供給する源を電源という。電源には、発電機、電池などがある。

1[クーロン：C]の電荷が導体の2点間を移動し1[ジュール：J]の仕事をしたとき、この2点間の電圧（電位差）を1[ボルト：V]と定義している。

(3) 電力
（でんりょく　単位：ワット[W]）

電力Pは、電圧Vと電流Iの積

$P = VI$　[W]

で表される。

電力に時間を乗じた量は、その時間に外部に対してなした電気エネルギーの総量を表し、これを電力量W（単位：ワットアワー[Wh]）といい、電力Pと時間hの積

$W = Ph$　[Wh]

で表される。

(4) 抵抗
（ていこう　単位：オーム[Ω]）

導体（金属）に電圧を加えると、金属中の自由電子が移動し電流が流れる。導体には電流の流れを妨げる作用がある。この作用を抵抗（単位：オーム[Ω]）という（図2）。抵抗と端子電圧の間には、オームの法則（後出）が成り立つ。

抵抗は導体の材質、形状によって決まる。図3のような棒状導体では次の式で決まる。

$$R = \rho \frac{l}{S}\ [\Omega]$$

ここで、R：抵抗、l：導体の長さ[m]、S：断面積[m^2]、ρ：抵抗率[Ωm]である。

抵抗によって電気エネルギーは消費され、熱に変化する。抵抗は直流、交流でも同じ作用をする。

(5) コンデンサ
（静電容量　単位：ファラッド[F]）

図4に示すように、2つの導体間の電位差がVであるとすると、コンデンサ（condenser）に蓄えられた電荷Qと電位差Vとの間には

$Q = CV$

なる関係が成り立つ。

ここで、Cを静電容量あるいはキャパシタンス（単位：ファラッド[F]）という。

静電容量はどのくらい電荷が蓄えられるかを表す量で、あるコンデンサに1Vの電圧が加えられ、1Cの電荷が蓄えら

図1　電流の方向と電子の流れ

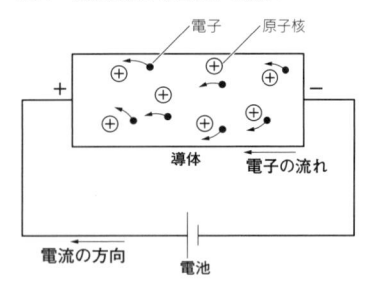

図2　抵抗

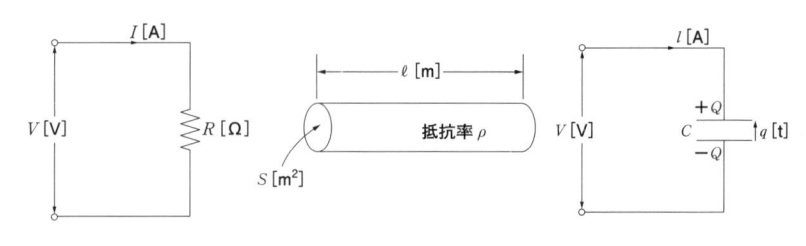

図3　棒状導体の抵抗

図4　コンデンサ

れたときの静電容量は1Fと定義されている。

交流回路において、コンデンサは、大きさ $Xc = 1/\omega C$（容量性リアクタンス）として、抵抗と同様に電流の大きさを決定する。コンデンサに電圧を加えたとき、電荷が蓄積され飽和されるまでは電流が流れるが、充電された後、電流は流れなくなる。

(6) コイル
（単位：ヘンリー[H]）

図5に示すようなコイル（インダクタ：inductor）に電流 I が流れたとき、このコイルの面を貫く磁束が Φ であれば、巻数 N と磁束 Φ との積 $N\Phi$ を鎖交磁束数 ϕ（単位：ウェーバ[Wb]）といい、ϕ は電流 I に比例するので、

$$\phi = LI \quad [\text{Wb}]$$

で表される。

ここで、L はコイルの形状、巻数などによって決まる定数でインダクタンス（単位：ヘンリー[H]）という。

インダクタンスは電流の変化を妨げようとする性質があり、交流回路では大きさ $XL = \omega L$（誘導性リアクタンス）として電流の大きさを決定する。

インダクタンスは、直流回路では、電圧が加えられたとき、あるいは切られたときなどのような過渡状態では電流の変化を抑制しようとする作用をするが、十分時間が経過した定常状態では短絡されたと同じ状態になり、電流の流れに影響を及ぼさない。磁界の持つエネルギーは、コイルに対して仕事を行う。

2) 電気の基礎理論
(1) クーロンの法則

2個の点電荷 Q_1、Q_2[C] が、r[m] 離れて置かれたとき、両電荷の間に次のような力が働く。Q_1、Q_2 が同種の電荷であればお互いに反発し、異種の電荷であればお互いに引き合う性質がある。

これをクーロンの法則という。

$$F = k\frac{Q_1 \cdot Q_2}{r^2} \quad [\text{N}]$$

ここで比例定数 k をクーロン定数といい、$k = 1/4\pi\varepsilon_0 \fallingdotseq 9\times 10^9$ である。ここで、ε_0 を真空での誘電率（物質内で、電荷とそれによって与えられた力との関係を示す係数）という。

(2) オームの法則

抵抗 R[Ω] の負荷に V[V] の電圧を加えたとき、この回路に流れる電流が I[A] であったとすれば、この電流 I と電圧 V との間に次の関係が成り立つ。

$$I = \frac{V}{R} \quad [\text{A}]$$

これをオームの法則という（図2）。

(3) ファラデーの法則

コイルに磁石を近づけたり遠ざけたりし、鎖交磁束数を変化させると、磁束数に比例する起電力が誘導される。この現象を電磁誘導といい、この起電力を誘導起電力、流れる電流を誘導電流という。

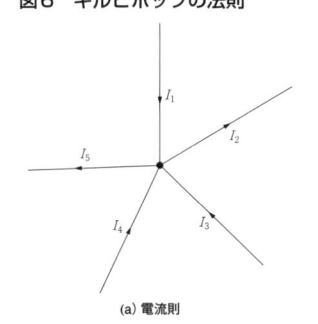

磁束が dt 秒間に $d\Phi$[Wb] 変化したときの起電力 e は

$$e = -\frac{d\Phi}{dt} \quad [\text{V}]$$

である。

これをファラデーの法則という。

(4) キルヒホッフの法則

起電力や抵抗が複雑に接続された回路網の各枝路に流れる電流を求める方法として、キルヒホッフの法則がある。

①キルヒホッフの第1法則（電流則）

「任意の接続点に流入する電流の代数和は常に0（ゼロ）である」

すなわち、図6(a)において、流入する電流を正、流出する電流を負とすれば、

$$I_1 - I_2 + I_3 + I_4 - I_5 = 0$$

となり、一般には、

$$\Sigma I_i = 0$$

で示される。

②キルヒホッフの第2法則（電圧則）

「回路網の中の任意の閉回路において、起電力の総和と電圧降下の総和は等しい」

すなわち、図6(b)において、閉回路を流れる電流 i の正方向を矢印の方向に取れば、各枝路を流れる電流 I_1、I_2、I_3、I_5 はこれと同じ向きであるから正であり、電圧降下 I_1R_1、I_2R_2、I_3R_3、I_5R_5 も正である。一方 I_4 は逆方向であるから負で、電圧降下 I_4R_4 も負となる。起電力 E_1、E_2 は電流の方向と一致するので正、E_4 は逆方向なので負となる。

従って、

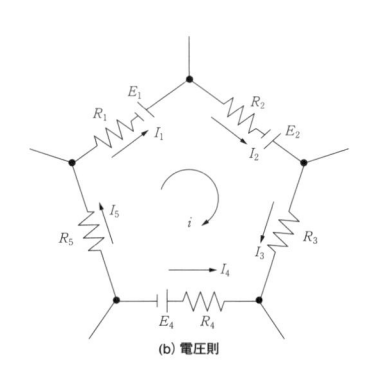

図5 コイルの電流と磁束の関係

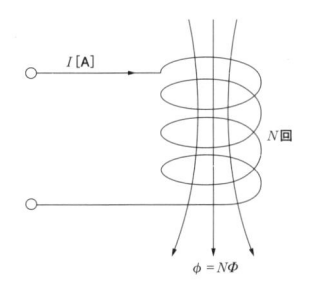

図6 キルヒホッフの法則

(a) 電流則

(b) 電圧則

131

$$R_1 I_1 + R_2 I_2 + R_3 I_3 - R_4 I_4 + R_5 I_5$$
$$= E_1 + E_2 - E_4$$

となる。一般的には、
$$\Sigma R_i I_i = \Sigma E_i$$
で示される。

この法則では、電流の向きが重要である。

2. 電気の基礎用語

ここでは、建築電気設備の勉強に必要な基礎的な電気専門用語、重要な言葉とともに、建築における電設材料などについても簡単に解説する。

1) 一般電気用語

(1) EMC
(ElectroMagnetic Compatibility)

電磁両立性。自らの電磁的な影響で他の機器に障害を与えず(エミッション：emission)、また他の機器からの影響で自らの性能を損なうことのない(イミュニティ：immunity)ように、その両方の能力を持つこと。

(2) インピーダンス(impedance)

交流回路における電圧と電流との比。抵抗 R、コイル L、コンデンサ C を合成したもので、単位はオーム(Ω)。

(3) 許容電流(きょうでんりゅう)

電線に電流を流すと、電線の抵抗の影響により電線が発熱する。この発熱が大きい場合は、電線が破損して短絡や地絡といった事故の原因となる。

このような事故を防ぐため、電線の断面積・電線の種類・電線の敷設方法によって、電線に流すことができる電流の限界を決めている。この電流の限界を許容電流という。

(4) 高調波(こうちょうは)

基本周波数の整数倍の周波数を持つ波。基本周波数 f の n 倍の nf を第 n 調波または第 n 次の高調波という。高調波は、機器の過熱やノイズの発生などの障害を引き起こす。

(5) 交流(こうりゅう)

時間とともに「流れる方向」と「その大きさ」を変える電圧・電流をいう。交流の最も基本的な波形は正弦波(図7-(b))で、照明や電気機器に使用される。わが国における交流の周波数は主として 50 Hz と 60 Hz があり、このような周波数を商用周波数と呼んでいる。

Alternating Current を略して、AC と記す。

(6) サイリスタ(thyristor)

電流や電圧を ON-OFF して電力を変換する装置の主素子(半導体)。この装置を使って電圧や電流を変えたり、交流を直流に変えたりする。同様の素子にダイオードやトランジスタがある。

(7) 三相(さんそう)

周波数は等しいが位相を異にしている多くの電源が、同時に存在する交流方式を多相交流という。一般に n 個の電源

図7 直流と交流

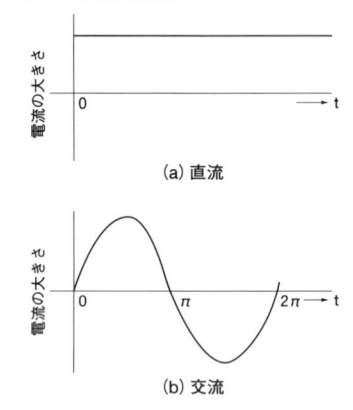

(a) 直流

(b) 交流

表1　電圧降下および電線の断面積の簡易計算式

電気方式	電圧降下 [V]	電線の断面積 [mm²]
単相2線式	$e = \dfrac{35.6 \times L \times I}{1{,}000 \times A}$	$A = \dfrac{35.6 \times L \times I}{1{,}000 \times e}$
三相3線式	$e = \dfrac{30.8 \times L \times I}{1{,}000 \times A}$	$A = \dfrac{30.8 \times L \times I}{1{,}000 \times e}$
単相3線式 三相4線式	$e' = \dfrac{17.8 \times L \times I}{1{,}000 \times A}$	$A = \dfrac{17.8 \times L \times I}{1{,}000 \times e'}$

e：各線間の電圧降下 [V]
e'：外側線または各相の1線と中性線の間の電圧降下 [V]
I：電流 [A]、L：わたり長 [m]
A：電線の断面積 [mm²]

(起電力)がある場合をn相といい、3つの起電力がある場合を三相という。モーターなど回転機器の電源としてよく使われる。

(8) 磁束(じそく)

磁気回路における磁力線の総数のこと。磁石などの持つ引力が作用する空間を磁界といい、その磁界を電気回路と同様にみなせるように変換した状況を磁気回路という。

その磁気回路の中に仮想した磁力を示す線の総数を磁束という。

(9) 絶縁抵抗(ぜつえんていこう)

電気機器や電路の絶縁物の電気抵抗。電気機器や電路の内部で安全のため、電気が流れないように電気の流れている導体を保護しているものを絶縁物といい、その抵抗を絶縁抵抗という。絶縁抵抗は抵抗値が高いほど安全である。単位はMΩ(メガオーム)。

(10) 単相(たんそう)

1つの位相による電源の交流方式。照明具などの電源として使われる。

(11) 直流(ちょくりゅう)

時間とともに正負の極性が変化せず、負荷を接続すると常に一定の方向に電流が流れる電圧・電流をいう(図7-(a))。乾電池や蓄電池から発生する電流はこれに当たる。

Direct Currentを略して、DCと記す。

(12) 電圧降下(でんあつこうか)

電線に電流を流したとき、電圧が電流を流した点から距離に比例して徐々に下がっていく現象をいう。電気機器にかかる電圧は、送り出しの電圧から電線の抵抗によって生ずる電圧降下を差し引いた電圧となる。

電圧降下は、表1に示す簡易式で求めることができる。

(13) 電位(でんい)

電界の中で電界に逆らって電荷をある点からある点まで運ぶ仕事量をいう。

単位はVで、無限遠を電位の基準点
$$V = 0$$
とすることが多い。

(14) 電界(でんかい)

2つの電荷の位置関係により力が発生した空間を電界(電場)という。

電荷には正電荷と負電荷があり通常は正電荷と負電荷は同量だけあって中性の状態になっているが、何らかの原因によってバランスがくずれると中性の状態が破れ、その場所がプラスまたはマイナスに帯電する。

(15) 電磁波(でんじは)

振動または加速された電荷から外部へ伝搬する電磁気の波動。電磁波は、真空中では光速で伝搬する。

(16) 電磁シールド(でんじ しーるど)

電界・磁界の侵入を遮蔽すること。特定の領域に外部から電界・磁界が入ってくることを防止することで、実験室などで電波やノイズなどの侵入を防止するときなどに使われる。

(17) 電磁ノイズ(でんじ のいず)

電気回路の間の磁界(磁力を帯びた場、磁場)の結合によって誘導されるノイズ。このノイズは、ラジオやテレビなどの通信機器に雑音として悪影響を与える。

(18) 半導体(はんどうたい)

電気を通す導体と電気を通さない絶縁体の中間の性質を持つものを半導体という。各種の電子回路に用いられている。半導体の主な材料としては、シリコン(Si)、ゲルマニウム(Ge)、セレン(Se)などがある。

(19) 力率(りきりつ)

電力のうち、有効電力として消費される割合。力率が悪い場合は電力が有効に消費されていないことを示しており、電力会社からの電力を一定以上の力率で受電しない場合は、割増しの電気料金を払うことになっている。

2) 発電・電源・配電関連用語

(1) EPS
(Electric Pipe Shaft)

電力、通信の幹線を設けるための縦シャフトのこと。電気設備の大動脈となるシャフトである。各階で同位置に設けることが、工事費の無駄や電力損失を少なくすることにつながる。またリニューアル工事を行う場合の影響を考えて、ＥＰＳの位置や大きさを検討する。

(2) 三相誘導電動機の始動方法と速度制御

①三相誘導電動機
(さんそうゆうどうでんどうき)

誘導電動機(Induction Motor)は、交流電動機の代表例である。固定子のつくる回転磁界により、電気伝導体の回転子に誘導電流が発生し、滑りに対応した回転トルクが発生する。

入力される交流電源の種類によって、単相誘導電動機と三相誘導電動機に大別され、一般には、特別な工夫なしで回転磁場を得ることができる三相交流を用いる三相誘導電動機が多い。

②始動方法(しどうほうほう)

三相誘導電動機の始動には大きな力を必要とするため、定格電流の数倍に当たる始動電流が流れる。この始動電流は電気回路の電圧低下をもたらすなど、障害となる。そこで始動電流を抑制する始動法が用いられる。

始動電流を抑える方法には、直入れ始動、スターデルタ始動、リアクトル始動、コンドルファ始動および可変周波数始動などがある。

A．スターデルタ始動法

　始動時に一次巻線をスター結線とし、一定時間後には通常のデルタ結線とする。一相当たりの電圧を $1/\sqrt{3}$ として始動電流を抑制する方法で、始動トルクが小さい。

B．リアクトル始動

　始動時に電動機の一次巻線と直列にリアクトルを挿入し、起動後に切り離す。始動電流の割に始動トルクが小さい。ポンプやファンなどのクッションスタートに用いられる。

C．コンドルファ始動

　V結線の単巻変圧器を使用して電圧を下げて始動し、起動後に全電圧を投入する。始動電流を特に抑えたい場合に用いられる。始動電流の割に始動トルクが小さい。

D．可変周波数始動

　インバータを利用した可変電圧可変周波数制御を用いて始動するもの。高い始動トルクを得ることができ、近年では電車のモーターに多く利用されている。

③速度制御（そくどせいぎょ）

　上記の可変周波数始動と同じ方法で、可変電圧可変周波数制御を用いて、回転数に応じた周波数や比例した電圧の交流に変換して速度を調整するもの。滑らかな速度制御が可能で、運転中に連続的な速度制御が必要な場合に有用である。流量や風量に応じたポンプやファンの回転数制御に用いられ、省エネルギーを実現することができる。

(3) インバータ制御
　　（インバータせいぎょ）

　直流電力を交流電力に変換する装置をインバータ（inverter）という。周波数変換を目的とした回転機制御用のインバータ制御（装置）は、入力電力（交流）を直流に変換するコンバータ部、この直流を平滑にする平滑回路部、さらにこの直流を交流に逆変換するインバータ部から成っている。汎用インバータでは、出力周波数に比例して電圧を制御する電圧制御方式が使われている。

　連続可変が可能、汎用電動機に適用可能などの理由から、インバータエアコン、電源装置、蛍光灯の高周波点灯に使われている。

(4) 遮断器、開閉器と電磁接触器
①遮断器（しゃだんき：ブレーカ）

　電気回路に事故が生じたとき、瞬時に事故部分を切り離す装置が遮断器である。数kAを超える短絡電流を遮断する機能を持つ。電流は接点を切り離すとアークを発生して、電流を継続する性質がある。このアークを消す方法によって油入式、空気式、ガス式、真空式、電磁式などの種類がある。高圧部ではVCB（真空遮断器）、低圧部ではMCCB（配線用遮断器）やELCB（漏電遮断器）が一般的である。

②開閉器（かいへいき：スイッチ）

　電力を使用する機器のON-OFFをするもので、高圧部では、受電点の電力会社との区分点のDS（断路器）やトランスの1次側のLBS（負荷開閉器）、低圧部では、電動機の切り離しスイッチや照明用のスイッチがこれに当たる。遮断器と異なり、短絡電流を遮断することはできない。

③電磁接触器（でんじせっしょくき）

　ポンプやファンなどの電動機を日常的にON-OFFする場合に用いられる開閉器で、電磁力で接触器（contactor）を動かすもの。通常は動力制御盤に納められており、サーマルリレーと組み合わせて過負荷保護や欠相保護を行う。

(5) 計器用変成器
　　（けいきようへんせいき）

　電気回路の制御のために電圧や電流を測定するには、高電圧や大電流を、計器に合わせて100Vの電圧や5A以下の電流に変成する必要がある。電圧を測定するためにPT（Potential Transformer）が、電流を測定するためにCT（Current Transformer）がある。電力会社との取引用計器（Watt-Hour-Meter）のために設置される変圧器と変流器を組み合わせたものは、電力会社から支給され、需要家に設置される。

(6) 系統連系（けいとうれんけい）

　系統連系は、（自家用）発電設備を電気事業者の商用系統に連系して、負荷機器に電力を供給することである。電気事業者の配電線路へ電力を供給する逆潮流のあるものと、ないものとがある。コージェネレーションシステム、風力発電や太陽光発電を導入する場合に用いられる。

　家庭用太陽光発電装置は、自家使用分以上に発電量があるため、通常は系統連系を行って、電力会社に余剰電力を売ることが行われている。長期間の売電を行うことで初期投資費用を回収するようになっている。

(7) 瞬時停電、瞬時電圧低下
　　（しゅんじていでん、しゅんじでんあつていか）

　ごく短時間のみ発生する停電や電圧低下のこと。

　大容量負荷が起動したときに起こる電圧低下で照明が一瞬暗くなる現象などがこれである。また、電力会社の送電線では、送電線への落雷によって一瞬の地絡現象が起こり、これによる停電あるいは電圧低下が発生する。

(8) 送電損失（そうでんそんしつ）

　送電に用いられるケーブルや電線には、素材が持つ電気抵抗や構造的に存在するリアクタンス成分があり、これを合成したインピーダンスが存在する。このインピーダンスに電流が流れると、その大きさに比例した発熱や励磁電力によって消費電力が発生する。また、長距離の送電線や高圧配線では、大地との間にキャパシタンスができるため、これへの充電電流も損失となる。

　電圧が高いほど電流が少なくなり、損失が抑えられる。

(9) 短絡(たんらく)

送電経路や負荷部分には、常時は絶縁物があり、電動機や照明などの負荷容量に見合った電流が流れている。絶縁物には空気やゴム、ポリエチレン、塩化ビニルなどがある。この絶縁物が何らかの外力あるいは劣化で破壊されて線間が直接接続されると、負荷がなくなり抵抗値の小さい送電線のインピーダンスだけが残される。これが短絡である。短絡のことをショートともいう。

接続された短絡点には数〜数十kAの大電流が流れ込み、場合によっては火災の原因ともなる。

(10) 地絡(漏電)
(ちらく―ろうでん)

上記の短絡とほぼ同じ現象であるが、異常接続が電線あるいは機器内部の充電部と大地間で起こった場合のことをいう。地絡した状態のところに人が接触すると、感電事故につながる。

この感電事故防止のために漏電遮断器が用いられる。

(11) 蓄電池(ちくでんち)

自動車に積まれているバッテリーと同じものだが、自動車用は12Vが一般的で、建築電気設備では非常用で100V、無停電電源装置用で400Vが用いられている。鉛式(蓄電池の1セル当たりの電圧は2V程度、経済的)とアルカリ式(同1.2V、寿命が長い)があり、これを直列に接続して必要な電圧を得ている。

(12) 電圧変動(でんあつへんどう)

電力会社の送電線や需要家内部で発生する電圧の上昇や低下のこと。電線が持つインピーダンスによって、流れる電流が大きいと電圧降下が大きくなり、逆に少ないと電圧が上昇したりする。

電力を使用する機器にはそれぞれ、この電圧変動に対して許容範囲(一般的には±10%)があり、それを超えると焼損や動作不能を起こす場合がある。

(13) 配電盤(はいでんばん)

変圧器の2次側で、負荷の用途や送電先によって電力を分けて、最適な容量で電力を分配するために設けられる電力分岐盤のこと。数個のMCCB(配線用遮断器)で構成され、事故や点検時に適切に送電部分を切り分けられるようになっている。受変電設備であるキュービクルの一部である。

(14) 発電機の同期制御
(はつでんきのどうきせいぎょ)

データセンタなどに大容量の発電機を設置する場合、1台当たりの発電機容量を大きくすると搬入や保守時に問題が起きることから、給電する総容量を数台の発電機に分割するのが一般的である。

この場合、数台の発電機はそれぞれで速度や電圧の制御をしているため、その間に周波数や電圧の差が発生する。この差をなくす制御を同期制御という。この制御がうまくいかないと、一方が発電機、他方が電動機となって暴走する可能性がある。また、同期制御に時間がかかり負荷の要求に間に合わなくなることもあるので、注意が必要である。

(15) パワーエレクトロニクス
(power electronics)

エレクトロニクス技術を電力分野で扱うことの総称を、パワーエレクトロニクスという。サイリスタやパワートランジスタを使っての電力の変換、制御、電力回路のON-OFFなどの技術が発達し、その応用分野が広がった。電圧・電流・周波数制御、電力変換制御などがある。

電源設備(発電設備)から供給される交流・直流の電力を、使用する電気機器に適した状態に変換することができるという特徴がある。

(16) 並列冗長
(へいれつじょうちょう)

電力や通信の系統をバックアップのために2系統用意し、任意の片方あるいは両方から給電して、万一の事故や保守時に備えるシステム。トランスや遮断器の数が2倍になり、複雑なシステムとなる。操作を間違えると事故につながる場合があるので、設計や保守には高度な技術が求められる。

(17) 変圧器(へんあつき)

電力会社から送られる高圧電力を、負荷に見合った低圧電力に変換するもの。照明・コンセント用の単相変圧器と、電動機用の三相変圧器がある。

内部はロの字形の鉄心にコイルが巻きつけられた構造になっており、電磁誘導の原理が利用されている。内部の絶縁方式には油入式、樹脂を用いたモールド式・乾式、ガス式がある。

(18) 変圧器の損失
(へんあつきのそんしつ)

変圧器の損失には鉄損と銅損がある。鉄損は、鉄心を励磁するために使われる電力で、無負荷損といわれる。銅損は、負荷電流とコイルのインピーダンスによる熱損失であり、負荷損といわれる。

高効率変圧器は、鉄心に使用する材料を励磁電流が少なくてすむものにして、無負荷損を小さくしたものである。変圧器は常時電源が入っているものなので、この損失を抑えることが省エネルギー効果を高める。

(19) 保護協調(ほごきょうちょう)

電力系統の構成要素に事故が発生したとき、保護継電器(配線用遮断器、漏電遮断器など)で遮断するが、被害を最小限に抑えるため、事故発生個所の直近上位の遮断器のみを動作させ、さらに上位に事故を波及させないように保護継電器の間で協調を取ることをいう。

事故系統の遮断器のみが動作し、健全回路の遮断器が動作しないように協調を取り、健全回路は継続して電力供給を続けることができる。

(20) 母線(ぼせん)

高圧部では受電用遮断器と分岐用遮断器の間、低圧部ではトランスと分岐用MCCB(配線用遮断器)の間にある、銅バーなどで構成される主配線接続部のことをいう。通常はキュービクルの内部に納められており、安全のため電気管理者の重点管理下に置かれている。

銅バー相互はボルト・ナットで接続されているため、ヒートサイクルによって緩みが発生することがあるので、定期的に締めつける(増し締めという)必要がある。

(21) 無停電電源装置
(むていでんでんげんそうち UPS；Un-interrupted Power Supply System)

コンピュータや医療機器など、瞬時の電圧変動であっても機能障害をもたらす機器への電源補償に利用されるもので、コンバータ、蓄電池とインバータを利用した静止型のものが一般的である。定電圧定周波数型の機能を持ち、海外では、フライホイールを利用した回転型のものも多く利用されている。

(22) ラジエータ方式

発電機駆動用エンジンの冷却方式の一つ。自動車と同じく、エンジンにラジエータ(radiator：放熱器)を組み合わせてエンジンの過熱を防ぐ。

他に水槽方式などもあるが、エンジン自体は水冷である。

(23) 力率改善用コンデンサ
(りきつかいぜんよう こんでんさ)

電力負荷は、抵抗と誘導性リアクタンスの組み合わさった場合が一般的で、負荷電流は電圧より位相が遅れ、力率が悪くなる。力率改善用コンデンサ(進相コンデンサ)は負荷の力率を改善し、電流を減少させることにより、電力会社の発電・送電・変電・配電などの設備の経済的運用に欠かせない設備である。省エネルギーには不可欠である。

電力会社では受電点で力率85％以上の保持を定めており、1％ごとに基本料金を割り引く制度がある。力率改善により線路電流が減少し、電圧降下の軽減、線路や変圧器の電力損失を抑えることができる。改善後の力率は95％を目標とする。リアクトルとは受動素子のことで、コンデンサへの充電電流および放電電流を抑制するために敷設される。

3) 照明関連用語

(1) 光束
(こうそく 単位：ルーメン[lm])

人間の眼は、放射束のうち380～780nm(可視域)の範囲の波長を光として知覚している。これを光束Φという。

放射エネルギーを人が感じる明るさ感覚(視感度曲線)で評価した量を光量Qといい、光束の時間積分量である。

(2) 光度
(こうど 単位：カンデラ[cd])

点光源からはあらゆる方向に光束を発散していると考え、単位立体角内に発散している光束を光度Iという(図8-(a))。豆電球を使った懐中電灯でも、反射鏡やレンズを使って光束を一方向に収束しているので明るく感じる。

(3) 照度
(しょうど 単位：ルクス[lx])

単位面積(1m²)当たりに入射する光束の量で定義される(図8-(b))。光源から遠ざかれば暗くなる。光源に垂直な面の照度は光度に比例し、距離の2乗に反比例する。

照度Eは、ある点に入射する光束の面積密度で、1[m²]に1[lm]の光束が入射したときの照度が1[lx]である。照度と人の眼に感じられる明るさとは直接関係しない。

(4) 輝度
(きど 単位：[cd/m²])

裸電球はまぶしいが、乳白色のグローブに納めると輝きは低くなり、まぶしさは低減する。このような光源の見かけの輝きの程度を輝度Lという。

輝度は、ある方向から見た面の明るさのことで、ある面のある方向への光度で定義される(図8-(c))。すなわち、視対象の明るさを表し、眼から光源までの距離に関係しない。

(5) 光束発散度
(こうそくはっさんど 単位：ラドルクス[rlx])

照度が同じであっても、視対象の反射

図8 光度・照度・輝度・光束発散度の定義

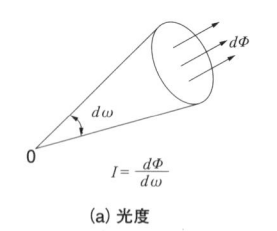

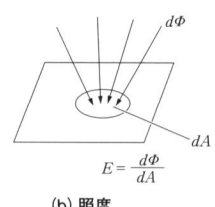

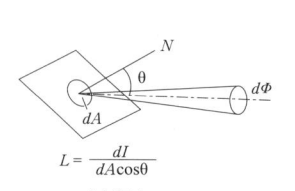

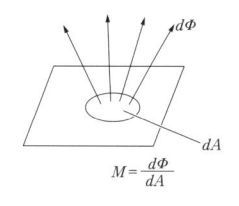

(a) 光度 $I = \dfrac{d\Phi}{d\omega}$

(b) 照度 $E = \dfrac{d\Phi}{dA}$

(c) 輝度 $L = \dfrac{dI}{dA\cos\theta}$

(d) 光束発散度 $M = \dfrac{d\Phi}{dA}$

率によって人間の眼に感じる明るさは異なる。ある面に入射した光束がどれだけ反射したかを表したものが、光束発散度 M である（図8-(d)）。面の反射率を ρ（透過率を τ）とすれば、光束発散度 M と照度 E との間には、$M = \rho E$ $(M = \tau E)$ という関係が成り立つ。

(6) 演色性（えんしょくせい）

照明の光源が違えば、視対象の色の見え方は異なる。このように、物体の色の見え方を決める光源の性質を、演色性という。

演色性に違いがあると、色の見え方が変化するとともに、部屋全体の明るさの感じ（明るさ感）が変化する。演色性が悪い光源で照明されると、不快を感じる。

演色性を評価する指標として、平均演色評価指数（Ra）がある。照明用の光源を選択する際に重要な要素である。

(7) グレア (glare)

視野内に極端に輝度の高いものがあったり、輝度対比が大きくなると、見え方を損ねたり、不快を感じる。このような現象をグレアという。

太陽光を見たり、高輝度の光源を直接見たときに生じる減能グレア、不能グレア、まぶしさを感じたり疲れを生じさせやすい不快グレアがある。

不快グレアの評価法として多くの研究がされてきたが、CIE 技術委員会がまとめた既存のグレアインデックスをもとに「実用的なグレア評価法」としたＵＧＲ (Unified Glare Rating) がある。

$$URG = 8 \log 10 \frac{1.25}{L_b} \Sigma \frac{L_s 2\omega}{P^2}$$

ここで、L_s：観察者から見た照明器具の発光部の輝度、L_b：背景輝度、ω：観察者から見た照明器具の見かけの大きさ、P：ポジションインデックス。

(8) Hf 照明器具
（えいちえふ しょうめいきぐ）

Hf 照明器具は、インバータ技術により省エネルギー化を図った蛍光灯器具である。高周波の電界を発生させ蛍光ランプ内の原子運動を活発にさせることにより、従来の蛍光灯の約1.5倍程度の光束を発生する高効率器具である。

(9) LED 照明
（えるいーでぃー しょうめい）

LED は Light Emitting Diode の略で、電圧をかけると発光する半導体の一種である。特徴は長寿命、省電力、高効率であり、これまでの白熱灯や蛍光灯に代わる光源として急速に普及している。

4) 通信・情報・監視・防犯・防災関連用語

(1) MDF
（Main Distributing Frame：主配線盤）

電気通信事業者の回線を建物内の通信情報回路と接続するための配線盤。オフィスビルやマンションなど、通信ケーブルを大量に引き込む建物に設置する。

盗聴などの防止に、設置する部屋に部外者が立ち入れないように施錠する。

(2) オープン化システム

通信、データ、プログラム、オペレーションシステムなどを、メーカー独自の技術ではなく、標準化されている技術（プロトコル）を用いて構築すること。

これにより、異なるメーカーの製品も相互接続が可能となり、将来の改修・更新などもメーカーに依存しないで、自由度が高くなる。

(3) IC カードシステム

社員証や学生証などの ID カードを IC カード化し、入退出管理、出欠登録、企業や学校の内部ネットワークへのアクセスに使うなど、多様な用途で利用されているシステム。

最近では、各種のカードを統合する動きがある。

(4) 監視カメラ（かんし かめら）

監視を行うためのビデオカメラのこと。広義には、カメラに加えて取得した映像の伝送・処理および表示機能を含む監視システムのことをいう。

(5) グラフィックパネル
（graphic panel）

設備や配管をわかりやすい模式的な図にして、その中に表示ランプなどを組み込むことにより、オフィスや工場内の作業状況やビル設備の運用状況を監視できるようにしたもの。鉄板・アクリル板・アルミ板などいろいろな材質でつくられる。

(6) CATV
(Common Antenna TeleVision、Community Antenna TeleVision：共同受信)

テレビ放送波を受信し多数のテレビセットへ配信するためのアンテナ、増幅装置、配線類の一式を指す。電波障害対策を含む難視聴地域で、広範囲に使用されている。

有料でのケーブルテレビ・サービス事業を指す場合もある。

(7) 視認距離（しにんきょり）

記号などの対象物を、目で知覚できる距離のこと。個人の視力や明るさなどの環境によって変化するが、看板やサインの文字の大きさなどは、人の見る位置と視認距離を考慮して決められる。

(8) 自立（自律）分散型システム
（じりつぶんさんがた しすてむ）

集中型システムに対応する言葉。集中型の場合は一部の機能が失われると全体システムが停止する場合があるが、自立分散システムは、システムの一部が停止してもその影響が全体に及ばない。

自立（自律）とは、部分がある程度の判断機能を持っていることを示す。自立分散型システムの例としては、監視制御設

備で空調設備や照明設備などの制御システムをネットワークで結び、統合管理するシステムなどがある。

(9) 生体認証装置
（せいたいにんしょうそうち）

人間の身体的特徴(生体器官)や、行動的特徴(癖)の情報を用いて個人認証を行う装置。指紋、瞳の中の虹彩、掌や指の血管の形、声紋、顔形、筆跡などによる認証が実用化されている。

生体認証と暗証番号などを組み合わせることによって、高い信頼性、防犯性を確保できる。

(10) セキュリティゲート
（security gate）

建物等の出入口や通用口などに設けられるゲート型入退出監視装置。入退出管理、部外者の入場制限や所在管理、あるいは物品の不正持込み、持出しの防止などに利用する。オフィスや研究施設での入退出管理、美術館や競技場などでの不正入場の防止、販売店での万引き防止などに用いられている。フラッパーゲートともいう。

(11) 総合操作盤
（そうごうそうさばん）

複数の消防用設備等の監視、操作等を行うための操作盤。火災の拡大状況を把握するなど、火災時に総合的な管理機能を果たすことが期待される。

一定規模以上の防火対象物には設置が義務づけられている。

(12) 中央管理室
（ちゅうおうかんりしつ）

建物や建築設備などを集中的に管理するための室で、建築基準法および建築基準法施行令の規定により、一定規模の建築物には設置が義務づけられている。

建物や建築設備の状況を把握し、遠隔制御するための中央監視装置等の設備が設置される。防災センターと一体化させる場合もある。

(13) デマンド(demand)

30分単位で計量される電力量の最大値。1カ月の最大の値を、その月の最大需要電力(最大デマンド値)という。この値をもとに契約電力が決定される。

(14) トラヒック(トラフィック)
（traffic）

ネットワーク上の通信の流れ。インターネット、ＬＡＮ、電話回線などの回線利用量、あるいは送られる情報量のこと。電気通信関連ではトラヒック、コンピュータ関連ではトラフィックという場合が多い。

(15) 入退出管理
（にゅうたいしゅつかんり）

出入口や重要な部屋の出入りに際して、「いつ」「誰が」「どこに」出入りしたかを記録・管理すること。鍵、カード、指紋照合など、簡単なものから高度なものまでいろいろな手法がある。

省エネルギーシステムなどとリンクさせる場合もある。

(16) BAC net(ばっく ねっと)

中央監視システムにおける制御ネットワークのための、通信プロトコル用標準化規格。2003年にISO規格として採用された。この規格を採用することにより、空調設備、照明システム、電気設備、防犯・防災設備やエレベータなど、さまざまな製品を、メーカー独自の通信仕様を使用せずに、接続・制御・監視することが可能になる。

(17) 非接触カード
（ひせっしょく かーど）

カード内部にアンテナの役目を果たすコイルを内蔵し、カードを読取り装置に近づけるだけでデータを交換できるＩＣカードのこと。通信距離に応じて「密着型(Close coupled)」「近接型(Proximity)」「近傍型(Vicinity)」「遠隔型」がある。現在、最も使われているのは近接型(通信距離10ｃｍ以下)で、交通系として「SUICA(スイカ)」「ICOCA(イコカ)」、電子マネーの「Edy(エディ)」などがある。

(18) PBX
（Private Branch eXchange）

企業・組織の建物構内に設置され、内線電話同士の接続や、加入者電話網やISDN回線などの公衆回線への接続を行う機器。ＰＢＸ同士を専用線などで接続すれば、広域の内線電話網が構築できる。

(19) ビルディング・オートメーション・システム(BAS)
（Building Automation System）

空調設備、電気設備、給排水衛生設備、防災・防犯設備およびエレベータ等を総合的に管理するシステムのことで、運転制御機能、監視・表示、記録機能、計測機能、データ処理機能などにより、室内環境の快適化、省エネルギーの実現、防災・防犯設備の監視を行うことができる(ISOではBACS：Building Automation and Control Systems という)。BEMS(Building and Energy Management System)と同じ意味で使用されることもあるが、ＢＥＭＳは日本では高度なエネルギー管理機能を持つシステムを指すことが多い。

(20) ビルディング・マネジメント・システム(BMS)
（Building Management System）

資産管理、テナントサービス、契約管理、設備機器メンテナンスなど、建物の運営管理業務を行うシステム。

建物の保全管理情報を収集・解析し、建物の最適な予防保全計画を行い、建物資産向上の支援をする。

(21) 防災センター
（ぼうさい せんたー）

消防設備等の制御と監視を行う部屋の

ことで、消防法で11階建て以上で延べ面積が10,000m²以上の建物や、地下部分の面積が5,000m²以上の建物に設置が義務づけられている。非常時には、消防隊の本部の拠点ともなる。避難階か、その直上・直下階に設ける。

(22) 防排煙連動
　　（ぼうはいえんれんどう）

火災感知器の作動と連動して、防火シャッター、排煙口、防火扉、防火ダンパー、垂れ壁などを作動させること。たとえば排煙口は、煙感知器と連動して作動する方法と手動起動装置にて作動する方法があり、排煙口が開くと同時に排煙機が回り煙を吸い込む。防排煙設備では関連する装置の連動機構が重要である。

(23) LAN
　　（Local Area Network：構内通信網）

同じ建物や敷地内施設等の中にあるコンピュータやプリンタなどの端末装置を接続し、データをやり取りするネットワーク。導入するユーザーが主体となって管理・運営する。電気通信事業者を介在させずに運営できる。

(24) WAN
　　（Wide Area Network：広域通信網）

公衆回線や専用線を用いて、広域に設置された端末装置を接続してデータのやり取りを行ったり、離れた場所にある複数のLANを接続したりするネットワーク。WANのネットワークの構築、管理・運用は、ユーザー自ら行うのではなく、電気通信事業者（キャリアと呼ばれる）による。

5）雷保護関連用語

(1) 過電圧耐量
　　（かでんあつたいりょう）

雷保護装置には、過電圧耐量として放電耐量と制限電圧が定められている。放電耐量は雷サージを機器の耐電圧以下に制限する容量を示し、制限電圧は雷保護装置に残留する電圧をいう。

(2) 雷サージ保護装置
　　（らい さーじ ほごそうち）

雷サージ保護装置は、SPD（Surge Protective Device）と呼ばれる。雷によりサージ電圧が電気回路に侵入したときに、これらの過電圧を有効に大地に放電し、設備の絶縁破壊を保護する機能を持っている。

(3) 水平導体（すいへいどうたい）

建物の屋上部分の受雷部システムとしては、突針方式、メッシュ方式の他に、水平バーを敷設する水平導体方式がある。水平バーの材質やサイズはJISに規定されている。

(4) 接地（せっち）

雷保護における接地は、外部雷保護対策において雷電流をスムーズに流すことが目的であり、接地抵抗は低いほど好ましい。等電位ボンディングを含めた総合的な方式が必要である。

(5) 接地抵抗（せっちていこう）

接地は、目的によって 強電用接地、通信・情報用接地および雷保護用接地に分けられ、それぞれに接地抵抗値（Ω）が規定されている。

(6) TT接地（ていてい せっち）

変圧器2次側電源の接地方式であり、中性線の1点が電源の近傍で直接接地され、電気機器の機体は別接地となっている方式である。他の方式にはTN系統、IT系統がある。わが国の低圧配電系統ではほとんどがTT方式を採用している。

(7) 電位上昇（でんいじょうしょう）

雷撃により、電流が引下げ導体や建物の鉄骨鉄筋部に流れ、接地極を介して大地に注入される。このときに大地の抵抗値と電流値の積に相当する電圧上昇が発生する。

(8) 等電位化接地
　　（とうでんいかせっち）

雷保護における等電位化接地とは、雷電流が地面に流れる場合に、各種接地間に電位差を生じ機器の絶縁破壊を起こすことを防ぐために、各種接地を電気的につなぎ、電位差を生じないことを目的とした接地方式をいう。

(9) 等電位ボンディング
　　（とうでんい ぼんでぃんぐ）

雷保護における等電位ボンディングは、直撃雷や誘導雷による過電圧から防護するために、外部より引き込まれるガス管、水道管などの金属製配管や充電線、または電子機器相互を、ボンディング用導体やSPDによって接続することをいう。

(10) 避雷器（ひらいき）

侵入雷サージや電源開閉器の開閉サージによる異常電圧を抑制する目的で、過電圧防護装置として設置されるものが避雷器（アレスタ）である。

(11) 電磁インパルス
　　（でんじ いんぱるす）

雷サージの侵入により雷インパルス過電圧が発生し、情報通信機器に電磁ノイズを与える。電磁インパルスから機器を保護する規定がJISに示されている。

(12) 伝導ノイズ（でんどう のいず）

電源線や信号線などを通じて、信号と一緒に伝わるノイズ。伝導ノイズは侵入経路が比較的はっきりしている。

(13) 放射ノイズ（ほうしゃ のいず）

放射ノイズは、空間を不要電磁波として飛来するノイズである。対策は伝導ノイズより難しい。

6）電設材料関連用語

(1) EMケーブル（いーえむ けーぶる）

地球環境に配慮したことを示すエコマテリアル（Eco Material）および難燃性の意味を持たせた記号として、"EM－"を電線名称の頭に付け、従来のケーブルと区別したケーブルである。一般には次の3つの特性を有しており、EM電線・ケーブルの名称で、JCS（日本電線工業会規格）において規格化されている。

①塩素等のハロゲンを含まないため、焼却してもダイオキシン等の有害物質を発生しない。②低発煙性で火災時に有毒ガスを発生しない。③鉛を含まない。

(2) FPケーブル・HPケーブル（えふぴー けーぶる・えいちぴー けーぶる）

耐火（FP）・耐熱（HP）ケーブルを意味する。これらの電線は、一般の電線と比べ特殊な耐火層（耐火電線）や耐熱層（耐熱電線）などを設けている。火災時でも絶縁性能を保ち、一定時間の通電を可能としており、消防法および建築基準法で定める非常用エレベータ、屋内消火栓設備、排煙設備などの防災設備の配線に使用される。

(3) ケーブルラック（cable rack）

施設の電線ケーブルを、天井部分やEPSなどに複数まとめて敷設するためのケーブル支持用のラック。ケーブルの本数、ケーブルの仕上り外形、質量などから選定し、通常は1列に敷設される。

屋内使用の材質は一般に鋼材に塗装仕上げ、湿気の多い場所、屋外などの耐腐食性の高い場所での使用には、溶融亜鉛めっき、ステンレス、アルミニウム合金などの材質が用いられる。

(4) バスダクト（busduct）

鉄またはアルミニウムなどで製作された函に、銅やアルミニウムの帯状導体を絶縁物で被覆、または絶縁物で支持して納めた箱状ダクト。ケーブルや電線に比べて大容量の電流を流すことができる。

防火区画のケーブル貫通部において、周囲の隙間を耐熱シール材などで防火処理して利用される。

(5) 光ファイバ（ひかり ふぁいば）

ガラスまたはプラスチックを材質としたファイバ（繊維系）の管路を、通信伝送路として使用したケーブルの総称で、光通信に用いられる髪の毛ほどの細さの導波路。

光信号が伝搬する中心部のコアと呼ばれる部分と、その周辺を覆う同心円状のクラッドと呼ばれる部分の、2種類のガラスまたはプラスチックの誘電体から構成される。コアとクラッドの境界での光の全反射現象を利用して、コア内部に光を閉じ込めて光信号を遠方に伝える。伝送の際の損失が小さいことから、長距離の多量情報伝送路として利用される。

(6) 防火区画貫通処理（ぼうかくかくかんつうしょり）

ケーブル、バスダクトなどが防火区画を貫通する個所の耐火処理は、建築基準法施行令第112条15項により、その管と区画貫通部の隙間をモルタルやその他の不燃材料で埋めなければならない。

各管路別では防火区画貫通処理の施工が困難なので、防火区画貫通処理には、耐火仕切り板、耐熱シールなど（財）日本建築センターの性能評定を受けた工法や製品を用いることが多く、施工終了後、貫通部の処理を適正に措置したことを示す標識を取り付ける。

区画を貫通する電線管などは不燃材料でなければならないが、太さが基準以下の場合は、床、壁等の耐火性能に応じて、不燃材料としなくてもよい特例措置（平成12年建設省告示第1422号）がある。

7）その他の用語

(1) 1次エネルギー

私たちが直接得ることのできるエネルギーを生産するために、発電所、ボイラなどで消費している原油、石油、天然ガスなどの化石燃料の他、水力、風力、原子力燃料などのエネルギーを1次エネルギーという。一方、私たちの日常の暮らしにおいて消費している電力などは、2次エネルギーという。1次エネルギーへの換算は省エネ法の告示において定められている換算値により、2次エネルギー量から換算される。

たとえば、動力などを意味するSI単位系の1W（ワット）は1秒当たり1J（ジュール）のエネルギー量としているので、1kWhの消費電力量の2次エネルギー量への換算は3,600倍（60秒×60分）して、3,600kJとなる。一方、1次エネルギー量への換算は法令により、1kWh当たり9,760kJの換算値（平成19年11月26日改正、エネルギーの使用の合理化に関する法律施行規則）が決められている。この換算値は、随時見直され改正される。これらの換算値は国別のエネルギー消費量などを比較するのに重要な数値となる。

(2) エンタルピー（enthalpy）

物体の持っている熱量の状態を示すもので、空気の場合には、内部エネルギーと膨張や収縮を行うことによるエネルギーによる合計をエンタルピーという。SI単位系では[kJ]、従来の単位系では[kcal]で示す。この単位質量当たりのエンタルピーを比エンタルピーとして、[kJ/kg]にて用いられる。建築設備の分野における空気環境で評価する空気は、膨張や収縮によるエネルギーの変化への影響は少なく、一般に空気の持つ内部エネルギーで評価される。エンタルピーは熱量の状態を示すもので、空気の状態量の変化によるエンタルピーの変化の量によって、移動するエネルギー量が求められる。室内空気の温湿度の状態を示す空気線図では、温度が0℃、空気1kg中に含まれる水蒸気の量が0kgのときには比エンタルピーが0となり、これを基準

点としている。

(3) コミッショニング
(Commissioning)

性能検証ともいわれ、使用者の求める対象システムの室内環境の衛生・健康・快適性の質、エネルギー関係の設備、設備機器の運転状態などの観点から要求性能を取りまとめ、設計・施工・受渡しの過程を通して、その性能実現のための性能検証関連者の判断を行う。そして、助言・査閲・確認を行い、これらの結果を文書化して、機能性能の試験結果として受け渡されるシステム。

その結果、運転、保守において管理対象情報の把握と、管理対象のシステム操作の仕組みが明らかになる。

欧米においては以前から行われており、将来は国際規格化などによる手法の標準化も考えられる。

(4) 電食（でんしょく）

異種金属などが接触して通電性の液に浸された場合、低電位の金属が＋、高電位の金属が－となり、局部電池を構成して＋側の金属がイオン化し、腐食する。この腐食を起電腐食または電気化学的腐食といい、一般に「電食」と呼ばれている。電車のレール付近に埋設している金属管から大地に電流が漏洩するときや、鉄筋コンクリートにおいて鉄筋からコンクリートに向けて電流が流れ、鉄が酸化して錆びるときに生じる腐食なども、電食によるといわれる。

(5) ハザードマップ（hazard map）

地震、洪水、津波、火山の噴火などが起きた場合に備えて、地域の住民が迅速かつ安全に避難できることを目的に、被害が想定される区域、さらに避難場所や避難経路、災害時の心得などの情報を地図上に表したもの。地図の作製には、地理情報システム（GIS）などが用いられ、多様な情報が盛り込まれた実用的なハザードマップが作製されている。

(6) VAV（変風量）
(Variable Air Volume)

施設を空調するためにエネルギーを空気で搬送する場合に、負荷の変化に応じて風量を削減し、空気を搬送する送風機の消費電力を削減する省エネルギー装置を有する方式。風量を削減すると、送風搬送の動力は理想的には風量の3乗比で低下するので、省エネルギー効果の高い方式で、広く普及している。一方、ＶＡＶ別に風量制御が可能なので、空調機を用いた個別空調方式としても採用されることが多い。

(7) VWV（変水量）
(Variable Water Volume)

施設を空調するために熱源となる水を送水する水量を、負荷の変化に応じて削減して、ポンプの消費電力の削減を行う省エネルギー方式。複数のポンプを台数制御およびインバータ制御を行い、搬送動力の削減を行う方式が一般的。システムの制御は、自動制御によって負荷側の空調制御バルブを負荷に応じて制御し、配管内の圧力、水量をモニターする。

(8) 平均故障間隔（MTBF）
(Mean Time Between Failure)

一定期間における、故障発生から次の故障が発生するまでの間隔を平均値で表したもの。この値が大きいほど信頼性が高い。

(9) 迷走電流（めいそうでんりゅう）

何らかの原因により、地中を流れる電流のことをいう。迷走電流は、直流電流を使用する電車の軌条によるもの、落雷によるもの、他の施設の電気腐食や電気機器のアース線によるもの等がある。

これらの原因によりある位置に電圧が加えられると、電流は抵抗値の低い地質の方向を探して地中を流れる。この電気が金属体の腐食現象「電食」の原因の一つである。また、この迷走電流によって停電、火災などが発生する場合がある。

8) 電気に関する主な単位

量	単位記号	単位の読み	SI単位による表し方
電流	A	アンペア	
電荷	C	クーロン	[A・s]
電圧（電位差）	V	ボルト	[J/C、W/A、kg・m^2/A・s^3]
電力	W	ワット	[J/s、kg・m^2/s^3]
電力負荷	V・A		
負荷密度	W/m^2		
電気抵抗	Ω	オーム	[V/A]
電気容量	F	ファラッド	[C/V]
磁束	Wb	ウェーバ	[V・s]
インダクタンス	H	ヘンリー	[Wb/A]
光束	lm	ルーメン	[cd・sr]
光度	cd	カンデラ	
照度	lx	ルクス	[lm/m^2、cd・sr/m^2]
輝度			[cd/m^2]
光束発散度	rlx	ラドルクス	[lm/m^2]
周波数	Hz	ヘルツ	[1/s]
電力比	dB	デシベル	
力	N	ニュートン	[J/m、kg・m/s^2]
圧力	Pa	パスカル	[N/m^2、kg/m・s^2]
エネルギー	J	ジュール	[N・m、kg・m^2/s^2]

9) ギリシャ文字と読み方

大文字	小文字	読み方
A	α	アルファ
B	β	ベータ
Γ	γ	ガンマ
Δ	δ	デルタ
E	ε	エプシロン
Z	ζ	ゼータ
H	η	エータ
Θ	θ	シータ
I	ι	イオータ
K	κ	カッパ
Λ	λ	ラムダ
M	μ	ミュウ
N	ν	ニュウ
Ξ	ξ	クサイ
O	o	オマイクロン
Π	π	パイ
P	ρ	ロー
Σ	σ	シグマ
T	τ	タウ
Y	υ	ユープシロン
Φ	φ	ファイ
X	χ	カイ
Ψ	ψ	プサイ
Ω	ω	オメガ

10) SI接頭語

乗数	名称	記号
10^{12}	テラ	T
10^9	ギガ	G
10^6	メガ	M
10^3	キロ	k
10^2	ヘクト	h
10	デカ	da
10^{-1}	デシ	d
10^{-2}	センチ	c
10^{-3}	ミリ	m
10^{-6}	マイクロ	μ
10^{-9}	ナノ	n
10^{-12}	ピコ	p

参考文献

1章

『建築設備 ──建築・地域設備の計画と設計──』
　紀谷文樹・石野久彌 共著、オーム社 刊、2003 年

『建築電気設備』
　中村守保 著、丸善 刊、1993 年

『百万人の電気技術史』
　高橋雄造 著、工業調査会 刊、2006 年

『絵でみる 電気の歴史』
　岩本洋 著、オーム社 刊、2003 年

『建築設備学教科書 新訂版』
　建築設備学教科書研究会 編著、彰国社、2005 年

『基礎建築設備設計製図』
　坪井常世 編著、理工図書 刊、1994 年

『図解 接地システム入門』
　高橋健彦 著、オーム社 刊、2001 年

『接地・等電位ボンディング設計の実務知識』
　高橋健彦 著、オーム社 刊、2003 年

2章

『建築設備設計基準』平成 18 年度版
　国土交通省大臣官房官庁営繕部設備・環境課 監修、公共建築協会 編、全国建設研修センター 刊、2006 年

『建築設備設計マニュアルⅢ 電気設備編』
　建築設備技術者協会 編著、技術書院 刊、2001 年

『高度医療と電気設備』
　日本電設工業協会 編著、オーム社 刊、2004 年

『建築環境エンジニアリング3 電気設備計画』
　建築環境技術研究会 編著、鹿島出版会 刊、2000 年

『新版 新人教育─電気設備』
　日本電設工業協会 編、オーム社 刊、2004 年

『太陽エネルギー読本』
　日本太陽エネルギー学会 編、オーム社 刊、1975 年

『太陽光発電システム設計ガイドブック』
　太陽光発電技術研究組合 監修、オーム社 刊、1994 年

『風力発電導入ガイドブック』第 5 版
　新エネルギー・産業技術総合開発機構 編、オーム社 刊、2001 年

「太陽光・風力発電の発電特性の分析──供給力面からの検討」
　七原俊也・市川建美・加藤央之『気候影響・利用研究会会報』2000 年 12 月

『風車工学入門』
　牛山泉 著、森北出版 刊、2002 年

3章

『これだけは知っておきたい 設備工事の施工計画と管理』
　鹿島出版会 編・刊、1984 年

4章

『建築設備管理 初級教科書』改訂第 6 版
　建築物施設保全部会教育研修委員会 編、東京ビルメンテナンス協会 刊、2008 年

5章

『実践ノウハウ 建築設備の診断・リニューアル』
　日本建築設備診断機構 編、オーム社 刊、2004 年

『建築環境エンジニアリング2 建築にかかわる設備計画』
　建築環境技術研究会 編著、鹿島出版会 刊、2000 年

『建築物の LC 評価用データ集』改訂第 4 版
　建築ストック対策委員会 編、建築・設備維持保全推進協会 BELCA 刊、2008 年

6章

『エレベーター・エスカレーター入門』
　竹内照男 著、広研社 刊、1997 年

『建築と設備技術者のためのエレベータ・エスカレータ計画』
　堀大成・林勝洋 編著、技術書院 刊、1994 年

『エレベーターハイテク技術 ──世界最高速度への挑戦──』
　寺園成宏・松倉欣孝 編、オーム社 刊、1994 年

『昇降機検査資格者講習テキスト』
　日本建築設備・昇降機センター 編、2007 年

図表・写真出典（記載のないものは、執筆者による）

1章
1-2
- 表1 「日本の発電量」：経済産業省資源エネルギー庁発表「電力調査統計」をもとに執筆者作成
- 図4 「受変電設備の例」：写真提供＝小林靖昌
- 図5 「予備電源の例」：写真提供＝小林靖昌
- 表4 「主な光源の特徴と用途」：『建築設備学教科書』建築設備学教科書研究会 編著、彰国社 刊、2002年
- 表5 「屋内照明器具の配光による分類」：『建築設備学教科書』建築設備学教科書研究会 編著、彰国社 刊、2002年
- 表7 「美術館・博物館の照度基準」：JIS Z 9110 より抜粋
- 図9 「作業面切断の公式」：『建築設備学教科書』建築設備学教科書研究会 編著、彰国社 刊、2002年
- 図18 「日本のIKLマップ」：(財)電力中央研究所資料より作成
- 図21 「エレクトロニクス化と電磁的障害の発生」：OBOベーターマン社(独)資料より作成
- 図22 「接地設備の構成と電位上昇の概念」：『図解 接地システム入門』高橋健彦 著、オーム社 刊、2001年

1-3
- 図1 「建築物から排出される熱、電磁波、磁界、光、Nox、CO_2など」：製作＝佐藤正章
- 表1 「業務用ビルの業種別エネルギー消費原単位」：『建築物エネルギー消費量調査報告書』、日本ビルエネルギー総合管理技術協会 刊、2006年
- 図2 「磁界暴露ガイドラインの比較」：『電気学会技術報告 電磁界における体内誘導電界・電流の計算』電磁界における体内誘導電界・電流調査専門委員会 編著、電気学会 刊、2006年 をもとに執筆者作成
- 図3 「業務部門の業種別ならびに用途別の最終エネルギー消費量の割合」：『EDMC/エネルギー・経済統計要覧』、日本エネルギー経済研究所計量分析ユニット 編、日本エネルギー経済研究所 刊、2008年
- 図4 「オフィスビルにおける使用先別エネルギー消費比率」：『ビルエネルギー使用先別消費量調査報告書』日本ビルエネルギー総合管理技術協会 刊、1995年
- 図5 「電気のCO_2排出原単位の推移」：「電気事業における環境行動計画」電気事業連合会、2007年
- 図6 「各国の電気のCO_2排出原単位」：「電気事業における環境行動計画」電気事業連合会、2007年

2章
2-2
- 表2 「オフィスビルの統計値の例と最大需要電力の算定」：『建築電気設備の計画と設計』電気設備学会 編・刊、2001年
- 表3 「医療用負荷の分類」：JIS T 1022 をもとに執筆者作成
- 図13 「幹線設備の構成」：『建築環境エンジニアリング3 電気設備計画』建築環境技術研究会 編著、鹿島出版会 刊、2000年 をもとに執筆者作成
- 表4 「負荷設備の電力密度」：『建築設備設計マニュアルⅢ 電気設備編』建築設備技術者協会 編著、技術書院 刊、1997年 をもとに執筆者作成
- 図17 「ケーブルラック」：大熊電気(株)ホームページより
- 図18 「金属管」：丸一鋼管(株)ホームページより
- 図19 「バスダクト」：共同カイテック(株)ホームページより
- 図21 「動力盤の構成」：『電気設備工事監理指針』、国土交通省大臣官房官庁営繕部 監修、公共建築協会 編、建設電気技術協会 刊、2005年 をもとに執筆者作成
- 図22 「インバータ制御装置の構成」：『新版 新人教育―電気設備』日本電設工業協会 編、オーム社 刊、2004年 をもとに執筆者作成
- 表7 「コンセントの設置例」：『建築設備設計基準』平成18年版、国土交通省大臣官房官庁営繕部設備・環境課 監修、公共建築協会 編、全国建設研修センター 刊、2006年
- 図23 「分電盤の構成例」：『新版 新人教育―電気設備』日本電設工業協会 編、オーム社 刊、2004年 をもとに執筆者作成
- 図24 「照明器具配置の例」：CG提供＝本間睦朗
- 表8 「照度基準」：JIS Z 9110 より抜粋
- 表9 「照明基準の指標」：「JIS 照度基準の解説」原直也、『照明学会誌』vol.189 No.12、2005年
- 図26 「標準的オフィスビルにおけるエネルギー消費の例」：「昭和54年用途別電力消費量の平均月変化(a)事務所」中原信生・島貫崇・後藤達雄・相良和伸 著、『空気調和・衛生工学会誌』、第58巻第11号をもとに執筆者作成
- 図27 「初期照度補正制御の仕組み」：大阪府ホームページ「建築物の環境配慮技術手引き」より抜粋
- 表11 「建物用途別の通信・情報設備の分類例」：『建築設備設計マニュアルⅢ 電気設備編』建築設備技術者協会 編著、技術書院 刊、1997年
- 図37 「テレビ共同受信設備の基本構成」：『建築設備設計マニュアルⅢ 電気設備編』建築設備技術者協会 編著、技術書院 刊、1997年
- 図43 「BACnetとLon Works」：(株)アートホームページより
- 図46 「誘導灯設備」：パナソニック電工(株)ホームページより
- 図47 「非常用の照明装置」：パナソニック電工(株)ホームページより
- 図50 「生体認証装置 顔・指認証装置」：三菱電機(株)提供
- 図53 「防犯センサ」：竹中エンジニアリング(株)ホームページより
- 図58 「機能用接地（機器接地と基準接地を併用した例）」：『Effective Computer Grounding, EC & M vol.82 No.5』

　　　　A. Freund、1983 をもとに作画
　図 59 「ZSRG の具体例」:『Effective Computer Grounding, EC & M vol.82 No.5』A. Freund、1983 をもとに作画

2-3
　図 4 「太陽光発電を設置した住宅群」:写真提供＝新エネルギー・産業技術総合開発機構
　図 10 「ウィンドファームの例」:写真提供＝北海道幌延町
　図 11 「小型風力発電の例」:写真提供＝ニッコー

3 章
3-1
　図 10 「電気工作物の区分」:経済産業省ホームページより抜粋
　図 13 「現場における安全管理のあるべき姿の例」:『これだけは知っておきたい 設備工事の施工計画と管理』鹿島出版会 編・刊、1984 年
　図 14 「作業中や通行の際に高圧受電設備に接触しないようにした囲い」:写真提供＝髙山博

4 章
4-1
　図 1 「建物のライフサイクルコストの比率」:国土交通省大臣官房官庁営繕部資料をもとに執筆者作成
　図 3 「年次停電時の測定」:写真提供＝鹿島建物総合管理
　図 4 「遮断器のメンテナンス」:写真提供＝鹿島建物総合管理

4-2
　図 5 「建物の維持管理にかかわる法体系」:『建築設備管理初級教科書』改訂第 6 版　建築物施設保全部会教育研修委員会 編、東京ビルメンテナンス協会 刊、2008 年より抜粋

5 章
5-1
　図 1 「リニューアルの要因」:『実践ノウハウ 建築設備の診断・リニューアル』日本建築設備診断機構 編、オーム社 刊、2004 年 をもとに一部追補
　図 2 「長期修繕計画の概念図」:『建築環境エンジニアリング 2 建築にかかわる設備計画』建築環境技術研究会 編著、鹿島出版会 刊、2000 年
　表 1 「電気設備機器（一例）の修繕・更新時期一覧表」:『建築物の LC 評価用データ集』改訂第 4 版　建築ストック対策委員会 編、建築・設備維持保全推進協会 BELCA 刊、2008 年、部位・部材別各種係数一覧表から抜粋

6 章
6-1
　図 1 「コロッセウムのエレベータ」:『エレベーターハイテク技術——世界最高速度への挑戦——』寺園成宏・松倉欣孝 編、オーム社 刊、1994 年
　図 2 「蒸気機関駆動の乗用エレベータ」:『最新の日立エレベーター』日立製作所 編、1992 年（社内教育用資料）
　図 3 「非常止め装置付きエレベータのデモンストレーション」:『エレベーター・エスカレーター物語』日本オーチス・エレベータ 編著、1982 年
　図 4 「凌雲閣の観覧用エレベータ」:『エレベーター・エスカレーター物語』日本オーチス・エレベータ 編著、1982 年
　図 5 「霞ヶ関ビル」:撮影＝彰国社写真部

6-2
　図 6 「ロープ式エレベータ（トラクション式）の構造」:『エレベーター・エスカレーター入門』竹内照男 著、広研社 刊、1997 年
　図 7 「エスカレータの構造」:『エレベーターハイテク技術——世界最高速度への挑戦——』寺園成宏・松倉欣孝 編、オーム社 刊、1994 年

6-3
　図 8 「エレベータ基本計画のフロー」:『建築と設備技術者のためのエレベータ・エスカレータ計画』堀大成・林勝洋 編著、技術書院 刊、1994 年
　図 9 「エレベータとエスカレータの有効な組合せ」:『建築と設備技術者のためのエレベータ・エスカレータ計画』堀大成・林勝洋 編著、技術書院 刊、1994 年
　図 10 「同一バンクでサービス階が異なる」:『建築と設備技術者のためのエレベータ・エスカレータ計画』堀大成・林勝洋 編著、技術書院 刊、1994 年

付録
　表 1 「電圧降下および電線の断面積の簡易計算式」:『建築設備学教科書』建築設備学教科書研究会 編著、彰国社 刊、2002 年

建築の電気設備　編著者略歴

■ 編者（五十音順）

川瀬貴晴（かわせ たかはる）
1950 年　東京都に生まれる
1974 年　東京大学工学部建築学科卒業
1976 年　東京大学大学院工学系研究科建築学専攻修士課程修了
　　　　　㈱日建設計設備統括部長を経て、
現　在　千葉大学 工学部デザイン工学科建築系教授、工学博士（東京大学）、技術士、1級建築士、建築設備士

木村博則（きむら ひろのり）
1951 年　香川県に生まれる
1975 年　早稲田大学理工学部機械工学科卒業
1977 年　早稲田大学大学院理工学研究科機械工学専攻修士課程修了
現　在　㈱石本建築事務所 プロジェクト推進室 環境設備設計・監理部長、工学博士（早稲田大学）、1級建築士、設備設計1級建築士、建築設備士

畑中　勤（はたなか つとむ）
1948 年　青森県に生まれる
1971 年　中央大学理工学部電気工学科卒業
　　　　　鹿島建設㈱を経て、
現　在　㈱クリマテック 執行役員設備第三事業部長、鹿島建設㈱ 東京建築支店顧問兼務、技術士、電気主任技術者、1級電気工事施工管理技士、消防設備士

菱沼正美（ひしぬま まさみ）
1949 年　北海道に生まれる
1972 年　室蘭工業大学工学部電気工学科卒業
現　在　㈱日本設計 環境・設備設計群副群長、建築設備士

本多　敦（ほんだ あつし）
1958 年　愛知県に生まれる
1983 年　東京理科大学理工学部電気工学科卒業
現　在　㈱日建設計 設備設計部門副代表、技術士、建築設備士、エネルギー管理士

■ 執筆者（五十音順）

内村義種（うちむら よしたね）
1946 年　鹿児島県に生まれる
1969 年　東京電機大学工学部電気工学科卒業
　　　　　鹿島建設㈱を経て、
現　在　鹿島建物総合管理㈱ 建物管理本部リニューアル工事部部長、電気主任技術者、1級電気工事施工管理技士、消防設備士

岸　克己（きし かつみ）
1965 年　埼玉県に生まれる
1983 年　埼玉県立大宮工業高等学校電気科卒業
現　在　㈱日建設計 設備設計室室長、建築設備士

桑田　誠（くわた まこと）
1973 年　大阪府に生まれる
1995 年　大阪電気通信大学工学部電気電子工学科卒業
現　在　㈱三菱地所設計 設備設計部勤務、建築設備士

小林靖昌（こばやし やすまさ）
1958 年　東京都に生まれる
1982 年　早稲田大学理工学部電気工学科卒業
現　在　㈱日建設計 設備設計部門設備設計室室長、技術士、建築設備士

杉山幸佑（すぎやま こうゆう）
1945 年　栃木県に生まれる
1968 年　明治大学工学部電気工学科卒業
　　　　　㈱フジタ、㈱協立建築設計事務所を経て、
現　在　鹿島建物総合監理㈱ 建物管理本部勤務、建築設備士、電気工事士、電気主任技術者、消防設備士、1級管工事施工管理技士、特殊建築物調査資格者

高橋健彦（たかはし たけひこ）
1947 年　福島県に生まれる
1971 年　東京電機大学工学部電気工学科卒業
現　在　関東学院大学 工学部建築学科教授、工学博士（東京大学）

髙山　博（たかやま ひろし）
1949 年　千葉県に生まれる
1971 年　早稲田大学理工学部電気工学科卒業
現　在　清水建設㈱ 設計・プロポーザル統括 工事監理・設計技術部主査、技術士、建築設備士、電気主任技術者、消防設備士

多田　豊（ただ ゆたか）
1970 年　東京都に生まれる
1992 年　早稲田大学理工学部電気工学科卒業
1994 年　早稲田大学大学院理工学研究科電気工学専攻修士課程修了
現　在　㈱三菱地所設計 設備設計部 電気設備設計室勤務、建築設備士、消防設備士

坪井常世（つぼい つねよ）
1942年　愛知県に生まれる
1967年　明治大学理工学部電気工学科卒業
1969年　明治大学大学院理工学研究科電気工学専攻修士課程修了
現　在　愛知工業大学 工学部都市環境学科教授、工学博士（明治大学）

中里眞郎（なかざと まさお）
1942年　東京都に生まれる
1966年　東京大学工学部電気工学科卒業
　　　　㈱日立製作所を経て、
現　在　（財）日本建築設備・昇降機センター 認定評価部部長、技術士、電気主任技術者

中野幸夫（なかの ゆきお）
1957年　愛知県に生まれる
1979年　名古屋大学工学部電気学科卒業
1981年　名古屋大学大学院工学研究科電気工学専攻修士課程修了
現　在　（財）電力中央研究所 システム技術研究所 需要家システム領域リーダー、工学博士（名古屋大学）

七原俊也（ななはら としや）
1955年　愛知県に生まれる
1977年　京都大学工学部電気工学科卒業
1979年　京都大学大学院工学研究科電気工学専攻修士課程修了
　　　　（財）電力中央研究所、東京工業大学客員教授などを経て
現　在　（財）電力中央研究所 システム技術研究所副所長、工学博士（京都大学）

橋浦良介（はしうら りょうすけ）
1944年　東京都に生まれる
1969年　早稲田大学理工学部電気工学科卒業
現　在　㈱日建設計 参事

本間睦朗（ほんま むつお）
1962年　北海道に生まれる
1986年　東京理科大学理工学部電気工学科卒業
現　在　㈱日建設計 設備設計室設備設計主管、建築設備士

吉田　貢（よしだ みつぐ）
1961年　埼玉県に生まれる
1984年　千葉大学工学部電気工学科卒業
現　在　鹿島建設㈱ 建築設計本部 設備設計統括グループグループリーダー、建築設備士、電気工事施工管理技士、消防設備士

渡邊　忍（わたなべ しのぶ）
1949年　神奈川県に生まれる
1972年　日本大学理工学部電気工学科卒業
現　在　㈱日本設計 環境設備設計群グループリーダー、建築設備士、技術士

渡部裕一（わたべ ゆういち）
1958年　東京都に生まれる
1983年　千葉大学工学部電気工学科卒業
現　在　鹿島建設㈱ 建築設計本部 設備設計統括グループ勤務、建築設備士、電気主任技術者、消防設備士

建築の電気設備

2009年5月10日　第1版　発　行

著者権者との協定により検印省略	編著者　建築の電気設備 編集委員会 発行者　後　藤　　　武 発行所　株式会社　彰　国　社

NSPA 自然科学書協会会員
　　　 工学書協会会員

Printed in Japan

© 建築の電気設備 編集委員会　2009年

ISBN 978-4-395-00880-3　C3052

160-0002　東京都新宿区坂町25
電話　03-3359-3231（大代表）
振替口座　00160-2-173401

印刷：真興社　製本：誠幸堂

http://www.shokokusha.co.jp

本書の内容の一部あるいは全部を、無断で複写（コピー）、複製、および磁気または光記録媒体等への入力を禁止します。許諾については小社あてご照会ください。